BASTEI
LÜBBE
TASCHENBUCH

Über den Autor:

Mathias Taddigs ist in Ostfriesland geboren und aufgewachsen, was ihn für eine Karriere als Comedy-Drehbuchautor geradezu prädestinierte. Seine vielfältigen Preise und Auszeichnungen belegen, wie gut der trockene norddeutsche Humor auch im Rest der Republik ankommt. Zusammen mit seiner Frau Haja Taddigs lebt und arbeitet er als freier Autor in Hamburg.

Mathias Taddigs

EIN MANN, EIN RING

Roman

BASTEI LÜBBE TASCHENBUCH

BASTEI LÜBBE TASCHENBUCH
Band 16 968

1. Auflage: Mai 2014

Dieser Titel ist auch als Hörbuch und E-Book erschienen

MIX
Papier aus verantwortungsvollen Quellen
FSC® C014496

Originalausgabe

Textredaktion: Jo Weber
Titelillustration:
© shutterstock/Bevan Goldswain; shutterstock/Serg64
Umschlaggestaltung: Sandra Taufer, München
Satz: Urban SatzKonzept, Düsseldorf
Gesetzt aus der Garamond
Druck und Verarbeitung: GGP Media GmbH, Pößneck
Printed in Germany
ISBN 978-3-404-16968-9

Sie finden uns im Internet unter
www.luebbe.de
Bitte beachten Sie auch: www.lesejury.de

Dieses Buch beruht auf wahren Begebenheiten.
Nicht nur, aber mehr als mir lieb ist!

1

Neben mir schläft die Frau, die ich heiraten möchte. Klingt, als hätte ich alles richtig gemacht! Stimmt allerdings nicht ganz. Das merkt man schon daran, dass sie nicht mit dem Kopf auf einem weichen Kissen in einem gemütlichen Doppelbett liegt, sondern auf einer harten Tischplatte in einer Lache aus billigem Kräuterlikör. Die Ursache dafür findet man in einer grundlegenden Tatsache: Frauen sind anders! Frauen merken sich Sachen. Unwesentliche Sachen. Zum Beispiel Jahrestage oder wann und wie der Heiratsantrag war. Das ist für die Männer unpraktisch, aber wenn man das weiß, kann man sich darauf einstellen. Ich hab's zumindest probiert.

Irgendwie bin ich eben doch ein alter Romantikaffe, und so habe ich noch nie in meinem Leben etwas so spektakulär geplant wie die Verlobung mit Nina. Und noch nie ist etwas so spektakulär danebengegangen wie genau das. Es war für sie letztendlich weniger romantisch als traumatisch. Na ja, immerhin habe ich ihr einige unvergessliche Erinnerungen beschert. Sie hat den spanischen Thronfolger ohne Badehose gesehen – toll! Weil ich sie ihm gerade zerrissen hatte – nicht so toll! Es gab eine Menge zu erklären, als ich dann endlich wieder aus dem Knast raus war. Das ist gerade mal ein paar Stunden her. Aktueller Stand: Heiraten werden wir wohl erst mal nicht, aber meine Freundin ist sie noch, denke ich. Ich werde sie direkt fragen, wenn sie wieder wach ist. Oder besser, nachdem sie dann einige Tabletten genommen hat, um den Kater in den Griff zu kriegen.

»Mach dir keinen Kopf«, sagte ich ihr noch. Ich war aber letztendlich selbst schuld daran, dass sie einen hat, genauer einen Riesenbrummschädel. Sich innerhalb kurzer Zeit eine komplette Flasche spanischen Kräuterlikör reinzukippen ist sowieso schon schlimm. Wenn es dann noch der billige Ersatzfusel ist, den jemand in die teure Flasche gefüllt hat, ist das noch viel schlimmer. Natürlich war ich es, der das Zeug ausgetauscht hat, aber da dachte ich doch noch, dass diese kleine böse Aktion die mitgereisten Hobbysäufer Stefan und Claudia trifft, und nicht meine Nina. Jetzt hoffe ich, dass bei dieser Alkoholüberdosis genügend Hirnzellen abgestorben sind, dann steht sie ab jetzt ja vielleicht auf Volltrottel. Und dann habe ich möglicherweise noch eine Chance. Wenn nicht, wird's schwierig. Ich habe mal bei RTL einen offensichtlichen Idioten gesehen, der seiner kettenrauchenden Bratze einen Antrag gemacht hat. Dazu schrieb er ihren Namen auf einen zackigen gelben Zettel, den er an die Zimmerdecke tackerte. Dann sang er: *»Ein Stern, der deinen Namen trägt.«* Die Frau war hin und weg! Na gut, optisch war sie sowieso hin und geistig auch dauerhaft weg. Aber im Nachhinein denke ich, dass sogar so ein Antrag besser gewesen wäre als meine tolle Idee. Aber Nina ist ja eine besondere Frau, und deshalb sollte es ein unvergessliches Erlebnis sein. Ist es ja auch geworden – diese Reise werden wir definitiv nie vergessen. Leider.

2

Das Unheil begann per Telefon. Als ich nach Hause kam und Nina mich mit dem Handy in der Hand erwartete, ahnte ich noch nichts. Sie gab mir einen intensiven Kuss. Vielleicht hätte ich da Verdacht schöpfen sollen, aber wie üblich schaltete sich mein Hirn dabei nach wenigen Sekundenbruchteilen in den Stand-by-Modus. Das war ein billiger Trick, wenn Nina etwas wollte – aber er funktionierte leider echt jedes Mal!

»Ich habe gerade mit Anja telefoniert«, hörte ich sie durch meinen »Ich will mehr!«-Nebel sagen. Ich versuchte, Nina von meinen höchst unanständigen Gedanken abzulenken, bevor meine Absichten buchstäblich zu offensichtlich würden.

»Ach, die feinen Münchner Herrschaften! Wie geht's denen denn, von denen kriegt man ja gar nichts mehr mit!«

Arne und Anja hatten früher bei uns in Köln um die Ecke gewohnt, waren aber vor einem Jahr nach München gezogen. Seitdem hatten wir uns nur noch selten gesehen.

»Gut geht's denen. Sie möchten mit uns Urlaub machen. Ich hab zugesagt.«

Okay, ein bisschen Mitspracherecht wäre nicht schlecht gewesen. Aber da ich die beiden echt gerne mal wiedersehen wollte und außerdem eigentlich immer urlaubsreif war, freute ich mich wirklich – erst mal.

»Spitze! Wohin denn?«

»Mallorca!«

Tja, und da war die Freude auch schon gleich wieder zu

Ende. Ausgerechnet Mallorca! Ich war schon mal da gewesen und hatte einen katastrophalen Urlaub erlebt.

Ich hätte nie für möglich gehalten, dass man das noch toppen könnte. Konnte man aber, nur ahnte ich davon noch nichts. Trotzdem war alles, was ich rausbrachte, ein wenig überzeugtes »Aha«.

Nina hatte meine spontane Magenübersäuerung anscheinend nicht bemerkt. Eigentlich wusste sie, dass ich die Insel nicht mochte, aber sie überging diese Tatsache mit einer beeindruckenden Fröhlichkeit.

»Sie haben eine Finca gemietet im Südwesten der Insel. In fünf Wochen geht's los. Ich freue mich total drauf!«

Ich versuchte, ein erfreutes Gesicht zu machen, kriegte aber nur eine Grimasse hin, ähnlich der, als ich zum ersten Mal Jägermeister getrunken habe. Zu meiner Abneigung gegen Mallorca kam jetzt noch dazu, dass Nina mich nicht vorher gefragt hatte. Trotzdem war Urlaub auf einer Finca wohl etwas ganz anderes als im Betonbunker in Can Pastilla, direkt neben El Arenal und noch direkter in der Einflugschneise des Flughafens. Da hatte ich beim ersten Mal auf der Insel gehaust. Aber mich jetzt noch zu ärgern brachte sowieso nichts – die Sache lief. Die Münchner kümmerten sich um die Unterkunft, wir mussten nur noch die Flüge buchen und unsere Sachen packen. Damit wollte Nina anscheinend sofort anfangen, denn sie holte sich meine fachliche Meinung dazu ein, welche Bikinis sie denn mitnehmen sollte. Sie hielt drei verschiedene hoch. Ich grinste sie scheinheilig an:

»Oh, das kann ich mir ganz schlecht vorstellen, das müsste ich getragen sehen.«

Ich setzte mich auf das Wohnzimmersofa und wartete auf die Vorführung. Schon als sie mit dem ersten Bikini um die Ecke kam, war für mich die Vorführung beendet. Sie sah einfach spektakulär aus.

»Ähm … da ist etwas verdreht«, sagte ich, stand auf und tat so, als wollte ich ein Bändchen des Tops zurechtrücken. In Wirklichkeit nahm ich sie aber in den Arm, hob sie hoch, küsste sie und trug sie direkt ins Schlafzimmer. Auch sie schien es kaum erwarten zu können, denn sie hatte mir meine kompletten Klamotten fast so schnell ausgezogen wie ich ihr den kleinen Bikini. Ich freute mich sogar schon darauf, ihr das Ding auf Mallorca wieder auszuziehen, und zwar so oft es ging!

Nach dem Sex war ich müde wie immer, aber Nina hellwach – auch wie immer.

»Kann sein, dass ich die Firma wechsle«, sagte sie.

Ich war sofort wieder topfit, ließ mir das aber nicht anmerken. Während mein Äußeres den schläfrigen Nach-Sex-Felix gab, war mein Inneres auf Alarmstufe Rot und arbeitete fieberhaft. Das Thema Karriere war bei Nina schon öfter aufgetaucht, und bisher hatte ich es immer irgendwie klein halten können. Nicht, dass ich ihr nicht gönnen würde, mehr zu verdienen, aber irgendwie wollte ich derjenige sein, der das Geld nach Hause bringt. Schon jetzt kratzte ihr Gehalt mächtig an meinem Ego. Ich hatte schlicht Angst, dass ich ihr als jemand, der auf dem Bau arbeitete, irgendwann vielleicht nicht mehr gut genug war. Bisher war ich mit meinen schwachen Ausreden, dass sie doch einen sicheren Job und ganz coole Kollegen habe, immer durchgekommen. Dieses Mal klappte das nicht, und ich konnte ihr keinen ehrlichen Grund nennen, warum sie es nicht versuchen sollte. Ich musste nachdenken.

»Wenn ich jetzt Ja sage, darf ich dann ein bisschen schlafen?«, knurrte ich möglichst müde.

»Ja«, antwortete sie.

»Ja«, gab ich ihr den Freibrief, sich zu bewerben.

Nina gab mir einen langen, intensiven Kuss, der mich schon wieder fast alles vergessen ließ, und ging dann, nackt, wie sie war, ins Wohnzimmer. Ich schaute ihr hinterher. Meine Freundin war das Heißeste, was ich jemals gesehen hatte. Ich musste alles dafür tun, dass sie bei mir blieb. Vielleicht sollte ich ihr auch einen Vertrag anbieten, grübelte ich, und dann dämmerte es mir endlich. Sie brauchte keinen *Ver*trag, sie brauchte einen *An*trag! Wir waren jetzt fünf Jahre zusammen, da war das sogar mal höchste Zeit! In meinem Kopf lief automatisch der komplette Film des Antrags ab. Ich würde das Ganze nämlich auf Mallorca durchziehen. Ich machte die Reise quasi zu meiner eigenen Idee. Ich würde Nina hochromantisch einen Heiratsantrag machen und das unter Wasser, weil sie so gerne schnorchelte. Perfekt! Ich starrte so intensiv an die Schlafzimmerdecke, auf die meine Fantasie Szenen mit türkisfarbenem Wasser und Nina in ihrem sexy Bikini projizierte, dass ich gar nicht merkte, dass meine zukünftige Frau schon wieder hereingekommen war.

»Du bist ja noch wach«, sagte sie erfreut.

»Du wolltest mir doch noch die anderen Bikinis vorführen«, antwortete ich.

Sie lächelte mich an.

»Weißt du was«, meinte ich, »lass sie direkt aus!«

Sie legte sich wieder zu mir, und wir machten da weiter, wo wir vorhin aufgehört hatten.

3

Fünf Wochen später standen wir also in der Schlange am Check-in des Kölner Flughafens. Nina freute sich wie Bolle auf die Reise. Ihre grünen Augen leuchteten.

»Das wird spitze!«

»Absolut!«

Ich hatte alles für den Heiratsantrag vorbereitet, es konnte eigentlich nichts schieflaufen. Es ging uns echt gut. Mit dieser Vorfreude am Gate zu stehen, das waren die schönsten zwanzig Sekunden des ganzen Urlaubs.

Dann sah ich eine Frau mit mittellangen blonden, leicht gelockten Haaren, die ein paar Meter vor uns stand. Und sie drehte sich gerade um und sah mich. »Sie« war meine Ex Claudia und machte das Schlimmste, was sie in dieser Situation nur tun konnte: Sie lächelte mir zu.

Das reichte für Nina. Sie wusste zwar nicht, dass Claudia meine Ex war, aber sie wurde generell schnell eifersüchtig. Da sie selbst brünett war, entsprachen Blondinen sowieso grundsätzlich ihrem Feindbild. Und ihr Eifersuchtsvorrat füllte sich jetzt mit jeder Sekunde. Das Reservoir dafür befand sich offensichtlich unter der Zunge, denn Ninas Unterkiefer ging sichtlich in Richtung Boden.

Ich wusste nicht so recht, was ich sagen sollte, also ergriff Claudia das Wort:

»Felix! Das ist ja toll! Fliegst du auch nach Malle?«

Cool bleiben, dachte ich. Aber ich sagte: »Äääh … was? Ja, mit 'nem Flugzeug. Nach Mallorca.«

»Das ist ja'n Ding! So ein Zufall! Komm doch hier nach vorne! Fliegst du alleine?«

Offensichtlich hatte Claudia tatsächlich nicht realisiert, dass direkt neben mir jemand sie mit bösen Blicken bombardierte. Ich war mir relativ sicher, dass wir nur durch die Sicherheitskontrolle kommen würden, wenn Nina die Augen zumachte. Jetzt gewann sie aber erst mal die Kontrolle über ihren Unterkiefer zurück.

»Nein, er fliegt mit mir, und er steht sehr gerne hinten an«, giftete sie, und ich bin mir sicher, dass auch sie sich vorgenommen hatte, cool zu bleiben. Tja, wir passten eben zusammen.

»Ach so«, meinte Claudia, »entschuldige bitte. Ich bin Claudia …«

»… wir kennen uns von der Uni«, fügte ich schnell hinzu, bevor Claudia zu viel verraten konnte. Wenn ich überhaupt von ihr erzählt hatte, hatte ich ihren Kosenamen benutzt – eigentlich eine peinliche Nummer, aber jetzt half mir das aus der Klemme. »Fliegst du denn allein?«, fragte ich Claudia.

»Ja, leider …«

Ich wusste genau, was jetzt in Ninas Kopf vorging – eine komplette Gefahrenanalyse: *Ist die solo? Macht die einen auf Mitleid? Was will die von meinem Felix? Warum heute? Ist die dünner als ich?* Und das alles in einem Bruchteil einer Sekunde. Mehr Zeit hatte sie nicht, denn der Satz von Claudia ging ja noch weiter:

»… mein Mann und mein Junior sind schon vorgeflogen. Wir leben jetzt in München, aber ich war heute noch bei meinen Eltern im Bergischen Land.«

Gefahr gebannt. Nina entspannte sich wieder und lächelte Claudia sogar an.

»Na, dann einen schönen Urlaub«, sagte sie noch und zog mich wieder nach hinten in die Schlange.

»Euch auch!«, erwiderte Claudia, obwohl man ihr ansah, dass sie sich gerne noch länger unterhalten hätte. Ich war froh, dass das Gespräch so schnell wieder vorbei war.

Im Flieger saß Claudia ein paar Reihen vor uns. Nina hatte jetzt allerdings auch anderes zu tun, als eifersüchtig zu sein. Sie war schwer damit beschäftigt, dass ihr die Flugangst nicht zu den Ohren rauskam. Ich spürte ihr Problem, das ganze Ausmaß war mir allerdings nicht klar. Ich zog sie stattdessen damit auf:

»Ich habe mich immer schon gefragt: Wenn die Piloten es doch gewohnt sind, dass man nach der Landung klatscht – was machen die, wenn man während des Fluges klatscht? Stellen die dann die Triebwerke ab und steigen aus? Soll ich mal probieren?«

»Wag's bloß nicht!«

»Ist doch nur ein Witz«, beruhigte ich sie, fügte dann schnell hinzu: »Ich möchte es aber wirklich gerne wissen!«

Ich klatschte einmal, da riss Nina meine Hände schon nach unten. Jetzt wurde mir klar, warum wir in den ganzen fünf Jahren, die wir inzwischen zusammen waren, bisher nie irgendwohin geflogen waren.

»Sag mal, hast du Angst vorm Fliegen?«, fragte ich sie.

»Ich? Nein. Na ja. Ich geb's zu. Ein bisschen. Was tut man nicht alles für seine Freunde. Es wäre mir lieber gewesen, Anja und Arne hätten sich für den Urlaub eine Villa in der Toscana gemietet, da hätten wir mit dem Auto hinfahren können. Wenn wir die nicht so selten sehen würden, hätte ich Mallorca abgesagt.«

Ninas Flugangst lief auf höheren Touren als die Triebwerke.

»Ich hasse Flugzeuge«, gab sie zu. »Vögel können fliegen. Schneeflocken können fliegen. Ballons können fliegen. Stahl nicht! Und Plastik, Leder, Gummi, und woraus dieses Ding sonst noch gebaut ist, auch nicht. Hast du gemerkt, dass diese Maschine vier Klos hat? Klos können nicht fliegen!«

»Wenn es dir lieber ist, buche ich nächstes Mal ein Flugzeug ohne Klo.«

»Das ist nicht witzig!«

Zum Glück unterbrach uns der Flugkapitän mit einer Ansage.

»Hier spricht noch mal Ihr Kapitän. Wir haben aktuelle Wetterdaten aus Palma de Mallorca erhalten, dort wütet momentan ein Gewitter. Wir denken aber, dass wir Sie trotzdem gut runterbringen werden. Wir erwarten allerdings Turbulenzen, weshalb wir Sie bitten, die Waschräume nicht mehr aufzusuchen, zu Ihren Sitzplätzen zurückzukehren und Ihre Sitzgurte fest zu schließen.«

»Siehste«, sagte ich, »jetzt darf gar keiner mehr auf den Klos herumfliegen.«

»Nicht witzig. *Nicht* witzig!«

Der Flug machte Nina offensichtlich erst so richtig urlaubsreif. In der Tat fing das Flugzeug in der Schlechtwetterfront an ein bisschen zu vibrieren. Das verursachte bei Nina blanke Panik und bei mir echte Schmerzen, denn bei dem Versuch, sich irgendwo festzuhalten, bohrten sich ihre Fingernägel tief in meine Oberschenkel. In der Ferne zuckten ein paar Blitze, aber der Flug blieb relativ ruhig, abgesehen von einigen Kegelclubs und mindestens einer Junggesellinnentruppe, die ihre Braut offensichtlich nicht erst am Ballermann in möglichst viele peinliche Situationen bringen wollte. Alle trugen T-Shirts, auf denen »Germany's next Topfwife« stand, und ich konnte mich nicht entscheiden, ob ich dieses Wortspiel oder die blaue Perücke auf dem Kopf der Braut schlimmer fand. Vielleicht dünsteten die Plastikhaare ja genügend Chemie aus, um das arme Mädel in einen Dauerdämmerzustand zu versetzen, mit dem sie die nächsten Tage überstehen konnte. Aber während man bei Heidi Klum kein Foto bekam, wenn es mal schlecht lief, würde bei »Germany's next Topfwife« schon alles bei Facebook zu sehen sein, bevor auch nur eine von denen wieder nüchtern war.

Bei der Landung hatte es sogar aufgehört zu regnen, der Flieger setzte ganz sanft auf.

»Dafür machen die so 'nen Wind? Hier gelten anscheinend ein paar Regentropfen als schlechtes Wetter«, lästerte ich.

Aber dann schaltete der Pilot den Umkehrschub ein, und etwa eine Milliarde Liter Wasser, die bisher auf der Landebahn gestanden hatten, türmten sich vor den Tragflächen zu einer Wand auf. Der Pilot kämpfte schwer mit dem Aquaplaning und brachte die Maschine gerade noch vor dem Ende der Landebahn zum Stehen. Seit diesem Moment habe ich zwar immer noch keine Angst vorm Fliegen, aber eine tierische Angst vorm Landen. Und ich habe Angst vor dem Humor von Flugbegleitern, denn eine von denen machte jetzt eine Durchsage:

»Wir sind soeben auf dem Flughafen von Palma de Mallorca aufgeschlagen. Soweit ich das von hier überblicken kann, haben Sie alle den Flug überlebt, dazu herzlichen Glückwunsch! Kapitän Bense und die gesamte Besatzung wünschen Ihnen einen angenehmen Aufenthalt auf Mallorca. Erholen Sie sich gut, die Nerven werden Sie für den Rückflug wieder brauchen. Wir freuen uns auf unser nächstes Abenteuer mit Ihnen. Adios und tschüs!«

Ich dachte ernsthaft darüber nach, mit dem Schiff zurückzufahren.

4

Am Gepäckband hatte ich noch nie Pech. Meine alte Sporttasche betrachtete es schlicht als ihr Gewohnheitsrecht, dass sie selbstverständlich immer ganz am Schluss kam. Danach sah es auch jetzt aus, obwohl Nina ihre Sachen, die sie gleichzeitig mit meinen aufgegeben hatte, schon eine Viertelstunde früher erhielt. So blieb mal wieder viel Zeit, sich die anderen Touristen anzuschauen.

Gleichzeitig mit dem Flieger aus Köln waren Maschinen aus Düsseldorf, Frankfurt und Liverpool gelandet. Ein großer Teil der Ankömmlinge hatte schon im Flieger heftig gebechert, und da war festzustellen, dass sich eigentlich ganz unterschiedliche Sprachen im Lallen letztendlich doch wieder annähern. Erstaunlich genug, dass das Lallen in UN-Statistiken nicht als meistgesprochene Sprache der Welt angegeben wird. Wenigstens bei Facebook sollte man es als besondere Fähigkeit anklicken können. Aber auch die nüchternen Touristen boten echtes Entertainment. Ich bemerkte, dass Nina jemanden anstarrte.

»Was ist denn?«, fragte ich.

Sie nickte nur mit dem Kopf in eine Richtung. Ich folgte ihrem Blick und entdeckte eine aufgetakelte blondierte Frau im Alter von irgendwas zwischen gut gemeinten sechsunddreißig und sechsundvierzig. Sie schien irgendwie in einer geistigen Umnachtungsschleife gefangen zu sein, denn sie fummelte sich eine Zigarette aus der Jackentasche, dann ein Feuerzeug aus der zu engen Jeans, nur um schließlich mit Blick auf das Rauchverbotsschild, dem sie direkt gegenüberstand, alles wieder einzupacken. Dann schaute sie auf die Uhr, anschließend auf das Gepäckband, seufzte, fühlte sich offensichtlich vom Warten ziemlich gestresst, kramte sich deshalb zur Beruhigung eine Zigarette aus der Jackentasche …! Der ganze Vorgang ging wieder von vorne los: Zigarette – Feuerzeug – Schild – Wegpacken – Gepäckband – Seufzen – Zigarette – Feuerzeug …! Ich fragte mich gerade, was sie wohl aus diesem Entzugsdelirium retten könnte, als ein Krachen die Halle durchdröhnte. Ein etwa fünfjähriger Junge hatte einen Kofferwagen als eine Art Skateboard benutzt und war damit in einen Prospektständer gebrettert, der umkippte und dabei noch einige Schilder mitriss. Dann herrschte Stille. Für endlose fünf Sekunden wollte sich offensichtlich niemand zu dem Kind bekennen, bis eine tiefe Stimme den Namen des Jungen rief:

»Speedo!«

Ich sah mich nach dem Vater des Kindes um. Fehlanzeige! Nix Vater! Die Zigarettenfrau war aus ihrer Choreografie ausgebrochen und marschierte nun auf den Jungen zu.

»Speedo!«

Ihre Stimme verriet, dass sie sich normalerweise nicht im Rauchverbot aufhielt. Wenn man die Augen zumachte, konnte man sich dreißig Jahre in die Vergangenheit katapultiert fühlen. Nur dass diese Stimme damals nicht »Speedo« gerufen hatte, sondern »Nach Hause telefonieren«. Speedos Mama klang definitiv exakt wie E. T.! Und jetzt rannte E. T. brüllend über den Flughafen von Palma de Mallorca.

Dieses akustische Highlight hätte mich beinahe davon abgelenkt, dass der arme Junge tatsächlich Speedo hieß. In dem Moment der Namensauswahl war Tabak wahrscheinlich die geringste aller Zutaten von dem, was sie geraucht hatte. Jetzt zog sie Speedo zeternd von seinem Werk weg, natürlich ohne das Chaos aufzuräumen, stellte sich wieder ans Gepäckband und wartete auf ihre Koffer. Alle in der Halle drückten ihr die Daumen, dass sie endlich wegkam, und hätten dafür gerne einen Moment länger auf ihr eigenes Gepäck verzichtet.

Nina und ich schauten uns an. Wir dachten beide das Gleiche. Was für ein Name!

»Speedo«, grinste ich.

»Süß, oder?«, erwiderte Nina.

Wir dachten wohl doch nicht das Gleiche.

5

Als wir dann endlich mit unserem ganzen Gepäck in die Ankunftshalle marschierten, standen E. T. und Speedo immer noch am Kofferband. E. T. hatte das Unmögliche vollbracht und meinen Taschenfluch gebrochen. Sie bekam ihre Koffer tatsächlich als Letzte. Damit war dann definitiv bewiesen, dass sie ein Alien war.

Da Anja und Arne mit ihrem Flieger aus München ein paar Stunden vor uns angekommen waren, hatten wir mit ihnen abgemacht, dass sie sich schon mal um einen Leihwagen kümmern und wir sie an der Plaça d'Espanya in Palma treffen. Wir nahmen also unsere Koffer und marschierten in Richtung der Busse. Das Vorhaben war allerdings an der Flughafentür wieder zu Ende, denn wir realisierten erst jetzt, dass wir mit unserer katastrophalen Landung tierisch Glück gehabt hatten. Denn während wir auf unser Gepäck gewartet hatten, hatte es nicht etwa angefangen zu regnen. Nein, Regen ist etwas ganz anderes – das Wasser hielt sich hier nicht mehr mit einzelnen Tropfen auf, sondern kam jetzt am Stück vom Himmel. Meerblick ist ja ganz schön – aber doch nicht, wenn man nach oben schaut! Das war nicht unbedingt das Wetter, das wir auf Mallorca erwartet hatten, aber es hatte offensichtlich uns erwartet.

»Ich denke, wir können noch einen Moment warten«, sagte ich.

»Das hört sicher gleich auf«, stimmte Nina mir zu.

Petrus stimmte uns aber gar nicht zu. Nach einer Viertelstunde ohne Wetteränderung hatten wir die Schnauze voll und wagten uns zu den Bussen. Die Mallorquiner hatten sich ja auf Regen eingestellt und dem Weg zu den Bussen einen langen Bürgersteig mit einem schmalen Dach spendiert. Aber das, was da vom Himmel kam, hatte nun mal mit Regen nichts mehr zu tun. Das Dach wurde einfach von allen Seiten ins Wasser eingetaucht. Nina schaute auf den Busplan.

»Wir müssen zu dem da hinten!«, brüllte sie gegen den Lärm des Regens an.

»Was wir brauchen, ist kein Bus, sondern eine Arche!«, brüllte ich zurück.

Wir rannten los und kamen fünfzehn Sekunden später komplett durchnässt am Bus an. Der war wenigstens recht leer. Wir gingen zur Rückbank, verstauten unser Gepäck unter den Sitzen, und schon bald ging es los. Der Busfahrer schaltete wohl auf so eine Art Autopilot, denn sehen konnte er bei der Wassermenge definitiv nichts. Die Autobahn war aber frei, und so waren wir auch schnell in Palma. Die Uferstraße dort ist etwas schief, was kein Problem wäre, wenn sie sich in Richtung Meer neigen würde. Sie ist aber zur Landseite hin recht abschüssig, und deshalb staute sich auf der rechten Fahrspur das Wasser meterhoch, was ich erst daran erkannte, dass ein Mopedfahrer sein Gefährt durch das Wasser schob und davon nur noch der Lenker und die Lampe zu sehen waren. Er selbst war bis zum Bauchnabel weg. Dadurch fühlte ich mich gleich nicht mehr so durchnässt, weil ich wusste, dass es zumindest diesem armen Kerl deutlich schlechter ging als mir. Kein feiner Zug von mir, und direkt wurde ich dafür auch schon bestraft. Der Bus fuhr zwar auf der höheren linken Spur, aber das Wasser lief langsam durch die Türspalten herein. Als die Straße dann endlich gerade wurde, floss dieses eingesammelte Wasser quer durch den Bus und überschwemmte nicht nur meine auf Sommer programmierten Turnschuhe, sondern auch meine alte Sporttasche. Ich riss sie schnell unter dem Sitz hervor, da war sie allerdings schon vollgelaufen. Nina grinste mich an.

»Findest du die Löcher in der Tasche immer noch cool?«

»Das ist Used-Look! Und immerhin kann das Wasser dadurch auch schnell wieder rauslaufen«, meinte ich.

Der Bus schwenkte in eine Rechtskurve ein und fuhr bergauf in Richtung Innenstadt. Das veranlasste die ganze Brühe leider, komplett nach hinten zu laufen, und da saßen nun mal wir – jetzt in einem Meter hohem Wasser. Nina sprang mit einem Schrei auf. Das hätte ich auch gerne gemacht, aber meine Tasche, die ich immer noch auf dem Schoß hatte, verhedderte sich an der Sitzlehne, und so blieb ich eben in meiner übergroßen mobilen Badewanne sitzen. Das Tolle: In meiner Tasche hatte sich wohl eine Shampooflasche geöffnet, was man daran erkannte, dass Unmengen von Schaum herauskamen. So wurde ich sogar ein bisschen sauber!

»Praktisch! Besser als die Erfrischungstücher im Flieger«, sagte ich.

»Hast du auch Klamotten von dir in meinem Koffer?«, fragte Nina.

»Nein, alles in dieser Wasserbombe.«

»Oh, dann hast du ja gar nichts Trockenes, was du gleich anziehen kannst?«

»Nope.«

»Kannst dir nachher ein trockenes Kleid von mir leihen.«

Wenn sie gewusst hätte, was sie damit auslöst. Aber erst mal kamen wir an der Plaça Espanya an.

6

Die Bushaltestelle lag unterirdisch. Viele Touristen hatten sich vor dem Unwetter dort versteckt, denn da war es wenigstens trocken. Zumindest so lange, bis unser Busfahrer die Türen aufmachte, dann liefen nämlich die paar Hundert Liter Wasser aus dem Bus. Die wartenden Passagiere schreckten einige Meter zurück.

»Mist! Kann der nicht aufpassen? Jetzt hab ich nasse Füße«, meckerte ein dicker Deutscher, der sich, um als Erster im Bus zu sein, wohl ganz nach vorne gedrängelt hatte und einen Wasserschwall abbekommen hatte.

Seine Frau setzte ebenfalls zur Beschwerde an: »Echt 'ne Unversch...«

Weiter kam sie nicht, denn dann stiegen Nina und ich aus. Wir waren dermaßen nass, dass es den Wartenden die Sprache verschlug. Hinzu kam meine kaputte Tasche, aus der noch immer genügend Schaum lief, um eine mittlere Schaumparty am Ballermann zu versorgen. Mindestens fünf Touristen zückten ihre Handys und fotografierten und filmten uns. Sogar die Leute, die im Bus weiter vorne gesessen hatten, taten das. Ich beschloss, alle zu ignorieren, und so schlurften wir zum Ausgang.

Als wir oben aus dem Fahrstuhl stiegen, wurde das Wetter etwas besser: Das Wasser kam nicht mehr am Stück vom Himmel, es regnete nur noch in Strömen. Trotzdem war der Mietwagen, den Arne besorgt hatte, nicht zu übersehen. Es war ein riesengroßer weißer Landrover, etwa fünf Meter lang, zwei

Meter hoch und zwei Meter breit. Solche Autos hatte ich bisher nur bei Reportagen über Großwildjäger in Afrika gesehen, aber nie in der Zivilisation, egal, ob die gerade unterging oder nicht. Den Beulen nach zu urteilen, hatte der Wagen wohl nicht alle Rennen mit den Nashörnern gewonnen. Arne sprang raus und öffnete direkt die Hecktüren.

»Hey, da seid ihr ja! Wie geht's euch?«, rief er uns entgegen.

»Na ja«, antwortete ich, »ein bisschen nass halt.«

»Hatte der Wetterbericht ja schon vorhergesagt, deshalb habe ich auch die Regensachen mitgenommen.«

Das fiel mir jetzt erst auf: Tatsächlich war Arne angezogen, als wolle er bei Windstärke 12 zum Hochseefischen. Ich hätte ihn normalerweise gerne damit aufgezogen, aber leider war das jetzt gerade nun wirklich die perfekte Kleidung für Mallorca.

»Echt, war das vorhergesagt?«, fragte Nina und sah mich dann sauer an. »Und wo hattest du das mit der Sonne her?«

»Ich hab das echt nachgeschaut, da stand nichts von Regen«, erwiderte ich.

Das war nicht gelogen. Ich hatte nämlich in einem Reiseführer zufällig die Kurve mit den durchschnittlichen Höchsttemperaturen der letzten fünfzig Jahre gesehen. Die waren nicht schlecht. Und wer schaut schon auf den Wetterbericht, wenn er nach Mallorca fliegt!

Nachdem wir unsere Taschen auf der Ladefläche verstaut hatten, blickte Arne uns an.

»Ich glaube, mit den nassen Klamotten kann ich euch nicht auf die Sitze lassen, das zieht da voll ein. Ihr geht am besten auch nach hinten.«

Gesagt, getan – wir kletterten auf die Sitzbänke, die quer zur Fahrtrichtung im Laderaum angebracht waren. Jetzt befanden wir uns auch erstmals in Rufweite von Anja, die auf dem Beifahrersitz saß.

»Buenos dias! Willkommen auf der Sonneninsel Mallorca!«, rief sie nach hinten.

»Danke, wir reden gleich!«, brüllte ich zurück, denn der Regen trommelte laut auf das Dach des Landrovers.

Als wir dann losfuhren, sorgte eine Mischung aus Motorengeräuschen, Wassertrommeln und -rauschen von allen Seiten für einen Lärmgesamtpegel, dass ich mich spontan auf eine Autobahnbaustelle wünschte, denn ein Presslufthammer wäre dagegen fast schon lieblich gewesen.

Nachdem wir gedacht hatten, dass die Fahrt vom Flughafen in die Stadt schon abenteuerlich gewesen war, belehrte uns das Safari-Ungetüm eines Besseren. Auf der Autobahn war es hinten einfach nur laut, aber in den Seitenstraßen kam eine gesunde Portion Lebensgefahr hinzu. Die angemietete Finca lag äußerst abgelegen im Osten der Insel zwischen Felanitx und Manacor. Da wir ja hinten im Gepäckraum saßen und uns lärmmäßig kaum verständigen konnten, haben wir uns die Strecke nur mit den Arschbacken gemerkt. Die Autobahn – angenehm; Landstraße – gut; Seitenstraße – unangenehm; Kiesweg – schmerzhaft; Feldweg – Auaauaauaaua! Den Ich-kann-nicht-mehr-sitzen-Effekt, den man im Kino erst gegen Ende des dritten Teils einer Herr-der-Ringe-Nacht bekommt, hatten wir hier innerhalb von Sekunden. Arne hatte dafür Schmerzen in den Armen, weil er permanent am Lenkrad kurbeln musste, um nicht vom schlammigen Feldweg abzukommen. Der Landrover hatte Fahreigenschaften, die irgendwo in der Mitte zwischen Mähdrescher und Krabbenkutter lagen. Aber ich will mich gar nicht beschweren: Ohne diese Karre hätten wir die Finca auf diesen Schlammpfaden wohl gar nicht erreicht. Ich hatte mich an die Schmerzen schon fast gewöhnt, als Arne plötzlich bremste – wir waren da! Und das nächste Wunder geschah: Es hörte auf zu regnen.

7

Wir kletterten aus unserer blechernen Folterkammer und landeten knöcheltief in einer riesigen Pfütze. Da meine Hose ja sowieso schon nass war, dachte ich ernsthaft kurz darüber nach, mich da reinzusetzen, um mit dem kalten Wasser die gelähmten Gesäßmuskeln wiederzubeleben.

Die Finca war ein zweistöckiges kleines Gebäude aus Natursteinen mit hölzernen Fensterläden und einem Dach aus Tonziegeln. Irgendwie sah das Haus ein bisschen aus wie ein aufgeblasener Ziegenstall – was es auch war, wie wir erst später erfuhren. Ein mallorquinischer Bauer hatte erkannt, dass es ertragreicher ist, Feriengäste zu züchten als Ziegen. Und weil er sich mit Meckern schon auskannte, vermietete er hauptsächlich an Deutsche.

Arne und Anja kamen ums Auto herum.

»War die Fahrt okay da hinten?«, fragte Arne.

»Überlebt«, antwortete Nina knapp.

»Ich fürchte, mein sexy Hintern wird nie wieder so sein wie früher«, jammerte ich.

»Und der war wirklich schön«, stimmte Nina mir zu. »Ich habe schon oft gehört, dass jemand über dich sagt: Was für'n Arsch!«

Sie war offensichtlich immer noch sauer, dass ich nicht auf die Wettervorhersage geschaut hatte.

»Jetzt hört auf zu flirten«, sprang Anja ein, »und lasst uns die Sachen ins Haus bringen. Es fängt gleich wieder an zu gießen.«

Da war wohl was dran – obwohl es erst kurz nach siebzehn Uhr war, verdunkelten schwere Gewitterwolken den Himmel, als wäre es Mitternacht. Also legten wir los und hoben schnell die Taschen aus dem Auto. Ein Mann kam aus der Finca. Nina vermutete wie immer einen Raubüberfall und versteckte sich instinktiv hinter mir. Im Nachhinein betrachtet gar keine schlechte Reaktion, wenn man bedenkt, was wir in den nächsten Tagen erleben sollten.

»Soll ich euch ein paar Taschen abnehmen?«, fragte der Mann.

»Sind Sie der Vermieter?«, fragte ich zurück. Immerhin wollte ich meinen Schwamm, der mal meine Reisetasche gewesen war, nicht irgendwem geben.

»Nein, ich bin von der Mallorca-Mafia. Ihr seht eure Sachen nie wieder. Höchstens bei eBay«, antwortete der Kerl.

Arne grinste. »Das ist Stefan, ein Freund von uns aus München. Er hat die Finca besorgt und ist auch diese Woche mit uns hier.«

»Ach so, ich dachte, wir sind zu viert. Sind wir zu fünft?« In Ninas Stimme schwang ungefähr so viel Freude mit wie bei »Morgen muss ich wieder zum Zahnarzt zur Wurzelbehandlung«.

»Zu siebt«, legte Anja nach. »Stefans Frau und Sohn sind auch da. Hat Arne euch nicht Bescheid gesagt?«

»Oh«, war Arnes Antwort.

Stefan war das Ganze ein bisschen unangenehm, aber jetzt gab's ja nichts mehr zu verlieren. Er reichte Nina die Hand.

»Stefan.«

»Nina«, antwortete sie und fügte noch »Freut mich« hinzu. In dem Moment donnerte es. Und es fing wieder an zu regnen. Petrus war echt auf Zack und ließ keine Lügen durchgehen. Besonders nicht die offensichtlichen. Wir schnappten uns die Taschen und rannten ins Haus.

Der Eingang führte direkt in einen großen Raum, der Wohnzimmer, Küche und Esszimmer in einem war. Die Böden waren mit Terracottafliesen bedeckt und die Wände hellgelb gestrichen. Kurz: Es sah nett aus, für einen Ziegenstall sogar spektakulär.

»Stefan ist mit Lenny schon seit gestern da, heute ist auch seine Frau angekommen«, berichtete Arne.

Ich ahnte Böses und schickte sofort ein Stoßgebet zum Himmel. Aber die Gewitterwolken ließen diese Eilzustellung wohl nicht durchdringen, denn um die Ecke kam jetzt tatsächlich Claudia! Meine Ex, von der die Frau, der ich hier einen Heiratsantrag machen wollte, nicht wusste, dass wir überhaupt zusammen gewesen waren. Das war zwar schon über fünf Jahre her, aber Nina kann auch nachträglich noch extrem eifersüchtig sein. Wenn es eine Zeitmaschine gäbe, würde Nina in die Vergangenheit reisen und jedes Mädchen, das ich je angeschaut habe, ausradieren, und ich müsste quasi jungfräulich in die Ehe. Abgesehen vom Sex mit ihr, wenn ich Glück hatte.

Ich musste dringend verhindern, dass Nina von meiner Vergangenheit mit Claudia erfuhr. Am Flughafen war das in dem kurzen Gespräch noch gut gegangen, in einer Woche gemeinsamen Urlaubs würde das schon schwieriger. Ich merkte bereits, dass Nina gerade in Angriffsposition ging, weil ihr schon allein unsere gemeinsame Studienzeit missfiel. Und dabei hatte sie keine Ahnung, wie ausführlich ich Claudia studiert hatte.

Auch Claudia war überrascht.

»Das ist ja'n Ding!«, sagte sie.

»Verfolgst du mich?«, fragte ich.

»Uns!«, ergänzte Nina leicht angesäuert.

»Uns«, verbesserte ich pflichtbewusst.

»Moment, bisher war ich immer noch zuerst da, sowohl am

Flughafen als auch hier, also verfolgt ihr mich«, stellte Claudia klar.

»Stimmt«, gab ich zu. »Wie bist du denn so schnell hierhergekommen?«

»Ich hatte ja nur Handgepäck, weil Stefan und Lenny schon vorausgeflogen sind. Ich bin direkt ins Taxi gestiegen, und es war gerade trocken.«

»Da hatten wir nicht ganz so viel Glück. Man kann guten Gewissens behaupten, wir wären direkt am ersten Urlaubstag schwimmen gewesen. Die Wassertemperatur hat mich irgendwie nicht so überzeugt!«

»Du kannst sagen, was du willst – ich finde den Regen hier wärmer als in Deutschland«, tönte Nina. »Und ich *habe* wenigstens was Trockenes zum Anziehen. Und das würde ich jetzt auch gerne mal nutzen. Wie teilen wir denn die Zimmer auf?«

»Das habe ich gestern schon durchgeplant«, sagte Stefan. »Damit wir hier unten nicht so leise sein müssen, hat Lenny sein Zimmer oben. Da schläft er übrigens auch jetzt gerade, falls ihr euch gefragt habt, ob er schon in den Pool gegangen ist.«

Wir schauten instinktiv alle zum Fenster raus, wo es wieder in Strömen goss.

»Lenny hat ein eigenes Zimmer? Ich dachte, der schläft bei euch?«, fragte Anja.

»Wir haben ja vier Schlafzimmer – drei oben und eins unten. Hier unten hatte ich für Felix und Nina gedacht. Lenny habe ich oben neben uns einquartiert, und dich und Arne auf der anderen Seite. Dann kriegt ihr nichts davon mit, falls Lenny mal wach wird.«

»Sehr rücksichtsvoll, klingt doch alles super«, meinte ich ehrlich.

Da hatte ich aber unser Zimmer noch nicht gesehen. Arne übernahm das Kommando:

»Okay, dann packen wir mal alle aus, und dann unternehmen wir was.«

Wir schauten beim Wort »unternehmen« wieder alle stumm hinaus in den Regen, dann verteilten wir uns auf die Räume.

8

Als Nina und ich unser Zimmer betraten, verschlug es uns die Sprache: Der Raum war gerade mal acht Quadratmeter groß und schlicht und ergreifend ein Klo mit Bett! Die Wände waren weiß gefliest, abgesehen von einer blauen Bordüre zum Abschluss in zwei Metern Höhe. Der Fußboden war mit dunkeln Terracotta-Fliesen ausgelegt, die Decke bestand aus mittelbraun gestrichenen Holzbalken, die ein ebenfalls mittelbraunes Holzdach trugen. Die Dusche in der Ecke war gemauert. Offensichtlich war der Raum früher wohl das wirklich schöne Bad des Untergeschosses gewesen, dann aber zum Schlafzimmer umgewidmet worden. Optimistisch ausgedrückt war es ein Raum mit eigener Dusche und Toilette, yippie! Und die waren immerhin durch einen Vorhang vom Rest des Zimmers abgetrennt. Der Rest bestand aus einem schwarzen Metallbett und einem hellgrün gestrichenen Schrank sowie einem hellgrünen Holzstuhl.

»Ist ja'n Hammer!«, rutschte es mir raus.

»Luxus!«, sagte Nina. »Ein Klo mit Bett hat wahrscheinlich nicht mal Bill Gates.«

Ich war echt sauer, denn irgendwie ging ich fest davon aus, dass Lenny ein deutlich besseres Zimmer hatte, obwohl er bei seinen Eltern hätte schlafen können.

»Ich würde jetzt wirklich gerne mal Lennys Suite sehen«, maulte ich.

»Der hat es auch nicht leicht. Der muss sich seine Bude bestimmt mit 'ner Menge Plüschtiere teilen. Und so ein Playmobilpiratenschiff nimmt ja auch tierisch viel Platz weg!«

Das Schlimmste war, dass Nina es mal wieder nur zur Hälfte als Witz meinte. Die andere Hälfte versuchte, so optimistisch wie möglich durchs Leben zu gehen – eine Eigenschaft, die ich tatsächlich meistens an ihr bewunderte. Aber nicht, wenn ich klitschnass in einem Schlafklo stand. Ich versuchte, im Rahmen meiner Möglichkeiten ebenfalls positiv zu denken und fand immerhin Alternativen.

»Wir haben zwei Möglichkeiten: ausrasten oder auspacken?«

»Erst mal auspacken. Ich möchte jetzt echt mal trockene Klamotten anhaben.«

»Die habe ich nach dem Auspacken auch nicht.«

Zwar war die Schaumparty in meiner Reisetasche inzwischen beendet, aber anziehen konnte ich trotzdem nichts daraus. Ich nahm ein paar Sachen und spülte sie in der Dusche mit warmem Wasser ab. Dieses Extra hätte mir natürlich keines der Zimmer im Obergeschoss bieten können.

»So«, sagte ich. »Morgen habe ich trockene, saubere Klamotten. Und da sie in meinem Shampoo gebadet haben, sind sie absolut schuppenfrei, seidig glänzend und voll bester Spannkraft.«

»Dann wird es die Sachen ja auch nicht stören, wenn du sie trocken föhnst. Hauptsache, du bürstest sie danach. Ganz im Ernst, du kannst doch echt was mit dem Föhn trocknen!«

Sie gab mir den Föhn, und ich sah wieder Hoffnung, in näherer Zukunft doch noch im Trocknen zu sein. Was ich allerdings nicht sah, war eine Steckdose.

»Hier ist keine Steckdose«, schimpfte ich. »Weißt du was, ich entscheide mich jetzt ganz spontan doch fürs Ausrasten!«

»Ach komm, Felix, wir haben Urlaub. Ausrasten kannst du noch genug, wenn wir wieder in Deutschland sind«, versuchte mich Nina zu beruhigen. »Oder wenn du morgen mal 'ne Runde mit dem Auto fährst.«

Oh ja. Das Autofahren ist bei mir so eine Art Schreitherapie – was bei anderen einen Psychiater und Tausende Euros von der Krankenkasse kostet, ist bei mir mit ein paar Litern Sprit von der Tankstelle erledigt. Gut für mich, schlecht für alle anderen auf der Straße. Aber dazu kommen wir noch.

Ich machte ein Friedensangebot: »Okay, wenn nicht ausrasten und nicht auspacken, dann eben ausleihen.«

»Genau, geh mal zu Arne, der kann dir bestimmt was geben«, meinte Nina.

»Wieso Arne? Ich dachte da an deinen Koffer. Du hast mir doch vorhin gesagt, ich könne mir was aussuchen!«

»Du hast sie nicht mehr alle«, sagte sie und gab mir einen langen Kuss. »Und genau dafür liebe ich dich. Such dir was aus, ich lasse mich überraschen. Aber mach bitte nichts kaputt. Ich bin hier und da etwas kleiner als du!«

Damit ging sie raus und ließ mich mit ihrer Urlaubsgarderobe zurück. Da war meine Klappe mal wieder größer als meine Courage gewesen, aber jetzt konnte ich nicht mehr zurück. Und lieber trockene Frauenklamotten als nasse eigene, sagte ich mir.

9

Nina hatte unsere zusammengewürfelte Wohngemeinschaft offensichtlich auf meinen Auftritt vorbereitet, denn als ich aus dem Schlafklo trat, warteten schon alle auf mich. Meine Modenschau war allerdings auch wirklich beachtlich! Ich trug einen hellgrünen Wickelrock und ein geblümtes Pyjama-Oberteil, das ich nur an einem Knopf zumachen konnte, weil es sonst gerissen wäre.

»Wow!«, entfuhr es Anja.

»Ich habe mich soeben verliebt!«, bestätigte Arne.

»Du kannst das tragen«, kam von Claudia, was bei Nina schon wieder Alarmstufe Gelb auslöste. Sie bereute es ohnehin, dass sie mir freie Hand bei der Auswahl gelassen hatte. Der alte Pyjama war ihr offensichtlich peinlich.

»Aus allen Klamotten, die ich mitgebracht habe, suchst du dir ausgerechnet meinen Doris-Day-Gedächtnis-Pyjama aus?«

»Den Rest wollte ich nicht kaputt machen«, erwiderte ich. »Aber der Wickelrock ist super, total gemütlich.«

»Soll ich dir vielleicht ein paar Sachen leihen, bis dein Kram trocken ist?«, bot Arne an.

»Ein T-Shirt vielleicht. Den Rock behalte ich erst mal an!«

Ich ging mit Arne nach oben und bekam ein Shirt. Ich konnte meine Neugier allerdings nicht bremsen und musste einen Blick in Lennys Zimmer werfen.

»Welches Zimmer gehört denn Lenny?«, fragte ich Arne.

»Das hier. Er schläft gerade«, antwortete er und zeigte auf die mittlere Tür.

Ich öffnete leise die Tür und schaute hinein. Zusätzlich zum ohnehin düsteren Wetter waren die Fensterläden geschlossen. Ich blickte also quasi in ein schwarzes Loch. Ich machte einen Schritt hinein, in der Hoffnung, dass sich meine Augen an die Dunkelheit gewöhnten. Das taten sie nicht, dafür landete mein Fuß auf einem Spielzeugauto. Ich zuckte zurück, dabei zog sich der Motor auf und das Ding fuhr mit einem atemberaubenden Tempo in die Dunkelheit. Dort rammte es irgendetwas, was wiederum gegen etwas anderes prallte und ordentlich Krach machte. Ich fühlte mich kurz wie der kleine Speedo vom Flughafen. Der Lärm war aber nichts im Vergleich zu dem, was danach kam.

»Maaamaaa!«, brüllte Lenny, der offensichtlich mit meiner Art des Weckens wenig anfangen konnte.

Arne machte das Licht an. Lenny saß aufrecht in seinem Bett, sah uns und war still.

»Och, das ging ja schnell«, freute ich mich.

Lenny hingegen holte einfach nur Luft.

»Maaaaaaaaaamaaaaaaaaaaaaaa!!!!!!!!!!!!«

Als hätte sie jemand gerufen, kam die auch schon die Treppe hochgerannt, gefolgt von Stefan, Anja und Nina.

»Was habt ihr gemacht?«, rief Claudia, während sie Lenny auf den Arm nahm und beruhigte.

Ich zeigte auf das Spielzeugauto. »Ich bin an das Auto gekommen, da ist es losgedüst und hat irgendwas umgeworfen.«

Ich sah mich um. Eine Stehlampe lag auf dem Boden. Jetzt war ich beeindruckt von der Leistung des Autos. Stefan bemerkte es und hob das Auto stolz auf.

»Beachtlich, was? Ein Audi Q7 Pullback. Da haben sie gleich zwei von diesen Aufziehmotoren reingesetzt. Das Ding hat also Allrad. Der ist schnell und stark.«

»Echt? Cool!«, antwortete ich.

Die Frauen fanden das weniger toll.

»Ganz großartig!«, meckerte Claudia. »Ein kleines Kind ist total traumatisiert, und ihr schafft es sogar jetzt, euch über Autos zu unterhalten!«

Anja schüttelte ihren Kopf und sah mich vorwurfsvoll an. Nina war aber fast schon auf meiner Seite, wahrscheinlich einfach, weil es Claudias Kind war.

»Na ja, durch ein bisschen Krach wird das Kind wohl kaum traumatisiert. Schon eher, weil Felix einen Rock anhat.«

Das weckte Lennys Interesse. Er schaute mich an.

»Hast du Kleid an?«, fragte er. »Warum?«

Für einen Dreieinhalbjährigen konnte der Kleine schon ziemlich gut sprechen. Das würde aber erst später ein echtes Problem für mich werden.

»Meine Hose war nass«, antwortete ich.

»Hast du Pipi gemacht?«

»Nein, *es* hat geschifft, nicht *ich*.«

»Was?«

»Es hat geregnet.«

Ich realisierte, dass man bei Kleinkindern mit Wortspielen noch nicht so weit kommt. Als jemand, der dann doch nicht in die Hose machte, war ich aber auch schon nicht mehr interessant. Lenny wandte sich wieder seiner Mutter zu.

»Ich hab Hunger«, sagte er.

»Ich mache dir was warm«, versprach Claudia.

Wir alle hatten Hunger, also machte sich die Polonaise auf den Weg nach unten in die Wohnküche.

»Hast du alles eingekauft?«, fragte Claudia Stefan.

Der machte das, was wir alle am wenigsten sehen wollten: Er schüttelte den Kopf!

»Nein«, sagte er. »Ich dachte ja eigentlich, dass wir heute in eine Tapasbude gehen oder so.«

Wir schauten wieder zum Fenster – weiterhin Weltuntergang. Anja hatte offensichtlich am meisten Hunger und übernahm das Kommando.

»Okay. Dann schmeißen wir alles Essbare zusammen, was wir haben. Alles auf den Tisch!«

Die Ausbeute der Sammlung war äußerst bescheiden: dreieinhalb Schokoladenherzen von Air Berlin, zwei schon recht harte Laugenstangen ebenfalls aus dem Flieger, eine Tüte Smarties, eine halbe Packung Prinzenrolle, eine Vierteltüte Chips. Hinzu kamen vier Päckchen Folgemilch für Babys und drei Gläschen mit Kleinkindernahrung, wovon Claudia jetzt eine für Lenny in einem Topf erwärmte.

»Na toll«, maulte Anja. »Das fängt ja super an.«

»Oder wir holen halt noch irgendwas«, versuchte Arne, die Situation zu retten. Wir schauten wieder alle zum Fenster. Wäre die Finca ein Auto gewesen, hätten wir die Außenspiegel anklappen und die Antenne abschrauben müssen, denn das Wasser lief an der Scheibe runter wie in einer Waschstraße. Und auch da kann man ja nicht losfahren.

»Nee, wir müssen wohl damit auskommen«, sagte Nina.

Irgendwie richteten sich alle Blicke vorwurfsvoll auf Stefan, der ja schon einen ganzen Tag da war.

»Es ist ja nicht so, dass ich gar nichts gekauft hätte«, verteidigte der sich. »Ich bin gestern noch mit dem Taxi bei einem Weingut vorbeigefahren. Dann gibt es eben Flüssignahrung. Mein Vater sagt immer: Was andere essen, kann ich auch trinken!«

»Dann kann ja dein Vater jetzt sein Essen vorbeibringen und 'ne Flasche abholen«, nölte Anja. »Ich habe jedenfalls Hunger.«

»Ich kann dir auch ein Gläschen von Lenny warm machen«, schlug Claudia vor, »wir werden ja morgen neue kaufen.«

Und so passierte es dann auch. Lenny und Anja aßen warm, wir anderen die kalten Reste aus dem Flieger. Gemeinerweise duftete die Kindernahrung auch noch lecker, das kam bei unseren Mägen überhaupt nicht gut an. So kam aber das System von Stefans Vater zum Tragen: Wir hatten alle innerhalb kürzester Zeit eine ordentliche Portion Rotwein intus, mangels Grundlage schlug der auch direkt an. Oder es lag an irgendwelchen Zusatzstoffen, die der Winzer dem Wein beigemischt hatte, der schmeckte nämlich mehr als künstlich. Der Taxifahrer hatte Stefan offensichtlich nicht zu einem Weingut gefahren, das zu den besten Mallorcas gehörte, sondern das seinem Onkel gehörte. Kurz, der Wein schmeckte fürchterlich, aber wir hatten ja zwei Kisten davon und sonst gar nichts, also hauten wir rein.

Claudia und Stefan waren sehr bemüht, Vorbild zu sein – in Lennys Gegenwart wurden keine Schimpfworte benutzt. Ihre Dialoge klangen, als hätte der Papst ein Kinderbuch geschrieben. Aber auch allen anderen gelang es, ihre Sprache klinisch rein zu halten. Allerdings erst nach gewissen Anfangsschwierigkeiten …

»Verfickte Scheiße!«

Natürlich war ich es, dem das rausgerutscht war. Alle starrten mich an, Dreijährige inklusive. Zu meiner Verteidigung muss ich sagen, dass mir in dem Moment ja auch wirklich was Blödes passiert war: Ich hatte gleichzeitig mit Claudia nach einer halben Laugenstange gegriffen. Weil ich ja nicht wollte, dass jemand merkt, was früher zwischen uns gewesen war, hatte ich »leicht« überreagiert, nämlich meine Hand blitzschnell zur Seite gezogen. Da stand allerdings bis zu diesem Moment leider mein Rotweinglas. Das kippte in die Schüssel mit den Prinzenrollen. Lecker! Und verfickte Scheiße.

»Was?«, fragte Lenny nach.

»Ähm … der dicke Meister«, sagte ich, in der Hoffnung, dass das irgendwie ähnlich klang. »Das ist eine Geschichte … von … einem Bäckermeister, der … immer alles selbst aufgegessen hat.«

»Un' weiter?«

»Dann wurde er dick. Ende.«

»Tolle Geschichte«, meinte Anja ironisch. »Aus dir wird noch mal was.«

»Hauptsache kein Vater oder Kinderbuchautor«, gab Nina ihr recht.

»Ich bin halt nicht in Übung«, redete ich mich raus.

»Im Kindermachen? Ooooh!«, sagte Claudia mitleidig.

»Da bin ich sogar bestens in Übung!«, tönte ich und hoffte auf Zustimmung von Nina, aber der war das Thema sichtlich peinlich.

Und Stefan sorgte sich um seinen Junior.

»Redest du schon wieder vom ›Dicken‹?«, mahnte er.

»Deine Frau hat damit angefangen«, verteidigte ich mich.

»Da mache ich immer den Anfang. Das ist bei mir die Macht der Gewohnheit«, bestätigte Claudia und grinste mich frech an.

Tatsächlich hatte sie mich zu Unizeiten förmlich flachgelegt. Nicht, dass mich das damals gestört hätte, aber jetzt hoffte ich, dass niemand die Anspielung verstanden hatte. Leider wurde ich direkt knallrot. Ich hustete heftig, um die Gesichtsfärbung darauf zu schieben. »Verschluckt!«, keuchte ich.

Claudia lehnte sich zufrieden zurück. Zum Glück stieg Arne in die Diskussion ein. Und auch ihm war der Rotwein durchaus anzumerken, aber die Kindersprachzensur funktionierte wenigstens.

»Ich frage mich ja sowieso, was der Ausdruck ›Verf…

Sch...‹ eigentlich bedeuten soll«, sagte er. »Was heißt ›Verf...‹? Vielleicht, wenn man jemanden in einer Bar abschleppt, man dann am Morgen danach nüchtern die Augen aufmacht und sieht, wen man da aufgegabelt hat: ›Entschuldigung, ich hab mich verf...‹?«

»Das wäre dann Sch...!«, nickte ich. »Dann wird es Zeit, dass man sich verp...! Klingt nach einem ganz normalen Morgen beim Karneval in Köln.«

Eisiges Schweigen.

»Was machst du eigentlich beruflich?«, fragte mich Stefan.

»Ich bin Bauleiter. Das Unternehmen, für das ich arbeite, baut hauptsächlich Reihenhäuser«, antwortete ich.

»Wolltest du nicht Architekt werden?«, fragte Claudia.

»Wollte ich. Aber ich bin dann im Praktikum bei der Firma hängen geblieben.«

»Was macht ein Bauleiter genau?«, hakte Stefan nach.

»Ein Bauleiter ist der A... vom Dienst für Bauunternehmer, Bauarbeiter und Bauherren«, sagte Claudia. »Er kriegt den ganzen Tag von allen Seiten eins auf den Deckel.«

»So ist es nun auch nicht«, verteidigte Nina mich. »Er muss halt auf 'ner Baustelle dafür sorgen, dass alles läuft und die Termine eingehalten werden.«

»Jo«, stimmte ich zu. »Und weil jeder einzelne Bauarbeiter und jeder Lieferant ganz klar genau das Gegenteil vorhat, kriege ich den ganzen Tag von allen Seiten eins auf den Deckel. Deshalb hab ich ja immer 'nen Helm auf.«

»Und was ist jetzt mit den Baustellen, solange du nicht da bist?«, hakte Stefan nach.

»Da hat mein Chef vorgesorgt. Offiziell bin ich gar nicht weg. Wir haben momentan vier große Baustellen, und auf jeder heißt es, dass ich gerade auf einer der anderen bin, aber wohl jeden Moment noch vorbeikomme.«

Dieses System hatten mein Chef und ich eingeführt, nachdem bei meinem letzten angekündigten Urlaub schlicht der komplette Bautrupp zu Hause geblieben war und die Baumaterialien in irgendwelchen anderen Häusern verbaut worden waren. Um zu erklären, warum ich telefonisch nicht zu erreichen war, passierte meinem Handy vor jedem Urlaub vor möglichst vielen Zeugen ein Unfall. So lagen zwei Handyattrappen in irgendwelchen Fundamenten, ein anderes wurde vom Kran geworfen, und das letzte war vor ein paar Tagen vom Betonmischer überrollt worden.

»Und was machst *du?*«, fragte ich Stefan.

Der versuchte sich möglichst lässig hinzusetzen und sagte betont unauffällig:

»Ich bin Chef von Hempelmann & Partner in München.«

Hätte mir das was sagen sollen? Keine Ahnung, deshalb konnte ich nur ganz ehrlich erklären:

»Ich hoffe, du bist der Partner.«

»Nein, ich bin der Hempelmann«, antwortete Stefan, ohne dass ihm was auffiel. »Ich habe eine Werbeagentur. Wir haben zum Beispiel Kampagnen für Elektromärkte gemacht.«

»Echt?«, fuhr es mir raus. »Hauptsache nicht die Billig-ist-geil-Sprüche, das war das Allerletzte!«

Anja und Arne schauten mich entsetzt an. Offensichtlich hatte ich einen Volltreffer gelandet. Im Wein lag bei mir nicht nur die Wahrheit, sondern er verhalf mir auch zu hellseherischen Fähigkeiten und überflutete nebenbei alle Barrieren in Sachen Vorsicht und Höflichkeit. Nina war anzusehen, dass sie auf ein Wunder für Stefans Antwort hoffte. Der nahm einen tiefen Schluck Wein und schaute etwas beleidigt.

»Diese Sprüche haben mir viel Geld gebracht.«

»Echt, das war von dir?«, fragte ich. Das war mir nun doch ein bisschen peinlich. »Das wusste ich nicht!«

»Das haben sich hier alle schon gedacht, dass du das nicht wusstest«, meinte Nina.

Alle schwiegen bedröppelt. Ich nahm mir einen rotweingetränkten Keks. Auf Lenny war Verlass, wenn es darum ging, eine peinliche Pause zu überbrücken und mich in Schwierigkeiten zu bringen.

»Was is' ›geil‹?«, fragte er.

»Na vielen Dank auch!«, fauchte Claudia mich an und drehte sich dann wieder zu Lenny, der bisher friedlich in einem Bilderbuch gelesen hatte. »Geil heißt, dass etwas sehr gut ist.«

»Is' mein Teddy geil?«, fragte Lenny.

»Hat Teddy 'ne heiße Freundin?«, fragte ich automatisch.

»Vielleicht wäre das der richtige Moment, um Lenny in die Welt der Bienen und Blumen einzuführen«, meinte Arne.

»Was für Bienen?«, fragte Lenny direkt nach.

Claudia hatte die Nase voll und nahm Lenny auf den Arm.

»Die sitzen draußen auf den Blumen, und wenn Felix und Arne das nächste Mal rausgehen, dann werden die von den Bienen gestochen.«

»Heißt das dann geil?«, fragte Lenny.

»Ich fänd's sogar *super*geil!«, sagte Claudia genervt. »So, jetzt reicht's auch. Sag gute Nacht, nun geht's nämlich ab ins Bett!«

Lenny war anzusehen, dass er noch nicht ins Bett wollte, aber schlicht zu müde war, um zu protestieren.

»Gudenach«, murmelte er unzufrieden.

Claudia ging mit Lenny die Treppe hoch.

Endlich!, dachten alle, aber nur Stefan sprach es aus. »Jetzt kann ich endlich auch was trinken.«

Nicht, dass er das bisher nicht in Mengen getan hätte. Aber bisher hatten Claudia und er den Wein aus Kaffeebechern getrunken, jetzt füllte er ihn um in Weingläser.

»Ihr trinkt Wein in Bechern, damit Lenny es nicht sieht?«, fragte Arne ungläubig.

»Nur hier – zu Hause trinken wir gar keinen Alkohol.«

Der Menge nach zu urteilen, die die beiden bisher schon getrunken hatten und auch in den nächsten Tagen noch trinken würden, fühlten sie sich im Urlaub wohl absolut nicht zu Hause.

Arne war mit der Erklärung allerdings immer noch nicht zufrieden.

»Dann legt ihr auf ein Nutellabrot auch eine Scheibe Kochschinken, damit er's nicht sieht?«

»Gute Idee«, erwiderte Stefan säuerlich. »Bisher gibt's bei uns Nutella nur, wenn er schläft.«

»Mann, du machst ja mal echt Werbung fürs Kinderkriegen«, meinte Anja. »Da hat mir sogar ›Billig ist geil‹ besser gefallen.«

Arne setzte noch eins drauf und holte seine beste Werbestimme raus:

»Von den Machern von ›Billig ist geil‹ sehen Sie jetzt die neue Superkampagne: ›Kinder sind Kaka‹!«

Nina hatte Mitleid mit Stefan und lenkte das Gespräch in eine andere Richtung.

»Wusstet ihr, dass es einen Ort namens Oberkaka gibt?«, fragte sie. »Liegt direkt bei Unterkaka. Ist in Sachsen-Anhalt!«

»Dann ist das mit dem Arsch der Welt wohl auch geklärt«, bemerkte ich.

Claudia kam ohne Lenny, aber mit Babyfon zurück und setzte sich wieder an den Tisch.

»Wartet's ab«, sagte sie. »Das Thema Kaka werdet ihr noch in Ruhe besprechen können, wenn ihr Kinder habt. Es gibt Eltern, die unterhalten sich nach jedem Windelwechseln darüber, was drin war. Und das mitten im Restaurant.«

»Stimmt«, brummte Arne. »Ich weiß gar nicht, wie oft ich schon meinen Nachtisch abbestellt habe, weil ich keinen Appetit mehr hatte.«

»Du musst ja auch nicht jedes Mal Mousse au Chocolat bestellen«, sagte ich. »Was mich wundert, ist, wie selbstverständlich manche Mütter überall ihre Brüste rausholen, um ihr Baby zu stillen!«

»Warum denn?«, fragte Claudia. »Sonst freuen sich die Männer doch auch, wenn sie Titten sehen. Und bei stillenden Frauen sind die auch noch riesengroß. Ich dachte, das gefällt euch.«

Ich schaute ihr vollautomatisch auf den Busen. In der Tat hatten mir Claudias Brüste immer gut gefallen, als ich sie noch anfassen durfte. Erst jetzt fiel mir auf, dass ich da eine Gemeinsamkeit mit Lenny hatte. Ein Gespräch von Mann zu Mann bot sich allerdings wohl nicht an.

»Es sind ja leider nie die gut aussehenden Frauen, die das machen«, verteidigte ich mich. »Für manche ist das wohl die einzige Chance, mal irgendwie auf sich aufmerksam zu machen. Aber mit Sachen, aus denen was rauskommt, wollen wir Männer nichts zu tun haben! Brüste verlieren genau in dem Moment ihren Reiz, wenn sie das tun, wofür sie gebaut sind.«

»Genau wie Airbags«, sagte Arne.

»Also Arne kenne ich nicht anders«, meinte Anja und schaute dann mich an, »aber von dir hätte ich ein bisschen mehr Verständnis für die weibliche Sicht der Dinge erwartet, seitdem du Röcke trägst.«

Das hatte ich tatsächlich ganz vergessen. Ich saß ja immer noch in Ninas Wickelrock da!

»Die Alternative wäre *unten ohne* gewesen«, drohte ich. »Was ist dir lieber?«

»Nee, lass mal! Ich habe heute schon genug Elend gesehen«,

wehrte Anja ab und zeigte aufs Fenster, wo man das Wasser im Dunkeln zwar nicht sehen, aber immer noch hören konnte.

»Mir wäre lieber, er hätte wie versprochen vor der Reise mal auf den Wetterbericht geschaut«, sagte Nina sauer.

Claudia kam mir zu Hilfe:

»So sind sie halt. Ein Exfreund von mir sagte mal: ›Wenn ich meine Klamotten raussuche, schaue ich nicht aus dem Fenster, sondern auf den Kalender!‹ Männer!«

Mist, dachte ich. Doch keine Hilfe, denn:

»Der Satz könnte echt von Felix sein«, meinte Nina.

Mir brach der kalte Schweiß aus, denn der Satz *konnte* nicht nur von mir sein, er *war* von mir! Und ich hatte definitiv keine Lust, dass Nina dahinterkam, dass ich mal mit Claudia zusammen gewesen war. Zumindest nicht jetzt! Den richtigen Moment, um ihr diese kleine Fußnote meiner Unizeit zu verraten, würde ich mir noch genau aussuchen. Momentan war ich beleidigt, dass Claudia sich tatsächlich nicht daran erinnerte, dass ich der Erfinder dieses Spitzenspruchs war. Hatte sie die Zeit mit mir etwa verdrängt? Ich schaute sie böse an und merkte, wie ihr ein Licht aufging. Was dann kam, war allerdings alles andere als eine Entschuldigung.

»Der Typ war sowieso nicht ganz dicht«, sagte sie. »Da jagte ein Tick den nächsten!«

»Na ja, das müssen wir ja jetzt nicht vertiefen, jetzt, wo der arme Mann sich nicht verteidigen kann«, warf ich ein.

War Claudia etwa beleidigt, weil ich damals mit ihr Schluss gemacht hatte?

»Was denn, jetzt wird's doch endlich interessant«, beschwerte sich Arne.

»Der Idiot ist ja auch längst finstere Vergangenheit«, sagte Claudia. »Ich habe ja noch rechtzeitig mit ihm Schluss gemacht.«

»*Du* hast mit *ihm* Schluss gemacht?«, fragte ich. »Oder hat er dich vielleicht zu einem Drink in eine Bar eingeladen, um dir das schonend beizubringen?«

»Du meinst, zu dem ranzigen Mexikanerimbiss, zu dem er mich immer geschleppt hat, bei dem man aber nur Margaritas einigermaßen trinken konnte, weil der Alkohol die Gläser gereinigt hat?«

»Wo es vielleicht aber auch leckeres Essen gegeben hat! Auch als *er* da mit *dir* Schluss gemacht hat!«

Der Rest der Versammlung starrte uns etwas irritiert an. Zum Glück hatten fast alle schon einen im Tee.

»Nee, nee, *ich* habe mit *ihm* Schluss gemacht!«, antwortete Claudia. »Was soll ich zum Beispiel mit einem, der jedes Mal, wenn er von draußen reinkommt, seine Schuhe putzt und mit Zeitungen ausstopft?!«

»Echt?«, fragte Anja. »Wer macht denn so was? Den hätte ich aber auch zum Mond geschossen!«

»Das machen viele«, meinte Nina. »Felix war früher auch so. Bis ich ihm mal die ganzen Zeitungen und das Schuhputzzeug vor die Tür gestellt und angezündet habe.«

»Mit meinen Lieblingsschuhen oben drauf«, beschwerte ich mich.

»Die Dinger waren uralt und komplett abgelaufen«, verteidigte sie sich.

»Das muss bei Felix nichts heißen«, warf Arne ein. »Du kennst ja seine durchlöcherte Reisetasche. Die sieht auch aus, als hätte sie mal zwischen einer Mäusefamilie und einem leckeren Käse im Weg gestanden.«

Irgendwie hatte mir das Gespräch besser gefallen, als Stefan noch die Arschkarte hatte. Jetzt musste die Mitleidstour ran.

»Seit Ninas Lagerfeuer habe ich diese Narbe«, sagte ich und zeigte auf eine sehr kleine Narbe am Hals.

»Wieso, ist einer der Schuhe explodiert?«, fragte Stefan, der bisher eigentlich nur damit beschäftigt war, sich seinen Rotwein schön zu trinken.

»Nicht ganz«, antwortete Nina. »Ihm ist die Katze von Frau Schmitz auf den Kopf gefallen, die über uns wohnt. Die hatte am Fenster gesessen und ist von dem Rauch ohnmächtig geworden. Schuhcreme brennt zwar wie Hölle, ist aber wohl nicht besonders gesund!«

»Jedenfalls ist die Katze rechtzeitig wieder wach geworden, um sich an mir festzukrallen«, ergänzte ich. »Da habe ich tatsächlich für ein paar Stunden vergessen, mich wegen des Fegefeuers bei Nina zu beschweren.«

»Das hat dann Frau Schmitz erledigt«, sagte Nina. »Die wollte sogar die Polizei rufen. Aber die hält Felix bis heute für einen Helden, weil er angeblich ihren Garfield gefangen hat.«

»Da hat sie recht«, fand ich.

»Und ich bin ihr Feind, weil ich das Vieh vergasen wollte«, sagte Nina.

»Ich weiß gar nicht, was die hat«, meinte Arne. »Dann hätte Felix das Vieh putzen und ausstopfen können wie seine Schuhe, und sie hätte ewig was davon!«

»Die stopft den Kater ja selbst aus«, sagte ich. »Mit Katzenfutter und Pizza. Ich habe vorher noch nie eine Katze gesehen, die eine eigene Thunfischpizza bekommt. Ich denke auch, dass der Comic-Garfield nach diesem fetten Tier benannt wurde und nicht umgekehrt.«

»Eine Bekannte von mir hat ihren Freund Garfield genannt, das fand ich heftig«, berichtete Anja.

»Kommt drauf an, *warum* sie ihn so genannt hat. Hatte er spitze Ohren oder grüne Augen?«, fragte Stefan.

»Nein.«

»Dann lag's wohl doch am buschigen Schwanz.«

Die Schlussfolgerung war leider zu logisch, als dass irgendjemand da widersprochen hätte.

»Felix hat 'ne Ex mal Snoopy genannt«, erzählte Nina. »Ich weiß nicht, ob sie so lange Ohren hatte wie ein Beagle oder braune und weiße Haare auf dem Rücken. Wie hieß die eigentlich wirklich? Du hast echt immer nur von Snoopy erzählt.«

Claudia hieß sie. Das hätte Nina auch an deren entgeistertem Gesichtsausdruck erkennen können. Und an ihrer garstigen Abwehr.

»Vielleicht hatte sie ja auch einfach nur ein süßes Snoopy-T-Shirt an, als sich die beiden kennengelernt haben!«

»Ach Quatsch! Welche Frau hat denn ein Snoopy-T-Shirt?«, entgegnete Anja.

»Claudia hat auch so eins«, sagte Stefan. »Uralt, aber das will sie trotzdem nicht wegwerfen.«

Ach du Scheiße, wie viele Hinweise brauchten die denn noch, um uns zu überführen?

»Siehste, das ist ganz normal«, meinte ich.

»Ich find's trotzdem komisch«, meinte Nina. »Aber nach allem, was Felix erzählt hat, war die Alte ja sowieso nicht ganz dicht.«

Claudia wurde hellhörig:

»Ach? Was erzählt er denn so über seine gute, alte Snoopy?«, fragte sie.

»'ne Menge!«, antwortete Nina. »Die muss ein Psycho gewesen sein.«

Das nahm alles so gar nicht die Richtung, die ich mir vorgestellt hatte. Da musste ganz schnell eine geschickte Strategie her, und die fiel mir auch sofort ein: Flucht!

»Ach komm«, sagte ich, »was soll das Gerede über Exfreundinnen, die ja nun echt gar nichts mehr mit meinem heutigen Leben zu tun haben. Wir gehen jetzt ins Bett.«

Ich stand auf, nahm Ninas Hand und zog sie mit hoch. Claudia protestierte.

»Ich hätte aber so gerne noch mehr über Snoopy erfahren«, beschwerte sie sich.

»Das erzähl ich dir morgen«, versprach Nina. »Jetzt hab ich sowieso einen im Tee, da fallen mir die guten Sachen gar nicht mehr ein.«

In meinem Kopf reifte der Plan, einfach morgen früh mit Nina wieder abzureisen, bevor die anderen wach wurden.

»Wir klappen die Bürgersteige auch hoch«, sagte Anja und nahm Arne mit nach oben.

»Wir trinken noch kurz aus«, sagte Stefan und meinte damit nicht den Rest in seinem Glas, sondern die frisch angebrochene Flasche.

Der Wein in Kombination mit dem fehlenden Essen hatte definitiv nicht nur Nachteile, denn Nina wurde von Alkohol meistens ganz schön rollig. In unserem Zimmer machte sie sich direkt an meinem Wickelrock zu schaffen.

»Hallo, Lady!«, flüsterte sie. »Ich hatte bisher zwar noch nie etwas mit Frauen, aber bei dir würde ich eine Ausnahme machen.«

»Du hast Glück«, antwortete ich. »Ich hatte bisher ausschließlich was mit Frauen, da kann ich dir was beibringen!«

»Spitze! Aber vorher hängst du den Rock auf, der knittert ganz schön, den will ich noch anziehen!«

Ja, ja, und ich bin der Spießer, dachte ich. Aber ich hängte den Rock an die Leine und wurde direkt für meine bösen Gedanken bestraft: Als ich fünf Sekunden später die zwei Meter zum Bett zurücklief, war Nina schon eingeschlafen. Das ist bei ihr die andere Wirkung vom Alkohol.

10

Wir schliefen erstaunlich gut in unserem Wohnklo, die Nacht wurde allerdings jäh von Lenny beendet, der sich in der Küche lautstark darüber beschwerte, dass es sein Lieblingsfrühstück, Schokoladenreiskrispies, nicht gab. Zum Protest warf er mit Schüsseln und Besteck um sich. Das Einzige, was mir daran gefiel, war die Vorstellung, dass wahrscheinlich ein Teil seiner versoffenen Eltern direkt danebenstand und den Lärm noch lauter abkriegte als wir im Nebenzimmer. Dann flog allerdings eine Blechschüssel gegen unsere Tür. Die Fliesen sorgten dafür, dass der Schall in etwa so lange nachhallte wie in einer Kirchenglocke. Wir standen also notgedrungen auf. Meine aufgehängten Klamotten waren nicht wirklich trocken, aber immerhin schon so weit, dass ich sie anziehen konnte.

Draußen regnete es noch immer in Strömen. Das und der lautstarke Wecker namens Lenny sorgten dafür, dass sich alle ziemlich stumm am Esstisch versammelten. Arne hatte sich in die Wetterschlacht gestürzt und war mit dem Safariungetüm zur Bäckerei gefahren – vor anderthalb Stunden. Unsere Befürchtungen schwankten zwischen dem Bild, dass er in einem Graben gelandet war, und der noch schlimmeren Vorstellung, dass er heimlich schon irgendwo ohne uns frühstückte. Wir überbrückten die Wartezeit mit Scrabble, das Anja und Arne mitgebracht hatten. Durch den sich langsam aufbauenden Lagerkoller und den sich noch deutlich schneller aufbauenden Hunger wurde das Brettspiel zu einem verbitterten Kampf um jeden Buchstaben.

»Quarknase ist kein Wort«, schimpfte Stefan.

»Aber ganz klar ist Quarknase ein Wort«, meinte Anja, die gerade die entsprechenden Buchstaben aufs Feld gelegt hatte. »Eine Quarknase ist ein Zipfel, der beim Einfüllen des Quarks in die Dose nach oben stehen bleibt. Das habe ich mal in einer Doku gesehen!«

»Auf N24 vielleicht«, meckerte Stefan. »Aber bei richtigen Dokus im öffentlich-rechtlichen Fernsehen und im Duden heißt das anders!«

Doch Anja blieb stur.

»Ach, und wie soll das Ding dann heißen?«, fragte sie.

»Was weiß ich denn? Ein bisschen Quark, das aus ganz viel Quark rauskuckt, heißt einfach Quark«, argumentierte Stefan genervt.

Ich hielt dagegen:

»Na ja, da muss ich Anja jetzt recht geben. Ein bisschen Haut, das aus ganz viel Haut rauskuckt, heißt ja auch nicht nur Haut, sondern Beule!«

»Ach, würde Quarkbeule gelten?«, fragte jetzt Claudia, die sich sofort Buchstaben zurechtlegte. Stefan sah sie sauer an, daraufhin ließ sie die Steinchen los.

»Quarknase gilt und damit basta«, bestimmte Anja. »Das macht einundzwanzig Punkte für mich.«

Das war meine Chance! Ich nahm ein paar Steinchen und legte:

»Quarknasendach! Das ist die Metallfolie auf der Quarkdose und zwar, wenn sie an die Quarknase stößt!«

Alle sahen mich entsetzt an. Nina trat mir unterm Tisch vors Schienbein.

»Ich habe die Doku auch gesehen«, behauptete ich. »Gibt neunundzwanzig Punkte.«

»Ich habe keine Lust mehr«, schimpfte Stefan und stand auf.

»Ich habe Hunger«, sagte Anja.

»Iss doch ein Ei«, schlug ich vor.

Ich nahm mir vom Spielfeld ein E und ein I und zeigte sie Lenny.

»Lecker«, sagte ich.

Ich tat so, als würde ich mir die Steine in den Mund stecken. Lenny war der Einzige, der das lustig fand.

»Riesenwitz!«, nörgelte Stefan.

»Lecker«, sagte hingegen Lenny.

Er kaute auf etwas herum, hatte das Z in der Hand und streckte sich nach weiteren Buchstaben. Alle starrten ihn an, Claudia stürmte auf ihn zu.

»Ach du Sch...okopudding!«, entfuhr es ihr in bester Zensurmanier. »Hast du ein Steinchen gegessen?«

Lenny sagte nichts, grinste nur. Claudia wurde panisch.

»Hast du ein Steinchen gegessen? Mach mal den Mund auf!«

Lenny blieb stur, sah mich belustigt an. Ganz anders als der Rest der Versammlung.

»Riesenidee mit dem Steinchenessen!«, fuhr mich Stefan an.

Claudia hatte inzwischen Lennys Mund aufgekriegt, der war aber leer – für sie nicht weniger erschreckend!

»Hast du eins verschluckt? Jetzt sag doch mal! Hast du eins verschluckt?«

Mit ihren ständigen Wiederholungen fühlte ich mich wie im Nachmittagsprogramm beim Privatfernsehen – möglicherweise ein Hinweis darauf, dass deren Zuschauer auf dem geistigen Level von Dreijährigen schweben. Ich musste über diese Logik grinsen – was gar nicht gut ankam.

»Hör auf zu grinsen!«, fauchte Claudia mich an. »Überleg dir lieber, was wir jetzt machen sollen. Wenn Lenny so einen Stein verschluckt hat, kann er sterben.«

»Ach Quatsch!«, verteidigte mich Nina. »Von so was stirbt der noch nicht …«

Ich war beruhigt! Bis Nina noch ein Wort hinzufügte:

»… oder?«

Jetzt wurde ich auch nervös.

»Dann müssen wir ihn eben röntgen«, schlug ich vor.

»Prima Plan«, tönte Claudia. »Ich bin mir sicher, dass ihr in eurem Schlafklo entsprechende Apparaturen habt! Holst du die mal eben her?«

So langsam realisierte ich das Problem. Wir waren hier mitten im Nirgendwo mit einem zum Sterben verurteilten Kind, und unser Auto war irgendwo da draußen im mallorquinischen Monsunregen.

»Hast du eins verschluckt?«, fragte jetzt auch ich Lenny, aber der blieb stumm.

Panische Gedanken schwirrten mir durch den Kopf. Wie kriegen wir den Stein wieder raus? Welcher Buchstabe mochte es sein? Wie viele Punkte brachte er? Oder hatte er gleich mehrere gegessen? Wie viele haben wir noch zum Spielen? Und genau da fiel es mir ein.

»Wir zählen die Steine, die noch da sind. Wo ist die Spielanleitung? Da steht doch drin, wie viele Steine es mit welchen Buchstaben gibt. Dann sehen wir, ob einer fehlt!«

Gesagt, getan. Wir wühlten uns durch die Steine. Alle waren da – bis auf das Y. Ausgerechnet! Das brachte ganze zehn Punkte. In dem Moment kam Arne rein, und der brachte ganze zehn Brötchen! Das hofften wir zumindest, aber er kam mit leeren Händen, dafür komplett durchnässt.

»Ich hab' die Bäckerei gefunden! Aber die hatte zu«, berichtete er.

Es sah uns an und bemerkte, wie gestresst wir waren.

»Kuckt mich nicht so an, als müsste einer sterben. Das ist

doch kein Untergang. Wir fahren einfach alle zusammen zum Einkaufszentrum. Dauert ewig bei dem Sauwetter, aber wir kommen schon an.«

»Das ist egal«, sagte Anja mit Grabesstimme. »Lenny hat das Y verschluckt. Wir müssen es irgendwie zum Krankenhaus schaffen.«

»Wie ... Ypsilon verschluckt? Was redest du da eigentlich?«, fragte Arne.

»Das Y vom Scrabble fehlt!«, brüllte Stefan.

»Weiß ich doch«, antwortete Arne verständnislos. Alle starrten ihn an. Er zuckte mit den Schultern. »Das ist mir letztes Jahr Weihnachten abgefackelt. Lag zu nah am Adventskranz.«

Anja drückte ihn ganz fest: »Ich liebe dich!«

»Das ist die beste Nachricht ever!«, rief Claudia und fiel ihm um den Hals.

»Also wenn *ich* was kaputt mache, freut sich nie jemand«, beschwerte ich mich.

»Du hättest beinahe meinen Sohn getötet!«, fauchte Claudia mich an.

»Aber Lenny hat doch gar nichts verschluckt«, erwiderte ich.

»Aber du hast ihn überhaupt erst auf die Idee gebracht!«

»Auf die Idee, nichts zu tun.« Ich wandte mich an Lenny. »Du hast doch nichts verschluckt, oder?«

Lenny schüttelte den Kopf. »Ich möchte Sokokripsis!«

11

Auf der halsbrecherischen Schleichfahrt durch den strömenden Regen über Schlammpisten und überflutete Hauptstraßen zum Supermarkt nach Campos sagte keiner ein Wort. Nur Lenny summte *Pippi Langstrumpf* – ausschließlich die Titelzeile auf Dauerschleife.

Im Einkaufszentrum angekommen, frühstückten wir alle möglichst weit voneinander entfernt im Stehen an einer Bäckerei. Dann verteilten wir uns weiträumig im Markt. Einen Plan, was wir eigentlich einkaufen wollten, hatten wir nicht. Wir wollten nur alle so viel Zeit wie möglich dort verbringen und das möglichst ohne die anderen. Vielleicht hätte ja auch Petrus dann irgendwann mal ein Einsehen. (Hatte er nicht!)

Nina und ich landeten bei den Elektrogeräten.

»So hatte ich mir den Urlaub nicht vorgestellt«, sagte sie.

»In welchem Punkt genau?«, fragte ich.

»Doofkopp!«

»Quarknase hätte ich mir gefallen lassen.«

Wir gaben uns einen langen Kuss hinter einem Gefrierschrank.

»Das wird schon noch mit dem Urlaub«, versuchte ich sie zu trösten. »Ich habe mir da noch ein paar schöne Sachen überlegt.«

Wenn Nina gewusst hätte, dass es ums Heiraten geht, hätte sie sich notfalls auch eine Woche draußen im Regen einquartiert. Ich wusste, dass sie schon lange auf einen Antrag wartete. Ich hatte nur nie den passenden Moment gefunden. Und auch jetzt hatte ich keine Ahnung, wie ich meine schwer romantischen Pläne in die Tat umsetzen sollte. Der Ring war immer noch in einem Paar Socken in meiner Reisetasche versteckt, und wir badeten nicht im Mittelmeer, sondern waren in einem unmotivierten Einkaufszentrum auf der Flucht vor Wetter und Mitreisenden. Da gab es durchaus noch Raum für Verbesserungen.

Irgendwann würden wir uns auch mit den anderen absprechen müssen, was wir eigentlich einkaufen wollten, aber das schoben wir in weite Ferne. In der Süßwarenabteilung konnten wir Arne und Anja sehen. Bei den Gartenmöbeln baute sich Lenny eine lange Reihe aus Kinderplastikstühlen. Seinen Lokomotivgeräuschen nach zu urteilen, wurde das eine Eisenbahn.

Ich entdeckte einen Elektrogrill.

»Lass uns den doch kaufen«, sagte ich. »So ein Ding können wir doch gut auf dem Balkon brauchen. Dann grillen wir erst mal hier damit, und dann nehmen wir ihn mit nach Deutschland.«

»Gute Idee«, meinte Nina.

Ich ging einen Einkaufswagen holen. Meine Theorie ist, dass derjenige, der beim Einkaufen den Wagen hat, bestimmt, was gekauft wird. Das fand ich in dieser zusammengewürfelten Truppe besonders wichtig. Siegessicher fuhr ich mit meinem Wagen an Stefan vorbei, der daraufhin wortlos einen Wagen, in dem schon einige Waren lagen, aus einem Gang hervorzog. Das Rennen war eröffnet – spätestens, als ich Arne mit einem dritten Wagen um die Ecke kurven sah.

Schleunigst stapelten wir also all das, was wir wichtig fanden, in unseren Wagen. Dann gesellten wir uns zu Arne und Anja. Unsere Einkäufe ergänzten sich recht gut, nur Nutella war doppelt. Dann kamen aber Claudia und Stefan dazu, die sich den Wagen mit feinsten Spezialitäten vollgeladen hatten.

»Wir teilen uns die Rechnung, oder?«, fragte Stefan.

Wir starrten in seinen Wagen mit exotischen Käse-, Wurst- und Alkoholsorten.

»Ähm«, sagte ich, »wenn wir vielleicht ein bis zwei der trüffelgespickten Schinken vom Kobe-Rind hierlassen, dann schon.«

Arne stimmte mir zu: »Wenn ihr nicht den König von Mallorca erwartet, ist das vielleicht ein bisschen übertrieben, was ihr da eingepackt habt. Oder ihr zahlt es selbst. Felix zahlt den Grill auch selbst.«

Wortlos drehten die beiden um und brachten ihre Delikatessen zurück.

»Woher kennt ihr Claudia und Stefan eigentlich?«, fragte ich.

»Ich habe die Homepage von Stefans Agentur programmiert«, antwortete Arne. »Das war mein erster großer Auftrag in München.«

Arne war eigentlich Computerspielerfinder. Er hatte vor Jahren sowohl eine Spielfigur wie Lara Croft als auch das Moorhuhn erfunden – nur um festzustellen, dass in beiden Fällen jemand schneller gewesen war als er. Seitdem fiel ihm nichts Neues mehr ein. Er hatte allerdings ein Handyspiel programmiert, einen Tetris-Abklatsch mit bunten Katzengesichtern. Das Spiel wurde jahrelang auf fast jedes Handy gepackt, was ihm gute Einnahmen brachte. Seit dem Erfolg der iPhone-Apps war es aber auch damit zu Ende, und nun versuchte er in München einen Neuanfang als Webprogrammierer.

»Die beiden kommen jetzt vielleicht etwas doof rüber ...«, fuhr er fort.

»Das kann man so doch nicht sagen«, unterbrach ich. »Also das mit dem ›Vielleicht‹ meine ich, das kannst du weglassen.«

»Echt, die sind nicht so schlimm«, warf jetzt auch Anja ein. »Die sind echt okay. Claudia kommt sogar aus Köln!«

Nicht, dass das irgendein Qualitätssiegel für irgendjemanden wäre. Weder Nina noch ich stammten ursprünglich aus

Köln, es hatte uns nur jeweils dorthin verschlagen. Nun wohnten wir da und hatten uns nach und nach sogar an die Stadt gewöhnt.

»Ich weiß«, antwortete ich. »Ich kenne sie sogar von der Uni.«

Nina war versöhnlich wie immer. »Die haben uns halt auf dem falschen Fuß erwischt, mit dem Wetter und so.«

Und damit, dass Claudia meine Ex war. Aber das war ja wie durch ein Wunder bisher nicht rausgekommen. Vielleicht hatten wir ja nur deshalb so schlechtes Wetter, weil mein ganzes Glück in diesem Urlaub für dieses Geheimnis draufging. Hauptsache, es kam erst ans Licht, nachdem ich Nina den Antrag gemacht hatte, dachte ich. Aber daraus wurde natürlich nix.

Stefan und Claudia kamen zurück.

»Wir haben jetzt Bratwurst und Toastbrot mitgebracht. Ist das okay?«, fragte Stefan sauer.

»Entschuldigung, ist das Markentoast?«, fragte ich zurück. »Den gibt's doch bestimmt auch billiger.«

Claudia und Stefan starrten mich an.

»Kleiner Scherz«, sagte ich.

Offensichtlich nicht das Thema für Witze. Junge, Junge, das würde 'ne harte Woche werden, da war ich mir jetzt schon sicher. Stefan blieb beleidigt, weil wir ihm seine Luxusschlemmereien nicht bezahlen wollten. Wir zählten die Einkäufe durch, besorgten noch ein paar Sachen zum Grillen und wollten den Supermarkt verlassen. Da Petrus seine Himmelsdusche aber gerade wieder auf Höchstbetrieb gestellt hatte, legten wir noch einen Zwischenstopp in einer Tapasbar ein, die sich direkt am Eingang des Supermarktes befand. Einige köstliche Teller voll Schinken und Oliven später fuhren wir zurück zur Finca – natürlich im strömenden Regen.

12

Inklusive An- und Abreise hatten wir im Einkaufszentrum tatsächlich ganze sechs Stunden totgeschlagen. Ein voller Erfolg! Wieder in der Finca angekommen, machten wir uns direkt an die Vorbereitungen fürs Indoor-Grillen. Zum ersten Mal in diesem Urlaub kam so etwas wie ein Gemeinschaftsgefühl auf. Alle arbeiteten für den Grillabend, und jeder tat das, was er am besten konnte: Ich studierte die Gebrauchsanweisung des Elektrogrills, Nina und Claudia machten Salat, Anja und Arne marinierten Steaks und Garnelen, und Stefan testete den Wein.

Ich halte mich aus Glaubensfragen generell am liebsten raus, aber jetzt holte mich das männlichste aller Streitthemen ein: das Grillen! Holz oder Gas, Kohle oder Brikett, Feuer oder Strom?

»Ich finde Elektrogrills ja scheiße«, moserte Stefan. »Da kann man sein Steak ja direkt über diese Feuerattrappen im Kamin halten.«

Ich war ja eigentlich auch für Grillkohlen, aber das konnte ich jetzt als frischgebackener Elektrogrillbesitzer natürlich nicht zugeben.

»Soll aber viel gesünder sein«, sagte ich.

»Das ist Tofu auch, und wer will das denn?«, entgegnete er.

»Noch schlimmer als Elektro ist allerdings so ein Lavastein-Gasgrill«, warf ich ein. »Die sind für alle, die zu doof sind, ein echtes Feuer zu machen.«

»Wir haben so einen«, antwortete Stefan.

Mir fiel nix mehr ein: »Ach. Na ja. Tja.«

Ich musste einfach versuchen, mich gar nicht mehr mit Stefan zu unterhalten, weil das sowieso schiefging. Dabei hätte er mir jetzt helfen können, denn wegen Lenny hatte er alle Steckdosen mit Kindersicherungen versehen, und bei dem Versuch, den Grill anzuschließen, wurde ich halb wahnsinnig.

Der Elektrogrill holte alles raus, was die Steckdose hergab – was allerdings nicht viel war. Kaum hatte ich ihn angeschaltet, leuchteten alle Lampen nur noch zur Hälfte, und er wurde trotzdem nicht heiß. Der Bauer hatte den Ziegenstall zwar nett zu dieser Finca umgebaut, die Stromleitung aber offensichtlich im alten Zustand belassen. Deshalb stiegen wir auf Kerzenlicht um, was dem Grill tatsächlich genug Energie gab, um zu arbeiten.

Claudia brachte Lenny früh ins Bett. Offiziell, damit er sich nicht an einer der Kerzen verbrannte. In Wahrheit wollten seine Eltern endlich in Ruhe saufen.

Zu meiner Freude hatte auch Claudia größte Mühe, die Kindersicherung an einer Steckdose zu überwinden, um das Babyfon einzustecken.

»Blödes Ding!«, fluchte sie.

»Schatz«, sagte Stefan, »du musst einfach nur den Stecker vertikal in die Vorrichtung stecken, das Ganze im Uhrzeigersinn um neunzig Grad drehen, und schon sitzt das Ganze.«

»Mach's doch selber, wenn das so einfach ist«, schimpfte sie. »Aber Moment ... Jetzt passt es!«

In dem Moment flog die Sicherung raus.

Die Kombination aus Elektrogrill und Babyfon war zu viel für den Ziegenstall. Aber nicht nur die Kabel waren veraltet, sondern auch die Sicherungen. Die konnte man nicht einfach wieder reindrücken, da musste eine neue reingedreht werden – eine, die wir uns morgen erst vom Bauern holen mussten. Also blieben wir beim Kerzenlicht und halbgaren Würstchen und Steaks. Irgendwie fühlten wir uns an den ersten Abend zurückkatapultiert, aber jetzt hatten wir wenigstens Brot, und so war die Stimmung deutlich besser.

»Seid ihr eigentlich zum ersten Mal auf Mallorca?«, fragte Stefan.

»Ich ja, aber Felix war schon mal hier«, sagte Nina.

»Das war echt übel«, berichtete ich, »direkt nach dem Abi mit ein paar Kumpels in einem billigen Hotel in Ca'n Pastilla. Das Gemäuer lag *fast* direkt am Strand, dafür *ganz* direkt in der Einflugschneise des Flughafens. Ich hab erst später erfahren, dass die Piloten das rote Dach des Hotels als Markierung für den Anflug genutzt haben. Ich konnte am Ende des Urlaubs alle Fluggesellschaften an den Motorengeräuschen erkennen!«

»Dann war's doch ein Superurlaub«, meinte Arne. »Damit hättest du doch bei ›Wetten, dass ...?‹ auftreten können.«

»Darüber habe ich echt nachgedacht«, sagte ich. »Aber dann hätten die mich wahrscheinlich zum Sommerspecial nach Palma eingeladen, und eigentlich wollte ich diese Insel nie wieder betreten.«

»Ach, und warum bist du jetzt trotzdem hier?«, fragte Anja.

»Ich habe so meine Gründe«, antwortete ich grinsend und sah Nina an, die mit der Andeutung natürlich gar nichts anfangen konnte.

»Und was war jetzt so schlimm an dem ersten Urlaub?«, wollte Claudia wissen. »Alles nur wegen ein paar Flugzeugen?«

»Die Flugzeuge waren nicht das Problem«, sagte ich, »eher die Leute, die da drin saßen. Wenn du einen Abend in El Arenal verbracht hast, verlierst du den Glauben an die Menschheit. Ich war aber *fünf* Nächte da. Danach möchtest du nur noch wahllos töten!«

»Aber das stört doch keinen, da sind doch alle besoffen«, warf Anja ein.

»Ja«, antwortete ich, »alle bis auf mich. Ich musste zu der Zeit Antibiotika nehmen und durfte keinen Schluck trinken. Nebenbei hat das Mittel auch noch die Wirkung meiner Sonnenmilch aufgehoben und mir den schlimmsten Sonnenbrand meines Lebens verschafft. Jedenfalls, sich das ganze Desaster nüchtern anzuschauen war kein Vergnügen. Das Heftigste war, wenn man dann nachts von Arenal in Richtung Ca'n Pastilla am Strand langgelaufen ist. Alle paar Meter lag hinter irgendwelchen aufgestapelten Liegen ein besoffener Typ, der sich von einer hässlichen Prostituierten einen blasen ließ.«

»Und warum hast du dich hinter diesen Liegen rumgetrieben?«, fragte Nina schon wieder halb eifersüchtig.

»Ich wollte wissen, was da los ist«, sagte ich. »Die Tarnung mit den Liegen hätte ja einigermaßen funktioniert, wenn nicht grundsätzlich ein paar andere Typen mit Videokameras drumherum gestanden hätten.«

»Ach«, meinte Arne, »dann gibt es ja bestimmt irgendwo im Internet Videos, in denen am Strand die Post abgeht, und du spazierst da so im Hintergrund mit hochrotem Kopf durch die Gegend. Vom Sonnenbrand natürlich.«

»Und du würdest dich opfern, alle Seiten im Netz danach zu durchsuchen, oder?«, fragte Anja.

»Dazu sind Freunde doch da«, antwortete Arne, schüttelte aber den Kopf. »Nee, ich steh nicht auf hässliche Frauen.«

Jetzt wurde Claudia hellhörig: »Wo wir aber gerade bei diesen Internetseiten sind – warum finden Männer es geil, wenn in Pornos Frauen miteinander rummachen?«

»Sie wollen lernen«, antwortete Arne. »Weil ja nur Frauen wissen können, was Frauen wirklich gut finden.«

»Alles klar«, meinte Nina. »Wenn also jemand im Büro Internetpornos schaut, ist das keine verbotene Freizeitbeschäftigung, sondern Bildungsurlaub.«

Claudia blieb dran. »Aber bei Lesbenszenen sind Männer doch überflüssig. Macht euch das keine Angst?«

Arne ließ sich nicht beirren: »Wir wissen ja, dass es Schauspielerinnen sind, die nur so tun.«

Anja hakte nach. »Bist du dir sicher, dass du merkst, wenn eine Frau nur so tut?«

Arne hörte einfach über diesen Angriff hinweg. »Seit Bambis Mama tot ist, weiß ich: Das ist doch nur Film! Schlimm ist es aber, wenn Frauen wirklich lesbisch sind, dann sind ja gleich zwei auf einmal vom Markt!«

»Bambi und Lesben innerhalb von zehn Sekunden, das geht echt nur bei dir«, stöhnte Anja.

Nina wechselte das Thema: »Wir haben am Flughafen auch eine ziemlich krasse Frau gesehen.«

Sie schaute mich an, ich nahm den Ball auf.

»Aber echt. Die hatte eine Stimme wie E.T.! Ihren Leuchtfinger durfte sie aber leider nicht anknipsen, und das war genau ihr Problem. Die war auf akutem Nikotinentzug, weil sie es ein paar Minuten nach dem Flug noch nicht in den Raucherkäfig oder nach draußen geschafft hatte. Bei den Zigaretten, die es braucht, um sich so eine Stimme anzurauchen, hatte sie wahrscheinlich auch eine Haut wie E.T. Aber der wirkliche Knaller kam erst, als sie ihren Junior gerufen hat – der hatte den bescheuertsten Namen ever. Der hieß nämlich Speedo! Es reicht ja schon, dass irgendwelche Leute in Hollywood ihre Kinder nach Städten oder dem Lieblingsessen benennen. Aber nach einer Badehose? Wer macht denn so was?«

Das war eine rhetorische Frage. Ich finde, rhetorische Fragen sind eindeutig dazu da, nicht beantwortet zu werden. Leider tat mir Stefan auch diesen Gefallen nicht.

»Meine Schwester«, antwortete er. »Meine Schwester Simone hat ihr Kind Speedo genannt.«

Anja, Arne, Nina und ich starrten ihn an, während unsere Kinnladen gemeinsam auf die Tischplatten zu krachen drohten. Nur Claudia schaute mal wieder mich an und meinte:

»Wir wussten gar nicht, dass sie auch auf Mallorca ist. Aber das hast du uns jetzt ja sehr nett erzählt.«

»Eigentlich hätten wir draufkommen können«, sagte Stefan. »Sie reist jedes Jahr um diese Zeit her, seit sie damals die Reise gewonnen hat.«

»Wahrscheinlich bei ner Zigarettenpromotion?«, entfuhr es mir.

»Genau«, antwortete Stefan.

Verdammt!

Stefan erzählte zum Glück einfach weiter: »Da gab es ein Partywochenende auf einem Katamaran. Sie hatte was mit einem Typen am Strand. Der war dann am Morgen leider weg, und sie war schwanger. Als das Kind dann da war, wollte sie, dass es etwas vom Vater bekommt. Das Einzige, was sie von dem wusste, war aber die Marke der Badehose.«

Da bin ich ja froh, dass die sich nicht am FKK-Strand kennengelernt haben, sonst hätte das Kind jetzt gar keinen Namen, dachte ich.

Nina sah mir an, dass ich etwas ausbrütete, und schüttelte fast unmerklich den Kopf.

Stefan fuhr fort: »Und jetzt kommt Simone jedes Jahr um diese Zeit her, in der Hoffnung, Speedos Vater wiederzutreffen. Wir haben ihr extra nichts von unserer Reise erzählt, um bei ihr keine alten Wunden aufzureißen.«

Es ist selten, dass mir in so einer Situation spontan die richtige Antwort einfällt, aber dieses Mal war es so. Die perfekte Lösung, der perfekte Satz:

»Ich geh ins Bett!« Und weg war ich!

13

Am dritten Tag wurde das Wetter tatsächlich etwas besser. Sonnenschein zu erwarten wäre wohl zu viel gewesen, aber es regnete nicht mehr, und die Wolkendecke wurde deutlich heller. Das verleitete unsere fröhliche kleine Monsun-WG zu der euphorischen Idee, draußen zu grillen. Auf Holzkohle. Damit war mein Elektrogrill aus dem Rennen. Das beleidigte mich ein bisschen, andererseits war ich froh, dass der Zustand des Essens nicht mehr vom Zustand der Sicherungen abhing. Davon neue zu besorgen war allerdings gerade meine Aufgabe: Ich sollte welche vom Vermieter holen. Zu Fuß, weil ein Großteil der Gruppe mit dem Auto fürs Grillen einkaufen gefahren war. Irgendwie war es wohl allen lieber, wenn ich mich ein bisschen abseits der anderen aufhielt.

Aber es gibt in der Tat Schlimmeres als einen Spaziergang durch einen mallorquinischen Olivenhain. In dem befand sich nämlich unsere Finca, wie ich überrascht feststellte, als das Unwetter aufhörte und am Himmel das Licht anging. Das Gebäude lag in einem hügeligen Tal, und der Hof, zu dem es gehörte, war etwa einen Kilometer davon entfernt, den ich problemlos hinter mich brachte.

Ich kam gut gelaunt dort an, war aber leider der Einzige. Offensichtlich hatte auch der Vermieter Besseres zu tun, als sich mit mir zu unterhalten. Um nicht umsonst hingegangen zu sein und nicht mit leeren Händen zurückzukehren, machte ich mich auf eigene Faust auf die Suche nach Ersatzsicherungen.

Zum Hof gehörten auch mehrere Schuppen, die ich nun

durchforstete. Die meisten waren leer, in anderen standen landwirtschaftliche Maschinen, Werkzeuge und Kleingeräte. Nirgends lagen Sicherungen. Was ich aber entdeckte, war ein alter Sicherungskasten, der offensichtlich keine Funktion mehr hatte. Denn als ich die Sicherungen rausdrehte, blieb das Licht an, und auch die Steckdosen funktionierten weiterhin, wie ich ordnungsgemäß testete. Es schien also kein Problem zu sein, wenn ich die Sicherungen einfach mitnahm.

In der Tat merkte das erst mal kein Mensch. Ein paar Tiere schon, aber das sollte ich erst viel später feststellen.

Als ich zurückkam, war auch der Rest der Truppe wieder da. Nina und Anja luden die Einkäufe aus dem Landrover, während Arne und Stefan offensichtlich rein durch das Ausbleiben des Platzregens einen Sonnenstich bekommen hatten. Anders konnte ich mir zumindest nicht erklären, wieso sie bei immer noch hellgrauem Himmel den Pool reinigten.

»Was habt ihr vor? Eisschwimmen oder so was?«, fragte ich.

»Stefan versucht die Sonne mit positivem Denken rauszulocken«, antwortete Arne.

»Genau«, keuchte Stefan angestrengt. »Das habe ich mal bei Uri Geller gesehen.«

»Uri Geller!«, erwiderte ich verächtlich. »Dann glaubst du auch an Löffelverbiegen und Gedankenlesen oder wie?«

In dem Moment gab die Wolkendecke die Sonne frei, zumindest teilweise – der Pool mit Arne und Stefan war im Licht, ich weiterhin im Schatten. Mist!

»Ja, ich weiß, was du jetzt denkst: Mist!«, sagte Stefan.

Uri-Stefan konnte also nicht nur die Sonne beeinflussen, sondern auch noch Gedanken lesen.

»Das war ja einfach!«, knurrte ich und ging in die Küche, um vorsichtshalber die Löffel zu checken.

Drinnen arbeiteten Nina und Anja an Salaten und Sachen für den Grill. Auch Claudia hatte ihre perfekte Aufgabe für den Grillabend gefunden. Sie machte Sangria. Sie schüttete gerade eine Flasche Rotwein in eine Bowle-Schüssel und probierte das Ergebnis nun erst mal mit der Suppenkelle.

»Hmm, was fehlt noch?«

»Alles?«, gab ich als kleinen Tipp. »Und vielleicht noch ein bisschen Rotwein«, fügte ich hinzu.

Nina schob mich sanft beiseite, um den Frieden zu erhalten. »Ich meine, da kommen noch Früchte rein, und dann muss das Ganze mit Eiswürfeln gekühlt werden.«

»Ah, okay«, meinte Claudia. »Das mit dem Wein denke ich auch.«

Sie öffnete die nächste Flasche, ich öffnete den Mund, aber da schob mich Nina auch schon in Richtung Tür.

»Hast du mit Stefan gesprochen?«, fragte sie fast ängstlich.

»Ja«, antwortete ich stolz. »Ganz ohne Fettnäpfchen. Wir haben zusammen für schönes Wetter gesorgt!«

»Schön, dass ihr miteinander klarkommt«, sagte sie. »Wir hätten trotzdem noch auswärts eine Aufgabe für dich zu erledigen.«

Aha, ich sollte also schon wieder in die Verbannung.

»Wir haben vorhin in der Markthalle in Felanitx einen Fisch bestellt«, fuhr sie fort, »den könntest du vielleicht eben abholen.«

Ein guter Plan. Ich hatte mich schon gefragt, wie ich mich unauffällig davonschleichen könnte, um das Projekt Heiratsantrag zu starten. Ich musste dringend meinen Helfer Uwe treffen. Aber jetzt sah ich eine Chance auf ein bisschen Mitleid.

»Werde ich schon wieder rausgeschmissen? Ihr tut ja fast so, als hätte ich die Schweinepest«, nölte ich.

Nina nahm mich in den Arm.

»Nur die Fettnäpfchenpest«, sagte sie. »Und die heilt man am besten unterwegs. Außerdem brauchen wir wirklich den Fisch.«

Leise fügte sie hinzu: »Du bekommst deine Belohnung später.«

Sie gab mir einen intensiven Kuss und schickte mich mit Geld und der Anfahrtbeschreibung los.

14

Superman wird durch die Nähe von Kryptonit zu einem Schwächling. Auch bei mir bewirkt eine bestimmte Berührung eine Verwandlung, allerdings zum gemeingefährlichen Monster. Der Kontakt mit einem Lenkrad! Wenn ich im Auto sitze, bin ich ein anderer Mensch. Falls überhaupt noch menschlich. Ich gehe dann absolut davon aus, dass niemand außer mir vernünftig Auto fahren kann. Der Faradaykäfig schützt mich offensichtlich nicht nur vor Blitzeinschlägen, sondern auch vor der Realität und jeglichen Ansätzen von guter Erziehung. Im Auto entfahren mir Schimpfworte, von denen ich nicht mal wusste, dass ich sie kenne. Und welche, die ich sehr gut kenne. Kurz: Mein ganzes Autofahren basiert auf der Annahme, dass die anderen Fahrer das Wort »Arschloch« von meinen Lippen ablesen können. Da der Landrover ja irgendwie in alle Richtungen überdimensioniert war, saß ich in geschätzten drei Metern Höhe, was mir noch mehr das Gefühl gab, über den anderen Autofahrern zu stehen. Das Auto hatte aber nicht nur die ungefähren Ausmaße eines Mähdreschers, es fuhr sich auch wie einer. Wenn ich das Lenkrad bewegte, wurde der Befehl offensichtlich mit einigen Zwischenstationen per Weitersagen an die Reifen weitergegeben. Das dauerte dann ein bisschen und war auch nur grob die Richtung, in die ich wollte. Trotzdem ging ich davon aus, dass das Auto mich verstand.

»Geh schon rein, du Scheiß-Ding, mach schon! Ja, endlich, Scheißding!«

Gemeint war die Gangschaltung. Die klemmte immer, wenn

man vom zweiten in den dritten Gang schalten wollte. Aber ich war nicht der Einzige, der herumfluchte, auch das Auto machte fiese Geräusche. *Kch-kch-kch.* Es klang in etwa wie ein Schweizer, der über eine Kakaokrise in Caracas spricht.

»Scheißding!«, setzte ich nach. Das Auto antwortete mit einem grimmigen *Kch-kch-kch*.

Und dann hörte ich noch etwas:

»Seißtin!«

»Ach du Scheiße!«, entfuhr es mir direkt wieder.

Ich wäre vor Schreck beinahe in den Graben gefahren. Aber hier gab es gar keinen Graben, so landete ich nur neben der Straße auf einem staubigen Seitenstreifen. Offensichtlich war ich nicht als Einziger zum Einkaufen verbannt worden. Oder sie hatten vorhin vergessen, ihn wieder aus dem Auto zu nehmen. Jedenfalls saß auf dem Rücksitz Lenny und wiederholte fröhlich, was ich vor mich hin fluchte.

»Achtu Seiße!«

»Was sagst du da, Lenny?«, fragte ich vorsichtig.

»Seiße, Seiße, Seiße!«, antwortete er.

Jedes letzte Fünkchen Hoffnung, er würde irgendwas anderes meinen, war dahin. Wie konnte sich denn so ein Futzi von allem Gesagten ausgerechnet dieses Wort rauspicken? Und er sagte das nicht nur so, er wusste auch noch, dass man das nicht sagen durfte, und tat es genau deshalb!

Okay, ich hatte pädagogisch auf ganzer Linie verkackt. Zum Glück war es ja nicht mein Kind. Das musste ich mir aber für meine eigenen Kinder später unbedingt merken. Lenny würde ich nur noch die nächsten Tage und dann wohl nie wiedersehen. Außer vielleicht als wild fluchendes Problemkind in einer Doku auf RTL2. Ich sollte mir also doch besser eine Strategie ausdenken, wie ich Lenny davon abbringen konnte, die neu gelernten Vokabeln nachher seinen Eltern zu verraten.

»Hey, Lenny, wie wäre es, wenn wir jetzt etwas Schönes singen? Ähm ... kennst du alle meine Entchen?«

Und so sang ich mit Lenny die restliche Strecke bis nach Felanitx. Ich parkte unseren Safari-Traktor auf den erstbesten zwei Parkplätzen, die ich im Stadtzentrum fand. Schön mitten drauf, damit sich keiner mehr mit 'nem Corsa dahinterdrängen konnte. Eigentlich finde ich den Parkplatzmord nicht gut, aber da Lenny mich nachher wohl kaum rauswinken konnte, musste ich halt zu härteren Mitteln greifen.

Dann kam direkt meine nächste Herausforderung: der Kinderwagen, den ich zu meiner Freude im Kofferraum fand. Ein sogenannter »Buggy«, wie ich später gelernt habe. Bestimmt haben sich kluge Entwickler eine Menge dabei gedacht, als sie den praktischen Klappmechanismus konstruierten. Nur eins hatten sie leider vergessen: dass nicht nur sanfte Mütter, sondern auch grobmotorische Männer damit umgehen müssen. Geschlagene fünf Minuten kämpfte ich mit dem Ding, bis ich es endlich einigermaßen aufgeklappt hatte. Vielleicht wäre ich etwas schneller gewesen, wenn ich nicht ständig in alle Richtungen geschaut hätte, ob mich keiner bei meinen Anstrengungen filmte. Ich hatte keine Lust, als deutscher Touristentrottel auf YouTube zu landen.

»Is der jetz kaput?«, fragte mich Lenny misstrauisch, als ich ihn in den etwas schiefen Buggy setzte.

»Nein, der ist super«, antwortete ich und betete still, dass das stimmen möge.

Ich hatte ein ganzes Stück von der Markthalle entfernt geparkt, so liefen wir durch halb Felanitx, um dorthin zu kommen. Na gut, Felanitx ist sicher alles andere als eine Großstadt. Als Flachlandkölner war die leicht hügelige Lage für mich allerdings trotzdem eine Herausforderung. Wir kamen an einem palmengesäumten Platz vorbei, auf dem Stände mit Handwerksarbeiten und Souvenirs aufgebaut waren. Lennys Interesse wurde allerdings nicht durch die Lederhandtaschen und Keramikwaren geweckt, sondern durch die dort ebenfalls strategisch günstig stationierte Hüpfburg mit knallbuntem, aber hauptsächlich gelbem Simpsons-Design.

»Da!«, rief er nur.

Ich dachte darüber nach, ihn auf der Hüpfburg bei Homer, Maggie Bart und dem erklimmbaren Riesendonut abzuladen, während ich in der Markthalle den Fisch besorgte. Dann fielen mir allerdings unzählige Simpsons-Episoden ein, in denen sich sowohl Homer als auch Bart als schlechte Babysitter erwiesen hatten, und das war mir Warnung genug, dass es vielleicht keine gute Idee war, ein Kleinkind in einer fremden Stadt allein zu lassen.

»Wir kommen gleich zurück, und dann kannst du da draufgehen«, versprach ich Lenny und stellte mich auf lautstarken und nervigen Protest ein.

»Okay«, antwortete Lenny überraschend widerspruchslos.

Kinder machen echt, was sie wollen!

Wir gingen also weiter zur Markthalle, die nur ein Stückchen weiter um die Ecke lag. Die Halle war ein großer, eher zweckmäßiger als schöner Bau, der hauptsächlich in Gelb und Weiß gehalten war. Trotzdem versprühte er im Innern sofort ein besonderes südländisches Flair. Es gab Gänge mit verschiedenen Ständen, an denen frisches Obst, Gemüse, Fleisch und Fisch angeboten wurden. Es sah schlicht und ergreifend alles lecker aus, sogar die Sachen, die ich gar nicht mochte. Die erkannte man meistens an der Eigenschaft, dass sie gesund waren.

Ich entdeckte die Marktfrau, bei der Nina den Fisch bestellt hatte, sofort. Sie hatte sie als Weib mit Haaren auf den Zähnen beschrieben, und das war ganz offensichtlich die, die gerade einen Kunden beschimpfte, der einen Fisch angefasst hatte, den er offensichtlich doch nicht haben wollte. Ich verstand kein Mallorquinisch und ging davon aus, dass auch Lenny nichts verstand, denn sonst hätte ich ihm bei der Schimpftirade definitiv die Ohren zuhalten müssen. Der Gescholtene ergriff die Flucht, und so waren wir auch schon am Zug. *Na toll*, dachte ich, *da ist die Laune ja bestens, und jetzt komme ich mit meinem Reiseführer-Spanisch*.

»Yo amigos poner pescado«, sagte ich und war stolz auf meine äußerst fließende Aussprache. Das änderte leider nichts daran, dass der Satz übersetzt hieß »Ich Freunde habe Fisch stellen«. Nicht schön, aber zu entziffern.

»Hybse sòn du hàs«, antwortete die Frau. Das war zumindest das, was ich verstand. Da war es mit meinem Spanisch zu Ende. Ich verstand nur noch estaciòn, also Bahnhof.

»Hä?«, sagte ich, was ich für weltweit verständlich halte.

»Hübse Sohn du hast!«, wiederholte sie.

Ach so, die sprach Deutsch. Das war praktisch, aber auch eine Beleidigung, weil ich doch bisher davon ausgegangen war, mich mit meinem Spanisch quasi unter die Einheimischen gemischt zu haben.

»Ja, danke, ist nicht mein Kind, nur geliehen … äh … ich muss aufpassen, verstehen Sie? Mutter viel trabajo«, erklärte ich.

Die Fischfrau, bisher noch ganz freundlich, legte den Kopf zur Seite und musterte mich von oben bis unten.

»Frau geben dir einfach seine Kind? Ha!«, schimpfte sie, gefolgt von etwas, das ich nur mit ratararararatatara zitieren kann. Ich verstand nur von den Gesten her, dass sie es wohl nicht gut fand, dass ich hier mit einem fremden Kind durch die Gegend fuhr.

Zum Glück klingelte mein Handy, so konnte ich mich von der Fluchkanonade abwenden. Nina war dran.

»Ist Lenny bei dir?«, schnaufte sie atemlos ins Telefon.

Ich schaute Lenny an, was sofort wieder das Misstrauen der Fischfrau erweckte.

»Ja, der ist bei mir«, antwortete ich.

»Gott sei Dank!«, stöhnte Nina. »Wir haben ihn schon überall gesucht. Claudia ist halb wahnsinnig geworden. Stefan musste mit Klamotten in den Pool springen, um zu schauen, ob der Lütte da drin ist. Zweimal! Und das, obwohl man problemlos bis zum Boden schauen kann.«

»Dann kann sie sich ja jetzt auf den Schreck mal schnell einen Rotwein gönnen«, schlug ich vor.

»Schon passiert«, berichtete Nina. »Direkt, als ich Gott sei Dank gesagt habe.«

»Dann müssen die echt besser auf ihr Kind aufpassen«, meinte ich.

»Die haben ihn offensichtlich vorhin einfach im Auto vergessen. Vielleicht hat er geschlafen, da ist das keinem aufgefallen«, meinte Nina.

Ich merkte, dass die Fischfrau mich belauschte. Das brachte mich auf eine Idee.

»Wenn sie ihn wiederhaben wollen, kostet das zwei Millionen Euro in gebrauchten Scheinen«, sagte ich.

»Schon klar, Spinner! Als wenn du es länger als nötig mit 'nem Kind aushalten würdest«, antwortete Nina.

»Sie erhalten weitere Anweisungen in einer halben Stunde«, ergänzte ich und legte auf.

Die Fischfrau starrte mich an. Oha, sie hatte mir die Show offensichtlich abgenommen. Bevor ich gleich noch die Guardia civil wegen Kindesentführung am Arsch hatte, zog ich mal besser Leine. Ich zahlte den Fisch und machte mich mit Lenny vom Acker.

Die Simpsons-Hüpfburg hatte ordnungsgemäß auf uns gewartet, und so ließ ich Lenny darauf los, auch in der Hoffnung, dass er sich die Wörter, die er beim Autofahren gelernt hatte, irgendwie aus dem Kopf wackelte. Das Handy klingelte wieder, dieses Mal war Claudia dran.

»Worauf du noch achten solltest: Wir versuchen Lenny gerade trocken zu kriegen«, sagte sie.

»Trocken kriegen?«, fragte ich. »Wieso, säuft der auch?«

»Sehr witzig!«, antwortete sie, und ich merkte, dass sie sich ertappt fühlte. Ich konnte es direkt vor mir sehen, wie sie gerade das Weinglas beiseitestellte, wenn auch nur für den Moment. »Wir gewöhnen ihm die Windeln ab«, fuhr sie fort. »Heute ist der erste Tag. Also wenn es danach aussieht, dass er was machen möchte, musst du schnell sein.«

Na prima, es reichte also nicht, dass ich von seinen Eltern echt angepisst war, jetzt könnte auch Lenny jeden Moment loslegen.

»Alles klar«, log ich. Ich hatte Babys und Kleinkinder immer von mir ferngehalten und keine Ahnung, wie man mit ihnen umging. »Herzlichen Glückwunsch zu eurer Entscheidung, ihn mir mitzugeben«, frotzelte ich. »Euer Sohn ist bei mir in besten Händen!«

Lenny hatte in der Zwischenzeit versucht, in der Hüpfburg die Rutsche hochzuklettern und sackte unfreiwillig kopfüber wieder runter. Er prallte erst gegen die Homer-Figur, dann gegen den Riesendonut. Ich betete, dass er erst anfing zu heulen, wenn ich das Telefonat beendet hatte.

»Dann bis später«, sagte ich schnell und legte auf.

Lenny grinste um die Ecke – ich war beruhigt.

»Seiße!«, sagte er – ich war beunruhigt. Den Ärger würde ich wohl kaum umschiffen können.

Ich wollte mir gerade die Schuhe ausziehen, um mitzuhüpfen, als sich etwas kleines Dickes vor mir aufbaute.

»Tu hijo?«, fragte eine kleine Frau des Sinti- oder Roma- oder sonst eines Stamms. Ich hatte sofort Respekt, denn sie hatte mindestens so viele Tattoos wie Goldzähne.

»Hä?«, erwiderte ich wieder in meinem perfekten Weltweitisch.

»Tu hijo?«, fuhr sie mich an und zeigte auf Lenny.

»Ach so, mein Sohn meinen Sie? Ähm … no!«, antwortete ich.

Gleicher Blick wie die Fischfrau, nur genervter.

»Yo Babysitter«, stammelte ich. Ich hätte echt mehr als dreimal zu dem VHS-Kurs gehen sollen.

Eine Altersvorsorge aus Goldzähnen fletschte mich an. Ich lenkte ein, bevor ich schon wieder Probleme bekam.

»Ähm … si, si, mi hijo. Por qué?«, frage ich.

»Tres euros!«, antwortet sie.

Ach so, die Hüpfburg kostete Eintritt. Mist, wäre ich doch nur bei der Wahrheit geblieben. Drei Euro wechselten ihren Besitzer, dafür behielt ich jetzt aber die Schuhe an und stürzte mich nicht auch noch für tres Euros in die Hüpfburg. Als fairer Sportsmann gönnte ich dem Lütten seinen Spaß. Er hatte ja sonst nicht so viel zu lachen in seinem Waldkindergarten.

Ich setzte mich in ein gegenüberliegendes Café und bestellte einen Espresso. Ich sah mich auf dem Marktplatz um, der nun komplett in der Sonne lag. Bei gutem Wetter war Mallorca ein verdammt schönes Fleckchen Erde, das musste ich schon zugeben. Davon konnte nicht mal die peruanische Panflötentruppe ablenken, die neben der Hüpfburg die Greatest Hits von ABBA spielte. Ich ließ mir die Sonne ins Gesicht scheinen und konnte endlich Uwe anrufen, meinen Komplizen bei meinem heimlichen Verlobungsplan.

»Meldest du dich doch noch!«, rief er in den Hörer. »Ich

dachte schon, du wärst endlich zu Verstand gekommen und würdest doch nicht heiraten!«

Uwe hielt nicht viel vom Heiraten. Nicht mehr. Er war dreimal geschieden – schlimm genug für einen Einundfünfzigjährigen, aber er hatte seine Ehen schon mit fünfundzwanzig hinter sich gehabt. Seitdem war er eiserner Junggeselle und auf der Flucht vor Unterhaltszahlungen. Ich hatte ihn kennengelernt, als er auf einer Baustelle jobbte. Über Nacht war er dann verschwunden und meldete sich Monate später von Mallorca, wo er jetzt Fuß zu fassen schien. Sogar die gerade laufende dramatische Panflötenversion von *The Winner Takes It All* schien seiner Anti-Heirats-Politik recht zu geben.

»Nein, nein, alles nach Plan«, antwortete ich. »Ich konnte nur nicht weg, wegen des Scheißwetters. Wann können wir uns denn treffen?«

»Wo bist du gerade?«, fragte er.

»In Felanitx«, erwiderte ich.

»Das trifft sich gut, dann komm doch nach Portocolom. Das ist um die Ecke, und ich bin da am Hafen. Da können wir alles klären«, schlug Uwe vor.

»Okay, bis gleich«, sagte ich.

Plötzlich bekam die Sonne einen merkwürdig goldenen Einschlag. Die kleine Dicke mit dem Edelgebiss baute sich wieder vor mir auf und brüllte mich an: »He! Du kommen! Tu hijo Pipi! Tú *pagar!*«

Die Wörter *Pipi* und *pagar* verstand ich. Das hatte ich ja völlig vergessen! Lenny hatte eben mal die Hüpfburg der ziemlich fluchenden Frau Goldzahn vollgepinkelt! Die wollte jetzt Geld für die Reinigung.

Die Panflöten spielten *Money, money, money.* Wie machten die das? Beobachteten die mich?

Okay, Lenny, dachte ich mir, *jetzt zeigen wir der Dicken mal, wer 1987 eine Ehrenurkunde bei den Bundesjugendspielen gewonnen hat.*

Ohne Rücksicht auf Verluste, nämlich Lennys Schuhe, wie sich später rausstellte, rannte ich mit dem nassen, heulenden Kind zum Auto. Aber so konnte ich ihn nicht in den Kindersitz reinsetzen. In meiner Not schüttete ich den Fisch aus der Tüte und wollte Lenny auf eben diese Tüte setzen und vom Ort des Geschehens verschwinden.

Ich sah ihn mir an und realisierte erst jetzt das ganze Ausmaß der Pinkelei. So vollgepullert traute ich mich nicht, den inzwischen nur noch nach Mama schreienden Kleinen nach Hause zu bringen. Ich sah schon Ninas enttäuschten Blick und Claudias hämisches Grinsen. *Nicht mit mir*, dachte ich und erinnerte mich, dass ich in der Markthalle auch einen Stand mit Kinderklamotten gesehen hatte.

»Lenny, mein Kumpel, hör mal zu«, sagte ich. »Ich zieh dir jetzt mal deine lange Hose aus, okay? Da ist nämlich gaaaaanz vieeel Pipi drin!«

Lenny lachte bei »gaaaaanz vieeel«, also wiederholte ich es ständig und zog dem Kleinen seine, wie ich erstaunt feststellte, Ralph-Lauren-Leinenhose aus. Nicht schlecht! Die nasse Unterhose ließ ich ihm anstandshalber an, für den Fall, dass die Fischfrau wirklich nach mir fahnden ließ. Wir nahmen auch einen anderen Weg als über den Marktplatz, um nicht von Frau Goldzahn abgepasst zu werden. Der Ausgang war aber leider noch näher am Fischstand als der andere. Die Fischfrau stand immer noch da und unterhielt sich mit einem Mob kurzbeiniger, lauter Weiber. Mit Pipi-Lenny auf'm Arm versuchte ich, ganz selbstbewusst an ihnen vorbeizugehen. Ich wandte mein Gesicht ab und hob Lenny etwas höher, um nicht gesehen zu werden. Das klappte tatsächlich. Ich kaufte Lenny eine Komplettausstattung an wahrscheinlich gefälschten König-der-

Löwen-Klamotten in Müllmann-Orange. Die zwanzig Euro ließ ich mir den Spaß gerne kosten. Schon allein, um später die Gesichter von Stefan Tommy Hilfiger und seiner Frau Claudia La Martina zu sehen, wenn die ihr komplett disneygebrandetes Kind wiederbekamen. Beim Bezahlen an der Kasse zeigte sich dann erneut, wie sehr ich nicht Vater war, weil ich für etwa zehn Euro sämtliche Spongebob-Lollies mit Ventilator für den jetzt wieder brüllenden Lenny kaufte. Zu spät, denn die Marktweiber hatten mich dank seiner Schreierei gesehen und näherten sich gemeinsam und bedrohlich. Ich griff mir Lenny und machte mich auf den Weg.

Leider mussten wir jetzt noch zum zweiten Teil der Undercover-Mission. Wie mir siedend heiß einfiel, stand der Buggy immer noch am Café auf dem Marktplatz, Auge in Auge mit Homer Simpson und Frau Goldzahn. Die war damit beschäftigt, die Hüpfburg zu reinigen. Ich setzte Disney-Lenny vor die alte Kirche, die am Kopfende des Platzes stand. Er konnte ja ein bisschen für mich beten, während ich mich unter eine Gruppe von Asiaten mischte – mehr oder weniger auf den Knien, um nicht einen Kopf größer zu sein als der Rest. Leider lief die Gruppe in eine ganz falsche Richtung, so schloss ich mich am anderen Ende des Platzes einer englischen Reisegruppe an, die mich wiederum zu einer Gruppe von Deutschen führte, die zum Glück einen Kaffee trinken wollte und mich genau zum Buggy brachte. Mit dem rannte ich dann von Palme zu Palme, bis ich schließlich Lenny einpacken und abhauen konnte. Ich wagte mich nicht an ein weiteres Duell mit dem Buggy und legte ihn kurzerhand aufgeklappt in den Landrover. Warum auch nicht? Schließlich war die Ladefläche riesig und hatte, dem Aussehen nach zu urteilen, mindestens schon Löwen transportiert, wenn nicht sogar Elefanten.

15

Wir fuhren über die Landstraße Richtung Küste, und da leuchtete mir zum ersten Mal in diesem Urlaub das blaue Mittelmeer entgegen. Ich war innerhalb eines Sekundenbruchteils erholt. Das war allerdings auch dringend notwendig, weil ich dank meines blinden Passagiers meine üblichen Beleidigungen der anderen Autofahrer runterschlucken musste. Zum Glück gab es nicht viel Verkehr auf dieser Strecke, sonst hätte Lenny doch noch ein paar neue Wörter gelernt.

Am Hafen entdeckte ich dann auch direkt Uwe, der an der Kaimauer auf mich wartete. Er trug eines seiner traditionellen Hawaii-Hemden und einen Schnäuzer, ein Tick, den er wegen der Fernsehserie *Magnum* angefangen hatte. Inzwischen sah er allerdings weniger dem sportlichen Detektiv ähnlich als dem eher gemütlichen Jürgen von der Lippe.

Ich stieg aus und holte auch Lenny aus dem Auto.

»Ach, du *musst* heiraten, sag das doch«, begrüßte mich Uwe.

»Das ist nicht meiner, der saß vorhin einfach in meinem Auto«, antwortete ich. »Lenny ist der Sohn eines anderen Paares, das mit uns Urlaub macht.«

»Seiße!«, meinte Lenny dazu. Das war ja fast schon ein Kompliment, auch wenn mir die Wortwahl immer noch nicht gefiel. Er ergänzte noch: »Ich hab Hunger!«

Uwe und ich sahen uns ratlos an.

»Was isst so ein Ding?«, grübelte Uwe und sprach mir damit aus der Seele. »Hmm. Kinder mögen doch Pommes, oder? Mit Ketchup. Magst du Pommes?«

»Was is Pommes?«, fragte Lenny.

»Lecker!«, antwortete ich.

Der Junge musste echt mal ins Leben eingeführt werden, also bestellten wir ihm in einem Hafenrestaurant eine Portion.

»Und was genau hast du vor?«, fragte mich Uwe, während wir warteten.

Ich beschrieb ihm meinen Plan: »Ich habe einen Ring dabei, den du irgendwo versenken sollst, wo wir ihn beim Schnorcheln wiederfinden können. Und da bringst du uns dann mit dem Boot quasi zufällig hin. Dann hole ich ihn raus und frage sie, ob sie mich heiraten will.«

»Was is heiraten?«, fragte Lenny.

Ich wurde panisch. Das Blödeste, was mir passieren konnte, wäre, dass Lenny meinen Plan irgendwie verriet.

»Scheiße! Könntest du verdammte Scheiße bitte wieder ›Seiße‹ sagen, Scheiße noch eins?«, fluchte ich. Ich nahm mir vor, auf der Rückfahrt wieder alles rauszulassen.

Uwe starrte mich an: »Jetzt bin ich gerade ganz froh, dass er *nicht* dein Sohn ist.«

»Vorhin hat er noch Schimpfworte wiederholt«, erklärte ich. »Ich kann echt nicht gebrauchen, dass er Nina auf meine Fährte bringt.«

»Wird schon gut gehen«, meinte Uwe. »Da kommt die nie drauf. Ist doch 'ne gute Idee. Jetzt aber her mit dem Ring!«

Stolz holte ich ihn hervor. Ich hatte einen Weißgoldring mit einem kleinen Diamanten ausgesucht. Uwe nickte.

»Damit wird es klappen«, sagte er. Und er sollte zumindest insofern recht behalten, dass der Ring beim Heiratsantrag das Geringste aller Probleme sein würde.

Lenny erhielt endlich seine Pommes. Ich gab ihm noch eine ordentliche Pfütze Ketchup dazu und wartete, was passiert. Lenny probierte, und seine ohnehin schon großen Augen wurden noch größer. Hätte er Kontaktlinsen gehabt, wären die definitiv rausgefallen.

»Gut?«, fragte ich.

Der Kleine stopfte sich noch eine Hand voll Pommes in den Mund und nickte. Teil eins des Lenny-Sozialisierungsprogramms lief. Aber auch hier hoffte ich, dass er seinen Eltern besser nichts davon erzählte. Uwe machte mit der Handykamera ein Bild von Lenny und mir.

»Das maile ich dir zu, das kannst du ihm dann irgendwann mal geben. Wer hat schon seine ersten Pommes dokumentiert.«

»Hauptsache, das sehen nie seine Eltern! Jetzt erzähl aber mal von der Schnorcheltour!«

»Ich habe die perfekte Bucht für euch«, prahlte Uwe. »Die ist super zum Schnorcheln und nur mit dem Boot zu erreichen. Da haben wir unsere Ruhe. Ich deponiere den Ring dann eine halbe Stunde vorher.«

»Klingt gut. Nina liebt Schnorcheln. Und sie liebt mich, da kann der Plan doch gar nicht schiefgehen«, sagte ich.

Das weiß ich inzwischen zwar besser, aber in dem Moment war ich echt euphorisch und freundete mich mit dem Urlaub so langsam an.

»Aber schwanger ist sie nicht?«, hakte Uwe noch mal nach.

»Nein, Nina nicht. Nur Anja, damit hatte ich aber nichts zu tun.«

Ich redete mit Uwe noch ein bisschen über seinen Job auf Mallorca – er vermittelte Ferienwohnungen und organisierte Ausflüge –, dann machten Lenny und ich uns wieder auf den Weg.

»Also bis morgen. Ich hole euch um elf ab!«, rief Uwe noch und düste auf einer alten Vespa davon.

»Alles klar, bis morgen!«, rief ich ihm hinterher, mehr aus

Gewohnheit als in der Hoffnung, dass er noch irgendwas davon hörte.

Als ich Lenny ins Auto setzte, stellte ich fest, dass es irgendwie seltsam roch. Meine Nase korrigierte sich allerdings recht schnell: Das Auto stank!

Ich nahm Lennys vollgepinkelte Hose hoch und roch vorsichtig daran. Die duftete auch nicht schön, konnte aber nicht Auslöser für diesen fiesen Geruch sein. Auf dem Kindersitz lag noch die Plastiktüte, auch der Sitz konnte also nichts abgekriegt haben. Aber bei der Tüte fiel es mir wieder ein. Der Fisch lag seit einer guten Stunde auf der Beifahrerseite hinter der Windschutzscheibe und damit in der prallen Sonne, lediglich in etwas Papier gewickelt. Mir hätte schon früher auffallen können, dass die Sonne nicht rausgekommen war, um mir einen Gefallen zu tun. Ich überlegte, ob ich besser noch einen neuen Fisch besorgen sollte, denn der, den ich hatte, war wahrscheinlich nicht mehr so gut. Ein paar Fliegen gefiel der Gestank deutlich besser. Sie krabbelten begeistert auf dem Fisch herum. Ich verscheuchte sie.

»Dreckige Mistviecher«, schimpfte ich.

»Mistwieher«, wiederholte Lenny.

Ich setzte ihn nun in seinen Kindersitz und wollte gerade losfahren, als mein Handy klingelte.

»Wo bleibst du denn?«, fragte Nina.

»Wir mussten noch auf den Fisch warten«, antwortete ich. Stimmte ja auch. Wir hatten zehn Sekunden gewartet, und das schon vor anderthalb Stunden. »Wir fahren jetzt direkt los. Lenny sitzt schon im Kindersitz. Wie kommt ihr voran?«

Schön Interesse vorgaukeln, vielleicht lenkt das ja ab, dachte ich.

»Wir warten auf euch«, drängte Nina. »Besonders auf den Fisch!«

»Ja, der ist auch schon … ähm … ganz heiß auf euch«, sagte ich. »Wir sind gleich da.«

»Super, beeilt euch!«, antwortete Nina und legte auf.

Tja, für einen neuen Fisch war definitiv keine Zeit mehr. Der alte hatte inzwischen noch mehr fliegende Fans, die ich wieder verscheuchte – wortlos dieses Mal.

Dafür meinte Lenny: »Mistwieher!«

»Wo du recht hast, hast du recht«, sagte ich nur und fuhr los.

16

Als wir an der Finca ankamen, hatte sich der Rest der Reisegruppe vorm Eingang eingefunden, um uns zu begrüßen. Na gut, zugegeben, ich selbst wurde nicht so sehnsüchtig erwartet wie Lenny und vor allem der Fisch.

»Da seid ihr ja endlich! Ich hab dich vermisst«, sagte Claudia, nahm Lenny auf den Arm und schaute mich böse an.

»Und das schon ’ne gute Stunde, nachdem du ihn im Auto vergessen hattest«, knurrte ich.

»Lass gut sein, wir hatten ja vorhin alle viel zu tun«, meinte Nina versöhnlich wie immer.

»Ach, stimmt«, setzte ich nach. »Ist die Sangria fertig?«

Stefan betrachtete Lennys quietschorangefarbenes Disney-Outfit.

»Was sind denn das eigentlich für Klamotten?«, fragte er.

»Cool, was? Der König der Löwen. Lenny hat sich vor Freude über die Hüpfburg buchstäblich in die Hose gemacht«, antwortete ich.

»Sieht eher aus wie König der Müllabfuhr. Gut, dass du mit deinem Geschmack nicht fürs Abendessen zuständig bist«, sagte Lennys toller Daddy. Bis zu dem Moment hatte ich mir doch tatsächlich noch vorgenommen zu erwähnen, dass der Fisch eventuell nicht mehr gut sein könnte.

»Damit werdet ihr ihn definitiv nirgendwo mehr übersehen«, sagte Arne.

»Ich habe ihn vorhin nicht übersehen. Er hat geschlafen, und dann war Felix auch schon losgefahren«, verteidigte sich Claudia und ging direkt zum Angriff über. »Die Frage ist jetzt aber: *Warum* hat er diese Klamotten an?«

»Er hatte einen kleinen Pipi-Unfall auf der Simpsons-Hüpfburg«, antwortete ich. »Die nassen Sachen liegen noch im Auto.«

»Oh«, sagte Stefan. »Ich hole sie raus. Die Freuden des Vaterseins!«

Mit langen Fingern fischte er die trotz aufgeheiztem Auto immer noch feuchte Hose und das T-Shirt aus dem Landrover und marschierte damit ins Haus.

»Hast du Hunger?«, fragte Claudia Lenny. »Ich habe dir vorhin eine Dinkelstange gekauft!«

»Ich hatte Pomms«, antwortete Lenny.

»Du hast ihm Pommes gegeben?«, fauchte Claudia mich an.

»Ich hätte ihn auch einfach hungrig im Auto sitzen lassen können wie andere Leute hier«, gab ich zurück.

»Die warn lecka«, sagte Lenny noch, bevor seine Mutter mit ihm abdampfte.

»Ich denke, mit Claudia und dir, das wird wohl nix mehr«, konstatierte Anja.

»Dafür ist Lenny mein Kumpel. Ich investiere lieber in meine Zukunft als in die Vergangenheit«, sagte ich und erschrak.

Nina schaute mich bei dem Wort »Vergangenheit« kurz irritiert an, verwarf den Gedanken dann aber schnell wieder.

»Macht es Spaß, wenn man Papa ist?«, fragte Arne und erntete dafür einen kurzen Halt-die-Klappe-Blick von Anja. Nina war das nicht verborgen geblieben. Sie schaute Anja auf den Bauch, dem allerdings nichts anzusehen war.

»Moment«, sagte sie. »Du hast die ganze Zeit keinen Alkohol getrunken. Und ihr beide raucht nicht mehr.«

Ninas kriminalistischer Spürsinn lief auf Hochtouren. Ich verstand immer noch nichts. Aber die beiden kommunizierten anscheinend in irgendeiner nur für Frauen wahrzunehmenden Frequenz, denn Anja nickte.

»Siebte Woche«, flüsterte sie. »Claudia und Stefan wissen noch nichts davon. Wir wollten es bis nach der zwölften Woche eigentlich für uns behalten.«

Nina umarmte sie. »Herzlichen Glückwunsch! Ich freue mich so für euch!«

Bei mir war der Groschen inzwischen dann auch mal gefallen. Ich gab Arne die Hand.

»Glückwunsch!«, sagte ich. »Das müsst ihr doch nicht verheimlichen, ihr seid doch verheiratet. Und wenn man sich erst mal daran gewöhnt hat, ist Papasein super, glaube ich. Ich hatte allerdings nur ein paar Minuten, um mich daran zu gewöhnen.«

»Wenn ich mir die Reaktion auf die Pommes betrachte, hast du wahrscheinlich drei Jahre Erziehungsarbeit an gerade mal einem Vormittag plattgemacht«, meinte Nina. »Hast du Lenny sonst noch was beigebracht?«

»Nicht doch!«, log ich und hoffte, dass Lenny sich für ein paar Tage mit dem Fluchen zurückhielt. Ich umarmte Anja ebenfalls. »Alles Gute! Wisst ihr schon, was es wird?«

»Nein«, antwortete sie, »das kann man in diesem frühen Stadium noch nicht sagen.«

»Ich hab 'nen Sohn bestellt«, sagte Arne.

»Nein, du hast 'ne Carrera-Bahn bestellt«, widersprach Anja. »Und als Ausrede dafür hättest du gerne 'nen Sohn!«

»Kennst du diese Helikopter, die man mit iPhones steuern kann?«, fragte mich Arne. »Das werde ich für den Kleinen auch bald schon mal testen.«

»Das ist so selbstlos von dir«, stichelte Nina.

»Und wenn's doch ein Mädchen wird, komme ich den Krempel gerne abholen«, bot ich großzügig an.

»So, wo ist denn jetzt der Fisch?«, fragte Nina.

Ach ja, das Ding, das hatte ich ja schon fast vergessen. Wäre schön gewesen, wenn es die anderen auch vergessen hätten. Ich nahm den immer noch in Papier eingewickelten Fisch aus dem Auto und trug ihn in die Küche.

»Besonders frisch riecht der aber nicht mehr. Ich frage mich, warum wir darauf extra warten mussten«, wunderte sich Nina.

»Vielleicht war der alt. Dann machen wir den besser nicht mehr«, versuchte ich, die Katastrophe abzuwenden.

»Quatsch!«, antwortete Nina. »Den kann man essen. Ich wasche den jetzt mal gründlich, und dann riecht der auch nicht mehr so. Du hast ihn ja von einer Fachverkäuferin bekommen und direkt hergebracht. Die paar Minuten Transport hält so ein Fisch locker aus.«

»Ja, ja, ein paar Minuten, genau«, sagte ich schwach. Ich konnte ja leider nicht erzählen, wo ich noch gewesen war, um die Überraschung nicht kaputt zu machen. Sicher war, ich würde später definitiv nichts von dem Fisch essen und musste irgendwie versuchen, auch alle anderen davon abzuhalten. Und ich durfte das verrottende Ding nicht aus den Augen lassen. Also sagte ich: »Ich übernehme das mit dem Marinieren.«

Nina warf mir einen erstaunten Blick zu: »Echt, du willst kochen?«

Sie schaute mich verliebt an. Da ich mich normalerweise nie ums Essen kümmerte, sah sie mich jetzt auf einmal als Ernährer, der das Gejagte sogar selbst zubereitet. Wenn sie wüsste!

»Nur grillen, nicht kochen. Das ist was ganz anderes!«, tönte ich. Und selbst das war für mich zu hoch gegriffen. Für Bratwürstchen hatte es bisher noch gereicht. Aber Fisch? Na ja, ich wollte ihn ja nur im Auge haben, nicht wirklich zubereiten.

»Natürlich«, kicherte sie. »Na dann, Bühne frei!«

Sie überließ mir die Arbeitsplatte der Küche. Ich hatte nun wirklich genügend Kochshows im Fernsehen geschaut, um einen Fisch zu marinieren. Ich wusch ihn, legte ihn in eine Schale, stopfte ihn mit Knoblauch und Petersilie voll und tränkte ihn in Olivenöl. Dann goss ich noch eine halbe Flasche Weißwein drauf.

Nina sah das und flüsterte mir zu: »Ach, Felix, du weißt doch, dass Anja keinen Alkohol trinken darf. Und Lenny erst recht nicht!«

Eben. Bei zweien war der Fisch damit schon mal von der Karte.

»Ach ja«, heuchelte ich, »da habe ich ja gar nicht dran gedacht.«

Dann lockerte ich unauffällig den Verschluss des Salzstreuers und hielt ihn schwungvoll über den Fisch. Der Verschluss fiel natürlich runter, und der Fisch erhielt eine absolut ungesunde Portion Salz.

»Ach Mist!«, schimpfte ich.

Nina sah sich das Dilemma an: »Mann, Mann, Mann! Du hast es aber echt auf den Fisch abgesehen.«

Sie schabte das Salz, so gut es ging, ab.

»So müsste der noch gehen«, sagte sie zu meinem Schrecken und fügte leise hinzu: »Wir lassen Claudia und Stefan nachher zuerst probieren.«

Gute Idee. Und ein perfekter, böser Plan. So eine Frau musste man doch einfach heiraten!

17

Die Terrasse lag am Hinterausgang der Finca und damit direkt zwischen Haus und Pool. Dort gab es einen großen Holz-Esstisch mit Holzstühlen und daneben noch eine Holzbank mit Blick auf die Olivenbäume. In der Ferne konnte man auch die Weinberge bei Felanitx erkennen. Wir machten tatsächlich Urlaub auf einer Postkarte. Na ja, bis heute Morgen war es ja noch die Wetterkarte gewesen. Auf der Terrasse gab es auch einen fest eingemauerten Grill, in dem Arne und Stefan bereits ein respektables Feuer gemacht hatten. Die Sache lief also, und so setzte ich mich auf die Holzbank und hatte meine ersten ruhigen Minuten des Tages. Dachte ich. Aber nach etwa drei Sekunden sprang Lenny zu mir auf die Bank. Er war inzwischen neu eingekleidet worden, natürlich in feinsten Markenklamotten, und da war Disney nicht dabei.

»Kanns du mir was vorlesen?«, fragte er und hielt mir ein Buch über Eisenbahnen unter die Nase.

Ich konnte, und so machte ich das die nächste halbe Stunde, immer nur kurz dadurch unterbrochen, dass Lenny ein weiteres Buch holte, als ich dachte, ich sei fertig. In der Zwischenzeit brachten Arne und Stefan auf dem Grill eine in der Tat perfekte Glut zustande, und die Mädels deckten den Tisch. Dafür, dass ich mich so lange mit Lenny beschäftigte, erntete ich erstaunte Blicke von Claudia und verliebte von Nina. Oha, ich sah das Thema »Kinder« in großen Lettern auf mich zukommen.

Aber jetzt war erst mal mein großer Auftritt dran: Der Fisch sollte gegrillt werden. Ich hatte mir auch parallel zum Vorlesen der Eisenbahn-, Feuerwehr-, Polizei- und Piratenbücher einen todsicheren Notfallplan ausgetüftelt: Ich wollte das ganze verfaulte Ding einfach in die Glut fallen lassen, damit würde es endgültig hin sein.

Hin war dann allerdings nur mein Plan, weil Nina das Ganze vorsichtshalber in Alufolie gewickelt hatte. Ich musste mich wohl damit abfinden, dass ich heute alle vergiftete.

Ich legte den Fisch also auf den Grill, zusammen mit vielen Bratwürstchen und Fleischspießen.

»Wer möchte Sangria?«, fragte Claudia.

Alle wollten. Nur Anja redete sich raus.

»Ich habe was mit dem Bauch«, sagte sie. Was ja stimmte.

Ich war zwar kein Fan von mit Obst verunstalteten Getränken, aber da ich wusste, dass der Rotwein, den Stefan sich hatte andrehen lassen, pur kaum zu genießen war, griff ich gerne zu. Außerdem wollte ich mich möglichst schnell unter den Tisch saufen, um nicht miterleben zu müssen, wie alle elendig an meinem Fisch krepierten. Zu meinem Erstaunen schmeckte die Brühe tatsächlich sehr gut, mit Wein kannte sich Claudia offensichtlich aus. Erstaunlich, denn als wir noch zusammen waren, hatte sie meistens schon nach einer Weißweinschorle genug gehabt.

Ich bemerkte, wie ich Claudia anschaute. Das Problem war, dass sie es auch bemerkte. Aber zum Glück fiel mir die perfekt unverdächtige Gegenmaßnahme ein: Einfach wegkucken! Ich wollte meine inzwischen wieder besser gewordene Position in der Gruppe nicht gefährden. Meine heldenhaften Einsätze für Lenny sowohl als Babysitter als auch als Vorleser hatten mich zum Sympathieträger Nummer eins werden lassen. Aber das sollte nicht mehr lange halten. Lenny spielte nämlich gerade mit einem kleinen Modelllandrover, den seine Eltern ihm gestern im Supermarkt gekauft hatten.

»Seiß-tin!«, sagte nämlich Lenny.

»Was hast du gesagt?«, fragte Stefan ungläubig.

»Seiß-tin! Das is ein Seiß-tin!«, antwortete Lenny und hielt das Modellauto hoch.

»Das sagt man nicht«, schimpfte Claudia.

»Er hat das gesagt«, sagte Lenny und zeigte natürlich auf mich.

So viel zur Nummer eins.

»Stimmt das?«, fragte Claudia.

»Das war im Auto«, verteidigte ich mich. »Ich hatte eine Diskussion mit dem Landrover, als ich noch nicht wusste, dass Lenny hinten drin sitzt!«

»Hast du dein Autofahren immer noch nicht im Griff?«, fragte sie.

Nina schaute sie kritisch an. Wenn sich der geringste Grund für Eifersucht fand, ging ihr Alarm sofort an.

»Ich habe sie ein paarmal mit zur Uni genommen«, erklärte ich. »Du weißt ja, wie ich im Stadtverkehr bin. Scheint einen dauerhaften Eindruck hinterlassen zu haben.«

»Allerdings«, fauchte Claudia. »Und jetzt auch bei Lenny. Das hast du wirklich toll hingekriegt!«

Claudia, Nina, Anja und Stefan schauten mich sauer an. Offensichtlich war das Beibringen von Schimpfwörtern ein allgemein geächteter Vorgang. Nur Arne war das Ganze egal, er drehte die Würstchen auf dem Grill um. Lenny verstand die ganze Diskussion natürlich gar nicht. Stefan sah ihn ernst an.

»Scheiße sagt man nicht«, ermahnte er ihn.

Lenny zuckte mit den Schultern und sagte wieder »Seiß-tin!«

»Scheißding sagt man auch nicht«, schimpfte Stefan.

»Heißt das Seiß-*Ding*?«, fragte Lenny.

»Jetzt bringst du es ihm auch noch richtig bei!«, fuhr Claudia Stefan an.

Endlich war ich mal nicht die Zielscheibe, aber leider musste eine Bemerkung von mir unbedingt noch raus.

»Im Auto war die Akustik etwas schwierig«, grätschte ich rein, »da konnte ich leider nicht an seiner Aussprache feilen.«

»Sei besser still«, riet mir Nina.

Das war wohl tatsächlich besser, wenn ich mir die Blicke von Stefan und Claudia ansah.

»Den Babysitterjob bist du los«, stellte Arne fest.

Ich nickte und suchte nach einer Ablenkung: »Gibt's schon Wurst?«

»Jo, Würstchen sind fertig«, antwortete Arne. »Und die Spieße auch, denke ich. Der Fisch muss wohl noch ein bisschen, aber das ist ja deine Baustelle.«

Alle stürzten sich hungrig auf die Würstchen und Spieße, und ich hoffte, dass alle satt sein würden, bevor der Fisch fertig war. Als Beilagen gab es frisches Baguette mit Dosen-Aioli vom Supermarkt, eingelegte, fertig gegrillte Paprikaschoten, Datteln im Speckmantel aus dem Ofen, selbst gemachten Kartoffelsalat – mallorquiner Art, wie das Rezept behauptete – und grüne und schwarze Oliven. Es wäre ein perfektes Urlaubsessen gewesen, wenn da nicht noch ein Damoklesschwert in Form eines vermutlich wieder zum Leben erwachten Fischs auf uns warten würde. Alle paar Minuten ging ich zum Grill und ließ ein fachmännisches »Muss noch!« verlauten. Aber die Fleischvorräte waren schnell aufgegessen, und die Rufe nach dem Fisch wurden lauter. Ich brauchte nicht weniger als ein Wunder, aber ich bekam leider keins. Dafür bekamen Stefan und Claudia die ersten Stücke von dem Fisch.

»Lenny würde ich nichts davon geben, da ist nämlich jede Menge Wein drin«, warnte ich.

»Echt? Schade, dabei mag er doch so gerne Fisch«, meinte Stefan.

Puh, damit hatte ich Lenny schon mal gerettet. Die schwangere Anja war dank des Alkohols ebenfalls raus.

»Kann auch sein, dass der Fisch ein bisschen versalzen ist. Mir ist da vorhin der Deckel vom Salzstreuer abgefallen«, fügte ich hinzu, um weitere abzuschrecken.

»Ich habe sowieso genügend Wurst gegessen, ich will gar keinen Fisch«, meldete sich Arne.

Jetzt waren es nur noch Nina, Claudia und Stefan. Und ich natürlich.

»Ich tu dir auch was drauf«, sagte Nina.

Und schon hatte ich einen Batzen Fisch auf dem Teller. Dann nahm Nina sich selbst etwas. »Da du den Fisch geholt und zubereitet hast, bekommst du natürlich das meiste«, fuhr sie fort.

Na spitze! Es war ja schon schlimm, die anderen zu vergiften, aber mich selbst auch noch? Das ging nun wirklich zu weit.

»Danke!«, antwortete ich und suchte nach einer Lösung. »Ich muss mal kurz rein.«

Ich ging in die Finca in Richtung Toilette, aber auch da hatte ich keine Idee, wie ich dem Fisch entkommen konnte. Eine Minute später war ich wieder draußen. Claudia und Stefan hatten schon probiert und sahen zufrieden aus.

»Gut geworden, dein Fisch«, sagte Claudia.

»Freut mich«, erwiderte ich hilflos und stocherte in meinem Stück herum.

»Ich habe auf dich gewartet. Jetzt probier ich's auch«, flötete Nina.

Sie nahm tatsächlich einen Happen Fisch in den Mund, verzog angewidert das Gesicht, hielt sich den Magen, als würde ihr augenblicklich schlecht und schwankte. Aber dann grinste sie.

»War nur Spaß. Ist echt lecker«, sagte sie.

Und dann kam tatsächlich meine Rettung in Form von Lenny.

»Muhmuh!«, sagte er.

Claudia blitzte mich an.

»Welche Wörter hast du ihm denn noch beigebracht?!«, schimpfte sie und wandte sich Lenny zu. »Mumu sagt man auch nicht!«

Lenny bestand aber drauf: »Muhmuh!«

Er zeigte zu den Olivenbäumen. »Muhmuh-Kuh!«

Wir schauten alle in die Richtung, und in der Tat kam da nicht etwa nur eine Kuh, nein, eine ganze Rinderherde marschierte auf die Finca zu.

»Wo kommen die denn her?«, fragte Arne.

Die Ersten der Rinder bedienten sich am Pool und tranken gemütlich vor sich hin. Andere kamen allmählich bedrohlich näher. Wir sprangen auf und verdrückten uns ins Haus.

»Die müssen dem Bauern gehören, der uns die Finca vermietet hat«, schätzte Stefan.

»Aber der kann die doch nicht einfach zu uns schicken«, beschwerte sich Anja ängstlich.

»Ach, die paar Kühe, die tun nix«, versuchte ich zu beschwichtigen.

Aber sie taten was! Die überhaupt nicht ängstlichen Tiere kamen bis auf unsere Terrasse, machten sich über unsere Essensreste her und warfen dabei die Möbel um. Den Fisch ließen sie mysteriöserweise unangetastet, während ein Rind tatsächlich aus der Sangria-Schüssel schlürfte.

»Die Sangria!«, rief Claudia vorwurfsvoll. »Stefan! Tu doch was!«

»Ich ruf den Vermieter an«, sagte der und nahm sein Handy.

Ganze fünfzehn Minuten später war der Bauer da, begrüßte zuerst seine Rinder und dann uns. Er hieß José, war Mitte vierzig und sprach überraschenderweise relativ akzentfrei Deutsch, zumindest aus spanischer Sicht. Er hatte jahrelang bei Frankfurt auf einem Bauernhof gelernt und später noch eine Weile da gelebt, bevor er wieder nach Mallorca zurückgekehrt war, um den Hof seiner Eltern zu übernehmen. Deshalb hatte er keinen echten spanischen Akzent, sondern sprach breites Hessisch!

»Des sin tatsäschlisch meine Rinde«, sagte er.

Ich musste mich schwer zurückhalten, um nicht laut loszulachen. Auch die anderen sahen geschockt amüsiert aus. Einen mallorquiner Bauern mit hessischem Slang hatte keiner erwartet, außer Stefan, der ja schon mehrmals mit ihm telefoniert, uns aber nicht vorgewarnt hatte.

»Die sin abgehaue, weil mir ein Idiot de Sischerunge von meim eläktrische Weidezaun geklaut hat«, fuhr er fort. »Dies Mallorca macht misch wahnsinnisch. Wer macht denn so was?«

Irgendwie starrten alle *mich* an.

»Wo hattest du noch mal die Sicherung her?«, fragte Stefan.

»Aus einem Schuppen. Da war aber nichts zu sehen«, verteidigte ich mich.

»Ach, warst du des?«, fragte mich José. »Hast du die Sischerunge aus de kleine Hütt gemopst?«

»Da war ja keiner auf dem Hof, und wir saßen hier gestern komplett im Dunkeln. Da habe ich ein paar Sicherungen rausgedreht, von denen ich dachte, dass sie keine Funktion haben«, antwortete ich.

»Na, dann. Vielen Dank, auch im Name von de Küh«, sagte José. »Dann kannsch du mir ja auch bestimmt helfe, die Viescher wieder zurückzutreibe.«

Vom Babysitter zum Cowboy in gerade mal fünf Stunden. Was für eine Karriere! Ich war fast ein bisschen stolz auf mich.

»Klar«, antwortete ich schuldbewusst.

Stefan und Arne hatten offensichtlich keine Lust, Rinder zu

treiben, und räumten zusammen mit Nina, Anja und Claudia das Chaos auf, das die Rinder verursacht hatten. Nur Lenny hatte Lust.

»Darf ich mit?«, fragte er.

Stefan und Claudia antworteten gleichzeitig: »Nein!«

So trieben José und ich gemeinsam die Herde langsam wieder zurück. Wir nahmen dazu ein paar lange Stöcke, mit denen wir den letzten der Viecher hin und wieder auf den Hintern klopften. Das reichte, um der Gruppe etwas Schwung zu verleihen.

José erzählte mir, dass seine Eltern sich vor fünf Jahren aus der Landwirtschaft zurückgezogen hatten und nach Palma gegangen waren, seitdem führte er den Hof alleine. Er war es auch gewesen, der die Idee gehabt hatte, den ehemaligen Ziegenstall zu erweitern und als Ferienhaus an Touristen zu vermieten.

»Lebst du denn alleine auf dem Hof?«, fragte ich.

»Isch un mein deutscher Schäferhund«, antwortete er. »Mit Fraun isses ein bisschen schwierisch auffem Hof.«

Ich sah ihn schon vor mir im Mallorca-Special *Olivenbauer sucht Frau*, bei RTL.

»Deshalb hab isch ja des mit de Ferienwohnung gemacht. Isch hoff, dess da mol ene dobei isch, die misch eventuell gut findt«, fuhr er fort.

»Schlauer Plan«, sagte ich. »Das muss einfach klappen.«

»Gell?«, antwortete er.

Eine der Kühe rülpste. Ich musste lachen, José fand das weniger lustig.

»Haben die Viescher vom Poolwasse getrunke?«, fragte er.

»Ja, ich denke schon«, antwortete ich.

»Oje, da is Chlor drin. Dann kotze die naher widde. Kotzende Küh, des is kei schöne Sach«, babbelte er.

Kotzende Kühe! Mich zerriss es innerlich vor Lachen, auch wenn ich mir das bildlich nicht vorstellen wollte. Den Rest der Strecke unterhielt ich mich lieber über die Olivenernte und andere landwirtschaftliche Dinge mit ihm, die ich schon in dem Moment wieder vergessen hatte, als sie ausgesprochen waren. Wir trieben die Rinder zurück auf ihr Feld und schlossen das Gatter, dann aktivierte José den Strom im Weidezaun.

»Die Viescher merke sofott, wenn de Zaun nisch an is. Isch habbe die mol beobacht', da probiert's reihum immer ein anderer von denne. Faszinierend!«, erzählte er.

»Total!«, sagte ich und wollte gehen.

»Magsch en Brandy?«, schlug José vor.

Mein schlechtes Gewissen und meine Neugier auf Josés Spirituosenschrank verleiteten mich dazu, Ja zu sagen.

Einige Gläschen Brandy, eine Stunde und endlose Landwirtschaftsgeschichten aus Mallorca und Hessen später, machte ich mich endlich auf den Weg zurück zur Finca. Immerhin hatte ich eine halbe Flasche fünfzig Jahre alten Brandy aus Mallorca abgestaubt, was mich bei den Alkoholfreunden auf der Finca wieder beliebter machen sollte.

18

Da ist ja unser Cowboy!«, rief Arne, der mich als Erster gesehen hatte. »Und er hat Feuerwasser dabei!«

Es saßen inzwischen wieder alle auf der einigermaßen restaurierten Terrasse und genossen die Restsonne, denn es ging inzwischen deutlich auf den Abend zu. Neben dem baldigen Untergang kämpfte die Sonne allerdings auch schon wieder mit einigen dunklen Wolken, die am Horizont in bedenklicher Zahl auftauchten und dem Himmel einen dramatischen Anstrich gaben. Vielleicht wollte das Wetter zu dem Zeitpunkt noch gar nicht schlecht werden, sondern mich lediglich vor dem weiteren Verlauf des Abends warnen. Aber noch war ja eitel Sonnenschein.

Nina kam mir entgegen und umarmte mich.

»Na, Cowboy, wie war's?«, fragte sie. »Du riechst ja gar nicht nach Kühen! Ich dachte, ich müsste dich erst mal in den Pool schmeißen.«

»Ich bin ja nicht auf den ›Vieschern‹ geritten, sondern nur hinterhergelaufen«, antwortete ich. »Aber ich kann das gerne mal für dich arrangieren. José und ich sind jetzt ganz dicke.«

Ich musste zugeben, dass mir das Wort »arrangieren« etwas zu flüssig von den Lippen kam. Die nicht mehr in der Flasche befindliche Hälfte des Brandys verfehlte ihre Wirkung nicht. Nina grinste.

»Habt ihr Brüderschaft getrunken? Ich hoffe, er küsst nicht besser als ich«, meinte sie und küsste mich.

»Niemand küsst besser als du«, schleimte ich.

»Leckerer Brandy«, meinte Nina zu meiner Fahne.

Wir kamen bei den anderen an, die um den Tisch herumsaßen. Claudia und Lenny hatten es sich auf der Bank gemütlich gemacht. Auf dem Tisch stand wieder die Sangria-Schüssel. Ich hoffte, dass der Inhalt erneuert worden war, nachdem die Kuh daraus getrunken hatte.

»Lenny hat darauf bestanden, dass er noch nicht im Bett ist, wenn du zurückkommst«, sagte Claudia.

»Hast du Indianer gesehen?«, fragte Lenny.

Ich hatte erst mal keine Ahnung, wie er darauf kam.

»Ich? Nein«, wunderte ich mich. »Ach so, weil alle sagen, dass ich ein Cowboy bin? Nein, auf Mallorca gibt es keine Indianer.«

»Wo leben die denn?«, hakte Lenny nach.

»In Amerika«, antwortete ich. »Und in Bad Segeberg und in Elspe, bei den Karl-May-Festspielen. Da fährt dein Papa bestimmt bald mal mit dir hin.«

»Fahrn wir nach Kalmei?«, fragte Lenny dann auch direkt seinen Vater, der mir einen Na-vielen-Dank-auch-Blick entgegenschleuderte.

»Bald«, sagte er zu seinem Sohn, und jeder am Tisch ging davon aus, dass Lenny noch ganz lange keinen Indianer sehen würde.

»Oder beim Karneval in Köln«, ergänzte Anja.

»Da ist Felix' Cowboykostüm für nächstes Mal ja schon fest gebucht«, meinte Arne.

»Unbedingt!«, sagte ich. »Zusammen mit dem Sonnenuntergang, in den ich rechtzeitig vor Karneval reiten und nicht vor Aschermittwoch zurückkommen werde.«

»Feierst du keinen Karneval?«, fragte Stefan. »Claudia fährt jedes Jahr extra dafür zurück nach Köln.«

»Ich bin halt Rheinländerin«, verteidigte sich Claudia. »Felix ist ja nur zugereist.«

»Aus Oldenburg«, bestätigte ich. »Da ist man normalerweise recht weit weg vom Karneval. Deshalb kommt es mir immer ein bisschen komisch vor, wenn man von jetzt auf gleich zur wilden Fröhlichkeit umschalten muss. Deshalb sehe ich immer zu, dass ich dann aus Köln raus bin.«

»Der Karneval ist scheiße und damit noch eines der geringeren Probleme von Köln«, sagte Stefan verächtlich. »Ich werde diese Stadt nie verstehen. Und damit meine ich nicht nur den Dialekt. Obwohl der schon schlimm genug ist. Köln ist meines Wissens die einzige Stadt, in der das Bier so heißt wie die Sprache. Und deshalb klingt das auch so. Als ich das erste Mal jemanden Kölsch reden gehört habe, dachte ich, entweder ist der besoffen oder kommt vom Zahnarzt!«

»Jetzt mecker nicht schon wieder über meine Heimat«, versuchte Claudia ihn zu stoppen. Aber Stefan lief sich gerade erst warm.

»Köln ist auch die einzige Stadt, die einen Stadtteil nach ihrem Wasser benannt hat: Kalk! Felix, dir als Mann vom Bau müsste das doch eigentlich gefallen. Ich glaube ja, dass sie Köln nach dem Krieg nur mit Wasser wieder aufgebaut haben. Wasser in einen Eimer schütten, kurz stehen lassen, Eimer umkippen – fertig ist der Kalkstein! Was ihnen nach dem Krieg leider gefehlt hat, war so was wie ein Architekt. Lenny würde mit seiner Legokiste eine schönere Stadt hinkriegen als die Kölner. Anscheinend haben die damals keinen Architekten gefunden, sondern nur einen Fliesenleger, deshalb sehen da viele Häuser mit ihren verkachelten Fassaden auch so aus, als hätte man ein Badezimmer auf links gedreht.«

»Darf ich mit Lego spielen?«, fragte Lenny plötzlich, der sein Stichwort vernommen hatte.

»Nein, du gehst jetzt ins Bett«, antwortete Claudia. »Sag Gute Nacht zu allen.«

»Gudenach«, murmelte Lenny, der in der Tat zu müde war, um sich zu beschweren. Claudia brachte ihn ins Haus.

Als Zugereister wusste ich, dass Stefan nicht ganz falschlag mit dem, was er über Köln von sich gegeben hatte, und spätestens bei jeder Parkplatzsuche oder dem Versuch, irgendwo links abzubiegen, brüllte ich ähnliche Beleidigungen der rheinischen Spaßmetropole ins Lenkrad. Trotzdem war ich als Jetzt-Einwohner beleidigt, was er über meine verkalkte Stadt sagte.

»Immerhin haben wir den Dom«, sagte ich.

»Ja, für den habt ihr ja auch nur sechshundertfünfzig Jahre gebraucht«, knurrte er.

Mist, schon wieder ein Treffer. Und ich war mal in München gewesen. Gegen die Stadt war optisch wirklich nicht viel einzuwenden. Ich konnte Stefan also kaum angreifen.

»Dafür rennt bei uns nicht die ganze Stadt einmal im Jahr in Lederhosen rum«, meinte ich. Ein schwacher Versuch, aber immerhin.

»Außer zum Christopher-Street-Day«, mischte sich Arne jetzt ein. »Ach nee, das sind ja Latexhosen.«

»Von dir hätte ich eigentlich etwas Unterstützung für Köln erwartet«, sagte Nina. »So lange lebt ihr ja noch nicht im Süden. Oder haben die dir mit Weißwurst und Hefeweizen eine Gehirnwäsche verpasst?«

»Apropos, was ist jetzt eigentlich mit dem Brandy?«, fragte Stefan.

»Stimmt, der ist jetzt dran«, sagte ich und öffnete die Flasche.

Nina holte saubere Gläser aus der Küche, Claudia kam auch wieder dazu, und schon konnte ich eine Runde auf Josés Kosten spendieren.

»Auf José! Und falls jemand von euch eine verzweifelte Singlefrau kennt – José könnte eine gebrauchen«, sagte ich.

»Schick ihm doch die Handynummer von deiner Ex, der Snoopy«, schlug Nina vor. »Die war doch immer so ländlich, hast du zumindest erzählt.«

Jetzt wurde Claudia natürlich hellhörig.

»Ländlich?«, fragte sie.

»Na ja, die kam irgendwo aus dem Umland, und das hat sie nie abgelegt«, fuhr Nina fort. »Die hatte wohl die ganze Bude mit Tomatenpflanzen vollgestellt und immer sämtliche Balkonkästen mit Kräutern und Basilikum bepflanzt.«

»Basilikum ist auch ein Kraut«, knurrte Claudia.

»Hanf ist auch ein Kraut, hat Snoopy das auch angebaut?«, fragte Anja. »Das würde zumindest einige Geschichten bei Charlie Brown erklären!«

»Oh, ich kann mir schon vorstellen, was die immer zu Partys mitgebracht hat. Tomate-Mozzarella mit frischem Basilikum«, vermutete Arne.

»Das ist ja auch sehr lecker«, verteidigte sich Claudia, und nur ich merkte es.

Der Gesprächsverlauf war mir ihr gegenüber ein bisschen peinlich, obwohl ich zugeben musste, dass ich besagte Tomate-Mozzarella-Basilikum-Kombination seitdem wirklich nicht mehr essen konnte.

»Jetzt lasst doch mal Snoopy in Frieden, das ist lange her«, sagte ich.

»Aber ehrlich, wer stellt sich denn haufenweise Tomaten in die Wohnung?«, insistierte Nina. »Du hast doch selbst immer gesagt, dass dir die Dinger auf den Geist gegangen sind. Wer freiwillig in einem Treibhaus wohnt, hat sie doch nicht mehr alle.«

Claudia schaute inzwischen wirklich sauer. Ich hatte Angst, dass sie gleich in die Luft gehen und unsere Vergangenheit aufdecken könnte. Da hätte ich glatt lieber verraten, dass mir der

Fisch angegammelt war. Zum Glück war auf Arne Verlass, der wie immer eine passende Lebensgeschichte parat hatte.

»Ich habe mal neben einem Treibhaus gewohnt«, sagte er. »Das stand zumindest dran. Ich habe ein halbes Jahr gebraucht, bis ich gemerkt habe, dass das der Name für einen Puff war.«

»Echt, du hast mal neben einem Puff gewohnt?«, fragte Anja entsetzt.

»Ja«, antwortete er. »Nachdem mir das klar geworden ist, habe ich mir auch nicht mehr eingebildet, dass die ganzen Mädels mit mir flirten wollen, die ich am Büdchen um die Ecke getroffen habe.«

»Und dann bist du umgezogen?«, fragte Claudia.

»Nein«, sagte Arne. »Kurz darauf ist der Puff nach einer großen Razzia zugemacht worden. Die haben da wohl auch mit Drogen gehandelt. Und weil ich in dem Moment, als die Polizei aufmarschierte, gerade nebenan nach Hause wollte, haben die mich einfach mal direkt mit auf die Wache genommen. So nah wie im Streifenwagen bin ich Prostituierten sonst nie gekommen.«

»Das hast du mir nie gesagt!«, beschwerte sich Anja.

»Es hat sich irgendwie nie der richtige Moment dafür ergeben«, antwortete Arne. »›Schatz, habe ich dir schon die Geschichte erzählt, als ich mit den Nutten verhaftet wurde?‹ – nicht so leicht, das musst du zugeben. Aber eigentlich war ja nichts dabei.«

Anja schaute ihn immer noch entsetzt an.

»Na ja, wenigstens konntest du da wohnen bleiben«, meinte Stefan.

»Nein, danach wurde eine Hells-Angels-Kneipe daraus. Da wollte ich endgültig weg«, sagte Arne.

»Verständlich«, nickte Nina.

Claudia stand auf. »Nehmt's mir nicht übel, aber ich leg mich schon hin. Mir geht's nicht so gut.«

Der Fisch! Ich fürchtete, dass Claudia nicht der einzige Fall bleiben würde.

»Ich komm mit. Ich fühle mich auch irgendwie komisch«, sagte Stefan.

»Vielleicht haut euch die Kombination aus Sangria und Brandy um?«, versuchte Anja zu helfen.

Das kam Stefan aber unmännlich vor, und deshalb nahm er noch einen tiefen Schluck aus seinem Glas. »Nein, nein, das Zeug ist super.«

Klar, dachte ich mir, aber der Fisch, der in diesem Gemisch aus Brandy, Rotwein und Obststückchen schwimmt, der ist alles andere als super.

»Ich gehe aber auch jetzt schon hoch, ich bin müde«, sagte Anja und verschwand mit den beiden.

Nina starrte noch ein Weilchen auf den Pool, aber irgendwann war ich mir nicht mehr sicher, wer weißer war – der Mond oder Ninas Gesicht. Sie hatte irgendwie alle Farbe verloren. »Mir ist nicht gut«, murmelte sie. »Ich leg mich besser etwas hin.«

Scheißfisch!

»Okay, ich bleibe noch ein bisschen draußen. Schlaf dich aus. Wir machen morgen einen Ausflug«, kündigte ich an.

»Einen Ausflug?«, fragte sie erstaunt.

»Ja, wird eine Überraschung. Aber ich sag's dir schon mal als Motivation.«

»Ich bin gespannt.«

Nina gab mir einen Kuss und schwankte ins Haus. Ich hoffte, dass es am Alkohol lag. Und dass es ganz schnell wieder vorbeiging. Aber keine dieser Hoffnungen sollte mir erfüllt werden.

So saßen letztendlich Arne und ich allein auf der Terrasse. Arne kramte eine Zigarette hervor.

»Ich dachte, ihr habt beide aufgehört mit dem Rauchen, so von wegen: Geteiltes Leid ist halbes Leid«, meinte ich.

»Absolut! Aber ich finde, es reicht auch, wenn ich nur tagsüber mitleide. Nachts verwandle ich mich dann in einen Werwolf, und der raucht leider, da kann ich wirklich nichts machen.«

»Das ist die bescheuertste Argumentation ever!«

»Ich weiß, aber um mich zu überzeugen, genügt das. Hast du echt nie geraucht?«

»Nö, hat mich nie erreicht. Jedes Jahr Silvester nehme ich mir den guten Vorsatz, dass ich nächstes Jahr damit anfange, aber es klappt irgendwie nie.«

»Nächstes Jahr schaffst du's. Prost!«

Wir stießen an und starrten auf den Pool.

»Erstaunlich, wie unterschiedlich man auf einen Pool reagieren kann«, meinte Arne. »Als Anja ihn zum ersten Mal sah, sagte sie: ›Oh geil, ein Pool.‹ Als Claudia ihn entdeckt hat, sagte sie: ›Mist, ein Pool, der ist ja gar nicht kindersicher.‹«

»Da kommst du auch bald hin«, unkte ich.

»Mit Steckdosenschutz, Tragegurt und Kindersitz meinst du? Das ist bei *mir* noch nicht angekommen.«

»Habt ihr die Schwangerschaft denn geplant?«

»Na ja, wir haben gesagt, dass wir uns das vorstellen könnten. Theoretisch. Und dann habe ich zugestimmt, dass sie die Pille absetzt. Das war vor zwei Monaten. Zwei Wochen später war Anja schwanger.«

»Klarer Fall von Superspermien. Du könntest im Alleingang den Bevölkerungsrückgang in Deutschland stoppen.«

»Ja, leider! Jetzt muss ich mich wohl daran gewöhnen: Ich werde Papa.« Er nahm einen tiefen Schluck Brandy. »Aber nachdem ich gesehen habe, dass du mit Lenny klargekommen bist, schaffe ich das wohl auch noch.«

»Na, vielen Dank auch!«

»Habt ihr denn nichts Derartiges geplant?«

»Wo denkst du hin? Wir sind doch nicht mal verheiratet. Sex vor der Ehe ist für mich unvorstellbar. Da bin ich ganz kirchlich.«

»Schon klar.«

»Sagte ich vor der Ehe? Ich meinte natürlich: ›Sex vor der *Kirche* ist für mich unvorstellbar, da bin ich ganz *ehrlich*.‹«

»Das klingt schon eher nach dir. Und Heiraten? Ist da auch nichts geplant?«

Ich sah mich um, ob wirklich niemand da war, und rückte etwas näher an Arne ran.

»Doch«, sagte ich, »morgen! Ich will ihr morgen einen Antrag machen.«

»Hier? Super. Darf ich das filmen, für den Fall, dass sie Nein sagt?«

»Das kann sie nicht. Sie wird definitiv gar nichts sagen. Weil ich ihr den Antrag unter Wasser machen werde.«

Ich erklärte ihm den Plan mit dem Schnorcheln und Uwe, und genau da wurde er stutzig.

»Du hast dem einfach so deinen Ring gegeben? Was hat der gekostet?«

»So zweitausend Euro. Wieso?«

»Und du hast keine Sicherheiten? Wer sagt dir, dass der nicht damit abhaut?«

»Quatsch! Warum sollte der das machen?«

»Wegen zweitausend Euro. Hast du denn seine Adresse?«

»Nein.«

»Weißt du, wo er arbeitet?«

»Nein.«

»Autokennzeichen?«

»Nein.«

»Das heißt, du weißt nichts von ihm. Du weißt nicht mal, ob er existiert. Du hast einem Phantom zweitausend Euro geschenkt.«

Es ist wohl überflüssig zu erwähnen, dass Arne jede Krimiserie und jeden Thriller der Welt auswendig kannte. Und so langsam machte er mich mit seiner Verschwörungstheorie nervös.

»Ein bisschen mehr. Ich habe ihm auch noch fünfzig Euro für die Schnorcheltour gegeben.«

»Du hast auch noch das Boot bezahlt? Und genau damit ist er jetzt gerade auf dem Weg ans spanische Festland. Wenn überhaupt. Der flieht nach Afrika. Da kann er perfekt untertauchen. Dann macht der sich in Marrakesch ein schönes Leben, und du machst Nina einen Heiratsantrag mit einem selbst gebastelten Ring aus Kaugummipapier.«

Inzwischen hatte Arne mich so weit, dass ich ihm auch geglaubt hätte, dass Uwe bereits in Casablanca einen Laden namens »Rick's Café« besaß.

»Mist, ich bin geliefert«, stöhnte ich.

»Komplett!«, bestätigte Arne.

»Ähm … ich habe aber seine Handynummer.«

»Sag das doch gleich! Das Handy können wir orten lassen. Wenn er noch in spanischen Hoheitsgewässern ist. Los, wir fahren direkt zur Wasserschutzpolizei.«

Das klingt jetzt im Nachhinein vielleicht nach einer Überreaktion, aber dazu sollte ich vielleicht erwähnen, dass sich das Wort »Wasserschutzpolizei« dank Sangria und Brandy eher wie »Wasaschusspolliseii« anhörte und der Rest auch nicht viel besser.

Wir sprangen auf, aber der Alkohol zog uns gleich wieder nach unten.

»Gleich morgen früh«, sagte ich bestimmt.

»Genau. Noch'n Brandy?«

»Bin dabei.«

Wir tranken stumm vor uns hin. Der Alkohol nagte schwer an meiner Geheimnistauglichkeit.

»Soll ich dir noch was verraten?«, fragte ich.

»Klar!«

»Claudia ist ›Snoopy‹.«

»Ach.«

»Verstehst du?«

»Nee.«

Immerhin war ich nicht der Einzige, an dem der Brandy ein großes Werk vollbrachte.

»Claudia ist Snoopy«, wiederholte ich. »Meine Snoopy! Ich war vor sieben Jahren mit Claudia zusammen.«

»Welche Claudia?«

»Stefans Claudia.«

Arne dachte kurz nach.

»Stefans Claudia ist deine Snoopy?«

»Ja.«

»Und Nina findet das okay, dass ihr hier zusammen Urlaub macht?«

»Das habe ich mir doch nicht ausgesucht. Du hast die doch hier angeschleppt!«

»Das wusste ich doch nicht! Aber Nina kommt damit klar?«

»Die weiß nicht, dass Claudia ›Snoopy‹ ist. Und das soll auch so bleiben!«

»Ich bin verschwiegen wie ein Grab«, versprach Arne.

»Danke.«

»Allerdings ...«, Arne hob bedeutungsschwer den Zeigefinger und holte tief Luft, um seine Bedenken vorzutragen, »... wenn in ein paar Tausend Jahren Grabräuber zu mir kommen, also wie bei Tutenchamun, dann kann ich für nichts garantieren.«

»Das ist knapp noch in Ordnung. Bis dahin habe ich Nina das hoffentlich schon gesagt.«

Arne nickte und stellte die Brandyflasche auf den Kopf. Leer bis auf den letzten Tropfen. Er schaute verschwörerisch.

»Stefan hat gestern einen besonderen Kräuterlikör gekauft, einen recht teuren Hierbas. Den will er wohl mit nach München nehmen. Aber ich finde, wir könnten den auch jetzt mal testen. Nicht, dass er da irgendwas Schlechtes nach Hause schleppt!«

»Das sollten wir verhindern«, stimmte ich zu. »Und damit da nix fehlt, füllen wir die Flasche mit dem billigen Hierbas wieder auf, den die Leute, die hier vor uns gewohnt haben, dagelassen haben.«

»Sehr guter Plan.«

Wir gingen in die Küche, schenkten uns ein und probierten. Bisher hatte ich das Kräuterzeug nie gemocht, aber ich hatte auch noch nie die teure Version getrunken. Arnes Blick verriet, dass es ihm genauso ging. Also machten wir uns ans Werk. Der gute Hierbas landete in unseren Gläsern und in einem Kochtopf. Der schlechte in der Flasche des guten und dann der gute in der Flasche des schlechten. So ähnlich dürften seinerzeit die Agenten in Berlin ausgetauscht worden sein. Die Operation glückte.

»Das merken die nie«, meinte Arne.

»Nie!«, bestätigte ich.

In dem Moment hörte ich ein Rumpeln aus unserem Schlafzimmer. Ob Nina immer noch Probleme mit dem Fisch hatte? Ich beschloss nachzusehen, wie es ihr ging.

19

Meine Fürsorglichkeit war von mir zwar wirklich nett gemeint, wurde von Nina aber nicht wirklich gewürdigt.

»Raus!«, sagte sie, obwohl ich das Zimmer noch gar nicht richtig betreten hatte.

Meine Reaktionsfähigkeit litt allerdings ein bisschen unter der Mischung aus Sangria, Brandy und Hierbas.

»Was?«, fragte ich.

»Geh bitte raus.«

Ich war ein bisschen beleidigt. »Ich wollte nach dir schauen!«

»Danke, aber jetzt nicht«, sagte sie leise. »Ich bin gerade auf dem Klo.«

Ach ja, das Schlafklo. Praktisch, aber nicht schön.

»Geht's dir nicht gut?«, fragte ich.

»Nein, und jetzt geh bitte.«

»Okay, ich komme gleich wieder.«

»Lass dir Zeit.«

Oha, das klang nicht gut. Und das Rumoren, das Ninas Magen von sich gab, auch nicht. Ich schloss die Tür und ging auf die Terrasse, wo sich Arne wieder an den Tisch gesetzt hatte. Vor ihm stand die billige Hierbas-Flasche mit dem teuren Inhalt.

»Und, alles gut?«, fragte er.

»Ja, ja!«, sagte ich, um Nina nicht bloßzustellen. »Ich darf noch ein bisschen draußen bleiben.«

»Spitze.«

»Wie läuft's denn eigentlich bei dir im Job?«

Das war bei Arne immer eine gefährliche Frage, da musste man genau den richtigen Moment erwischen. Und mit zwei bis drei Promille konnte das Gespräch durchaus klappen.

»Na ja«, sagte er, »die Tetris-Katzen werden weltweit jeden Monat etwa fünfzehnmal als App verkauft, das bringt mir schon mal sieben Euro fünfzig. Und sonst mache ich halt ein paar Homepages für Leute, die zu doof sind, irgendwelche Vorlagen zu nutzen.«

»Erfind doch auch mal was wie eBay oder Facebook«, schlug ich vor.

»Guter Plan, ich werde direkt, wenn ich wieder online bin, mal ›geniale Idee‹ googeln! Ich verrate dir ein Geheimnis: Das Internet wurde von Nerds erfunden und wird von Idioten regiert. Wer wissen möchte, wie Unterhaltungen in der Irrenanstalt ablaufen, muss nur mal in ein x-beliebiges Forum reinklicken.«

Okay, es war wohl wieder der falsche Moment gewesen, diese Frage zu stellen.

»Ich brauche einfach nur jemanden«, fuhr er fort, »der mir die Milliarden, die ich mit meiner Idee machen werde, schon mal als Vorschuss gibt. Einfach auf mein Konto überweisen, damit ich mich nicht mehr mit irgendwelchen doofen Homepages beschäftigen muss, sondern in meinem Anwesen in Südafrika einfach darauf warten kann, dass mir die richtige Idee kommt.«

»Ich besuche dich.«

»Mein Hubschrauber holt dich ab.«

»Nee, schick den Jet. Nina mag's nicht, wenn es so laut ist.«

Die Alkoholschwämme, die sich unauffällig anstelle unserer Hirne ausgebreitet hatten, waren höchst zufrieden mit unseren steinreichen Zukunftsaussichten. Wir starrten lautlos auf den Pool und waren längst beide mit offenen Augen eingeschlafen, als wir realisierten, dass wir doch mal besser in die Betten krochen.

»Ich geh schlafen«, knurrte Arne. Eigentlich sagte er: »Icheschahfn«, aber meine Ohren waren genauso besoffen wie seine Zunge und deshalb verstanden sich beide prächtig.

Arne versuchte, Haltung zu bewahren, als er die Treppe hochkroch. Ich hielt mein Gesicht in der Küche unter den Wasserhahn, um ein bisschen nüchterner zu werden. Außer dass der Fußboden daraufhin unter Wasser stand und mein T-Shirt ähnlich nass war wie meine Klamotten nach der Anreise durch den Rekordregen, brachte die Aktion leider wenig. Ich wankte in Richtung Zimmer, als müsste ich auf der Titanic in eine Kajüte, während sie gerade gegen den Eisberg fährt. Ich holte tief Luft und öffnete die Tür.

»Kann ich wieder reinkommen?«, flüsterte ich.

»Ja«, antwortete Nina schwach.

Sie hatte alles gegeben und den Raum mit Parfum voll gesprüht, eine Duftkerze angezündet und das kleine Fenster aufgerissen, aber es änderte nichts daran, dass es hier entsetzlich stank. Ich atmete ausschließlich durch den Mund und versuchte, mir nichts anmerken zu lassen.

»Du brauchst mich zum Pipimachen wirklich nicht jedes Mal rauszuschicken«, sagte ich. »Wir sind ja nun schon echt lange zusammen, wir haben doch keine Geheimnisse.«

Doch, hatten wir! Ich war froh, dass ich die letzten Minuten nicht im Zimmer gewesen war, sonst hätte ich Nina wohl nie wieder normal anschauen können.

»War nicht nur Pipi«, sagte sie leise. »Mir geht's nicht gut.«

Das war mir schon aufgefallen, aber ich wollte ihr die Peinlichkeit ersparen. Dieser Scheißfisch! Und das leider buchstäblich. Ich fühlte mich miserabel, weil ich daran schuld war, dass es Nina jetzt so übel ging. Ich putzte meine Zähne und legte mich zu ihr ins Bett. Ich versuchte, mit meiner Alkoholfahne nicht in ihre Richtung zu atmen, um es für sie nicht noch schlimmer werden zu lassen.

»Mir ist so schlecht«, stöhnte sie. »Ich habe das Gefühl, dass mein Bauch alles wieder von sich gegeben hat, was er je gegessen hat. Und er klingt und fühlt sich an, als würden zehn Leute gleichzeitig Milch aufschäumen.«

»Wir machen morgen was ganz Tolles, versprochen.«

»Ich glaub, ich bleibe den ganzen Tag im Bett!«

Mist, mein ganzer Plan drohte ins Wasser zu fallen, und zwar in eins, in dem man nicht schnorcheln konnte.

»Das wird bestimmt gleich besser«, versuchte ich auch mich selbst zu beruhigen.

»Das fühlt sich aber gar nicht so an. Ich muss bestimmt nachher noch mal aufs Klo. Wenn ich ›Achtung‹ sage, kannst du dann ganz schnell rausgehen?«

»Schnell wie der Wind«, versprach ich.

Nina sagte in dieser Nacht noch einige Male »Achtung«, aber bereits beim dritten Mal bin ich schlicht vor der Tür eingeschlafen.

20

Am Morgen wurde ich davon wach, dass Lenny eine Blechschüssel auf den Fliesenfußboden fallen ließ – nicht mal fünf Meter von mir entfernt. Mein verkaterter Kopf dröhnte, als wäre das mindestens fünf Meter in meinem Schädel drin passiert. Ich starrte ihn fassungslos an.

»Was machst du?«, fragte ich.

Er schaute unschuldig zurück: »Ich mache Sokokripsies.«

»Ah.«

»Süssel runtergefallen.«

»Hab ich bemerkt.«

»Hast du hier geslaft?«

Ich blickte mich um und realisierte, dass ich mich in der Nacht offensichtlich neben der Tür an die Wand gesetzt hatte und dann einfach zur Seite gekippt war. Jetzt lag ich zusammengekauert auf dem Boden.

»Anscheinend«, murmelte ich.

»Warum?«

Ich grübelte, kam aber nicht so recht drauf und hoffte nur, dass Nina mich nicht aus irgendeinem Grund, der sich mir jetzt nicht erschloss, rausgeworfen hatte.

»Wollte ich mal ausprobieren«, behauptete ich.

»Warum?«

»Hatte ich noch nicht gemacht.«

»Warum?«

Okay, Lenny war offensichtlich in etwas, das Kinderpsychologen wahrscheinlich als »Warum?-Phase« bezeichneten. Mir ging das bereits beim zweiten »Warum?« gehörig auf den Geist, aber geschlagen geben wollte ich mich noch nicht.

»Weil ich noch nie so einen gemütlichen Fußboden gesehen habe«, log ich und richtete mich einigermaßen auf. Ich hatte mit dem Gesicht auf einer Fuge zwischen den Terracotta-Fliesen gelegen und spürte deutlich den Abdruck, den diese Furche auf meiner Wange und Nase hinterlassen hatte. Und auch Lenny sah das sofort.

»Was is da?«, fragte er.

»Das ist meine Rollbremse. Damit ich nicht im Schlaf aus Versehen wegrutsche. Das funktioniert wie ein Anker«, improvisierte ich.

»Super!«

»Danke.«

»Sieht doof aus.«

»Danke.«

Ich hoffte, dass sich der Streifen verzog, bis irgendjemand anders ihn sah. Und da fiel mir auf, dass Lenny und ich komplett allein waren.

»Wo sind denn deine Eltern?«

»Wolln weiterslafn. Sind krank. Haben gesag, sie waren ganze Nacht aufm Klo.«

Mir fiel es wie Schuppen von den Augen. Der Fisch! Die Sonne! Das Essen! Nina!

»Oh.«

»Kannst du mir helfen mit den Sokokripsies?«

Er hob die kleine Blechschüssel vom Boden auf. Ich realisierte erst jetzt, dass auch die Hälfte der Krispies, die er wohl in die Schüssel gekippt hatte, auf dem Boden lag. Ich stand auf, ging zu ihm, schüttete neue Krispies und Milch in die Schüssel und stellte sie vor ihn auf den Tisch. Dann machte ich mich auf den Weg zu Nina.

»Möchte Löffel!«, rief Lenny mir hinterher.

Also ging ich wieder in die Küche, suchte mit so wenig Klappern wie möglich, um meine Ohren und Nerven zu schonen, einen Löffel raus. Es klang für mich trotzdem, als hätte ich auf einem Schrottplatz einen rostigen Omnibus unter einem Haufen von Panzern hervorgezogen. Ich zuckte zusammen, schleppte mich zu Lenny und gab ihm den Löffel.

»Has du Aua?«, fragte der.

»Ja, leider.«

»Warum?«

»Weil ich's nie lerne.«

»Was lerne?«

»Das Saufen.«

»In der Sule?«

»Nein, nicht in der Schule, im Leben.«

»Warum?«

Ich musste endgültig die Flucht ergreifen, weil ich Angst hatte, dass die wenigen Hirnzellen, die ich gestern nicht ertränkt hatte, beim nächsten »Warum?« implodieren würden.

»Ich muss jetzt wirklich mal zu Nina.«

»Okay.«

Das war ja einfach, freute ich mich. Ich schlich mich also ins Schlafklo, um nach meiner Freundin zu sehen, der ich heute einen Heiratsantrag machen wollte, wie mir jetzt wieder einfiel. Sie schlief tief und fest, es ging ihr also wohl besser. Ich legte mich neben sie, um sie vorsichtig zu streicheln, schlief aber sofort ein.

21

Ich wachte panisch auf, weil ich dachte, verschlafen zu haben. Ich schaute auf meine Uhr: halb elf. In einer halben Stunde würde Uwe uns zum – zumindest in meiner Vorstellung – schönsten Schnorcheltrip unseres Lebens abholen. Deshalb musste ich Nina jetzt wecken. Die Vorfreude war leider ausschließlich auf meiner Seite – und noch nicht mal berechtigt, denn die Bootsfahrt sollte die Hölle werden. Ich zog ihr die Bettdecke weg.

»Hey«, murmelte sie.

»Aufwachen!«, sagte ich betont gut gelaunt.

»Warum denn?«

»Wir machen einen Ausflug!«

»Toll«, sagte sie, ihre Betonung sagte allerdings etwas ganz anderes. Dann sah sie mich erschrocken an.

»Was ist dir denn passiert?«

»Wieso?«, fragte ich.

»Du hast eine schlimme Schwellung«, antwortete sie.

Ich fasste an die Wange, dann fiel mir die Fliesenfuge wieder ein. Mist, war das immer noch zu sehen?

»Ach so, das kommt vom Fußboden.«

»Bist du gestolpert?«

Nina hatte es anscheinend nicht mitbekommen, dass ich gar nicht da gewesen war. Das war meine Chance, denn es war mir noch peinlicher, vor der Tür eingeschlafen zu sein, als ihr die bestialischen Gerüche peinlich sein dürften, die sie in der Nacht mithilfe meines vergammelten Fischs produziert hatte.

»Ja«, behauptete ich. »Arne und ich haben gestern Abend

noch die Reste ausgetrunken. Da war wohl doch mehr übrig geblieben, als wir gedacht hatten.«

Mir fiel jetzt auch wieder der geklaute Hierbas ein, da musste ich fast grinsen.

»Warst du schon draußen?«, fragte ich und zeigte auf die Zimmertür.

»Ja, da ist keiner.«

»Lenny auch nicht?« Meine Güte, jetzt machte ich mir auch schon Gedanken über offene Steckdosen und den Pool.

»Den habe ich oben spielen gehört. Er singt Karnevalslieder. Hast du ihm die auch beigebracht?«

»Nein, nur das Fluchen, heiliges Indianerehrenwort!«

»Gut, ich denke, das hätte Stefan endgültig gegen dich aufgebracht, so wie der auf den Karneval schimpft.«

»Dann war's Claudia, und das gibt ja nur 'ne Ehekrise. Da können wir nix dafür.«

»Von denen war noch gar nichts zu hören.«

»Nein, ihnen ist wohl heute Nacht auch schlecht gewesen, sagte Lenny vorhin.«

»Wie vorhin? Warst du heute schon mal auf?«

»Ähm ... ja«, antwortete ich und fasste mir unbewusst an meine Gesichtsverzierung.

»Und dann bist du gefallen? Armes Häschen. Dann bleiben wir am besten noch ein bisschen liegen. Mir geht es auch noch nicht wirklich gut. Keine Ahnung, vielleicht war doch was mit dem Fisch.«

Natürlich war es das, aber das wollte ich nach wie vor nicht eingestehen.

»Oder Claudias Sangria. Da ist ja auch alles drin gewesen«, meinte ich.

»Keine Ahnung. Ich weiß nur, dass mich hier heute nichts und niemand aus dem Bett bewegen wird«, sagte Nina.

Von wegen! Gleich würde Uwe hier auflaufen und uns zum Schnorcheln abholen. Wenn er denn kam, was ja nach Arnes Verschwörungstheorien sehr unwahrscheinlich war. Aber dann müssten wir zur Polizei, um das Handy zu orten. So oder so, ich würde aufstehen und im Idealfall auch Nina dazu bringen müssen. Und das, obwohl jedes Gramm meines Körpers genau da liegen bleiben wollte, wo es war. Gefühlsmäßig wog ich aber auch gerade zwei Tonnen.

»Nix da!«, hörte ich mich sagen. »Hier wird nicht schlappgemacht, sondern Kaffee.«

Oje, Wortspiele am frühen Morgen. Auch das würde sich nach einer Notdröhnung Koffein vielleicht legen.

»Ist das dein Ernst?«, fragte Nina.

»Klar, wir sind doch nicht nach Mallorca geflogen, um zu schlafen. Wir müssen raus in die Sonne.«

Zur Untermauerung öffnete ich die Fensterläden. Und ich blickte auf Regen. Keine Sintflut wie sonst, aber Regen.

»Sonne?«, grinste Nina.

Das Argument konnte ich damit schon mal streichen. Ich geriet ins Schwanken.

»Ähm ... die kommt noch. Und wir wollen doch nicht schon wieder den ganzen Tag mit den anderen auf der Bude rumhängen. Das würde ich nicht mal mit Arne und Anja aushalten. Aber noch einen Tag eingesperrt mit Claudia und Stefan und ich raste aus!«

Nina setzte sich auf.

»Da ist was dran. Was schlägst du vor?«

»Erst mal Kaffee.«

Ich schaute in den Spiegel und wusste, wenn dieser Tag nicht um die zehntausend Stunden hätte, würde ich heute nicht mehr so alt werden, wie ich aussah.

»Viel Kaffee«, setzte ich nach.

Na gut, die schnellsten waren wir in unseren verschiedenen Gebrechlichkeitszuständen nicht, aber immerhin fünfzehn Minuten später saßen wir tatsächlich mit frischem Kaffee am Küchentisch. Auch Anja hatte sich inzwischen dazugesellt.

»Arne liegt noch flach. Was habt ihr da gestern eigentlich getrunken?«, fragte sie mich.

»Wir wollten nur ein paar Reste nicht verkommen lassen«, rechtfertigte ich uns.

»Da habt ihr euch heldenhaft zwischen die Sangria und den Ausguss geworfen. Na spitze!«, meckerte Anja.

»Und den Brandy«, fügte Nina hinzu.

Schon die Erwähnung dieser Alkoholsorten, obwohl sie noch nicht mal vollständig war, sorgte bei mir für eine solide Grundübelkeit.

»Und heute Abend gibt es wieder was zum Anstoßen«, sagte Anja.

Mist, hatte Arne ihr im Suff alles über den Heiratsantrag erzählt und verplapperte sich Anja jetzt?

»Wieso?«, fragte ich betont unschuldig.

»Claudia hat morgen Geburtstag, und sie will nachher reinfeiern«, antwortete Anja.

»Kann sein, dass wir dann noch nicht wieder da sind«, sagte ich.

»Von wo?«, fragte Nina überrascht.

»Ich habe dir doch gesagt, dass wir heute einen Ausflug machen.«

»Können wir das nicht verschieben? Ich bin echt gerade noch nicht so fit. Außerdem regnet es doch.«

Mist, das stimmte beides auffallend, aber mir blieb nichts anderes übrig, als Optimismus zu verbreiten.

»Das gibt sich noch. Beides. Außerdem werden wir schon gleich abgeholt.«

»Wie gleich?«

Draußen hupte es.

»Sehr gleich.«

Ich ging an die Tür und holte Uwe rein. Er gab den Frauen die Hand.

»Hallo, ich bin Uwe. Ich bin euer Reiseleiter für heute.«

Ich stellte Nina und Anja vor. Auch Claudia schaute kurz vom Treppenabsatz herunter, wer da gehupt hatte, verkroch sich aber direkt wieder.

»Was machen wir denn?«, fragte Nina. »Hoffentlich irgendwas drinnen? Bei dem Wetter?«

Uwe und ich wechselten einen Blick.

»Der Regen hört gleich auf«, prognostizierte Uwe. »Aber trocken bleiben wirst du trotzdem nicht.«

»Es ist eine Überraschung«, griff ich auf, bevor Uwe zu viel verraten konnte. »Es wird dir gefallen. Zieh dir Badesachen an.«

Ich holte eine Tasche mit den Schnorchelutensilien aus unserem Zimmer, die ich bereits gepackt hatte, und dann machten wir uns auf den Weg.

»Viel Spaß!«, wünschte uns Anja.

Glück könnten wir brauchen, dachte ich mir. Der Regen schien sich festsetzen zu wollen, und auch Wind war mehr da, als man sich für eine Bootstour wünschen würde. Trotzdem fuhren wir los. In einem schätzungsweise dreißig Jahre alten Audi Coupé in Braunmetallic, einer Farbe, die seine Rostflecken fast kaschierte. Nina schaute mit einer Mischung aus Vorfreude und Misstrauen vom Rücksitz, auf den nur sie alleine hinter meinen Beifahrersitz passte, weil Uwe trotz seiner nicht übermäßigen Körpergröße den Fahrersitz fast in den Kofferraum geschoben hatte. So war nichts mit Kuscheln, um die Stimmung für meinen Geheimplan vorzuprägen. Aber das musste auch so klappen. Nur das Wetter müsste endlich besser werden.

Unsere Strecke führte über die Autobahn am Flughafen vorbei in Richtung Palma und dann in den Nordwesten der Insel, wo sich die Landschaft stark änderte. Wir fuhren erst am Tramuntana-Gebirge entlang, dann bog Uwe von der Autobahn ab, und es ging mit Serpentinen nach oben.

»Wenn wir auf der anderen Seite der Berge sind, kann das Wetter schon ganz anders aussehen. Das habe ich schon oft erlebt«, berichtete Uwe.

Nina, die ja noch immer keine Ahnung hatte, wo es hinging, nickte. »Das habe ich schon oft mit den Alpen erlebt, auf der nördlichen Seite regnet's, und wenn man im Süden aus dem Tunnel kommt, scheint die Sonne.«

Na gut, die Tramuntana-Berge waren nun nicht gerade die Alpen, aber sie waren eventuell hoch genug, um das schlechte Wetter aufzuhalten, hoffte ich. Nina bekam hinter mir sowieso gerade ein ganz anderes Problem. Die Kurven schlugen ihr auf den ohnehin lädierten Magen, und ihre Gesichtsfarbe war anscheinend irgendwo kurz nach der Autobahnabfahrt aus dem Fenster geweht. Sie war ein bisschen in sich zusammengesackt und starrte an den Dachhimmel. Das war aber vielleicht sogar ganz gut so, denn wenn sie gesehen hätte, wie wenig Platz auf den Serpentinen war, sobald einem ein Auto oder im Extremfall sogar ein Bus entgegenkam, hätte sie definitiv auch ganz ohne Lebensmittelvergiftung die Hosen voll gehabt. Auch meiner körperlichen Verfassung kam diese Strecke nicht wirklich entgegen.

Als wir so weit oben angekommen waren, dass wir die Wolken erreichten, verringerte sich auch noch die Sichtweite auf etwa dreißig Meter. Das bedeutete aber weder für Uwe noch für die anderen Fahrzeuge, dass sie wesentlich langsamer fuhren.

Nina hatte inzwischen die Augen geschlossen. Ich hatte das Gefühl, dass sie still vor sich hin betete. Als wir die Wolkendecke durchstoßen hatten, wurde es aber auf einmal hell. Die Sonne schien so plötzlich in den Audi, dass auch Nina überrascht die Augen aufriss. Die Aussicht auf die anderen Berge tat ein Übriges dazu, dass es uns beiden spontan deutlich besser ging.

Uwe lenkte das Auto durch einen kleinen Tunnel, und dann waren wir auf der anderen Seite des Berges. Hinter dem nächsten Hügel der Straße war schon ein blaues Leuchten zu sehen, und als wir die Kuppe überschritten hatten, wurde uns klar, dass es das Meer war, das dermaßen intensiv auf sich aufmerksam machte.

»Krass!«, meinte ich nur.

»Wunderschön«, bestätigte Nina.

»Das ist die Bucht Sa Calobra«, erklärte Uwe. »So ein Blau findet ihr sonst nirgendwo auf der Welt!«

»Sa Calobra«, wiederholten wir unisono. Ich war mir sicher, dass diese Worte sich einen Platz in unserem privaten Romantikolymp sichern würden, zusammen mit dem Rest des hoffentlich erfolgreichen Tages. Na ja, inzwischen weiß ich's besser, aber in dem Moment wirkte einfach alles perfekt!

22

Wir parkten das Auto und mussten noch eine lange Treppe durch eine Höhle zur Bucht absteigen. Dann ging es noch durch eine kleine Lagune, bis wir die eigentliche Bucht erreichten. Es war ein Strand aus feinem Kies, der dem Wasser diese unglaubliche Farbe bescherte. Nina und ich staunten mit offenen Mündern. Aber dann änderten sich die Farben in Sekundenschnelle, denn nicht nur wir erreichten die Bucht, sondern auch das schlechte Wetter, das offensichtlich gerade den Berg überwunden hatte und sich uns fast schon stolz präsentierte. Sofort kam Wind auf und verwandelte das Meer in eine gefährlich aussehende Gischt. Ratlos blickte ich zu Uwe.

»Das muss immer noch nichts heißen. Wir fahren sowieso ein paar Buchten weiter, da kann das schon wieder ganz anders aussehen«, sagte er.

Ja, noch schlimmer, dachte ich, wollte es aber nicht aussprechen, um Nina nicht zu verunsichern.

»Wie ... fahren?«, wunderte sie sich. »Wir haben das Auto doch oben stehen lassen?«

»Damit wären wir hier gar nicht weitergekommen«, antwortete Uwe. »Jetzt geht's mit dem Boot weiter!«

Nina und ich schauten auf die sehr wild aussehenden Wellen.

»Wir gehen auf *das* Wasser?« Nina rang um Fassung und stieß mich an. »War das deine Idee?«

»Ähm ... ja«, sagte ich. »Das war meine Idee. Ein kleiner bescheidener Teil meiner Idee.« Wir sollten ja sogar *in* das Wasser, aber das verriet ich ihr lieber noch nicht.

»Und was kommt dann? Arschbombe von der Klippe bei Gegenwind? Oder Haifischreiten?«

»Beruhig dich doch. Du hast den Flug auf die Insel überlebt, dann werden dir diese paar Wellen doch auch nichts mehr ausmachen.«

»Luftlöcher sieht man nicht, da hofft man nur, dass keine da sind. Diese Wellen sehe ich aber. Ich weiß, dass sie mir was antun wollen!«

»Macht euch keine Sorgen«, mischte sich Uwe ein. »Wenn man erst ein bisschen rausgefahren ist, dann merkt man von den Wellen nichts mehr.«

»Wahnsinn! Der totale Wahnsinn!«, schimpfte Nina und blitzte mich an. »Wenn ich hier sterbe, dann mach ich dich fertig.«

Mannomann, so viel zum Thema Romantik. Konnte es noch schlimmer werden? Klar!

»Ihr geht ja auch nicht alleine unter«, sagte Uwe. »Da fahren noch ein paar andere Leute mit.«

Nina schien diese Aussicht, wenigstens noch andere mit in den Abgrund zu reißen, tatsächlich zu beruhigen. Ich hingegen verfluchte Uwe innerlich. Aber ich konnte ihn jetzt schlecht dafür ausmeckern, ohne zu viel von meinem Geheimplan zu verraten. Wahrscheinlich hatte er eine Möglichkeit gesehen, die Bootstour für sich etwas gewinnträchtiger zu gestalten. Na ja, immerhin war er nicht mit meinem Ring nach Afrika abgehauen, das war doch auch schon mal was.

Wir marschierten zum äußersten Ende der Bucht, wo sowohl ein kleines Boot als auch eine Schar Todesmutiger auf uns wartete. Zwei Pärchen aus Braunschweig und Duisburg, etwas jünger als wir, hatten wohl von Uwe ähnlich positive Vorhersagen für das Wetter in der nächsten Bucht bekommen und ihm auch noch geglaubt. Sie sahen alle nicht glücklicher über das bevorstehende Abenteuer aus als wir. Wir stellten uns gegenseitig vor und kletterten auf das Boot, das immer wieder gefährlich nah ans steinige Ufer gedrückt wurde. Uwe gab Gas, und wir schipperten in Richtung Meer. Die Fahrt erinnerte schwer an die Schiffschaukeln auf diversen Schützenfesten, in denen ich gewesen war. Und die Gesichtsfarbe von Nina und auch einigen anderen Mitreisenden erinnerte mich daran, dass ich nach dem Besuch dieser Schiffschaukeln mehrmals die vorher gegessenen Currywürstchen und Schaschlikspieße wieder losgeworden war. Ich betete, dass die Mägen der anderen etwas robuster waren. Nina war alles Essbare ja bereits heute Nacht losgeworden, von ihr konnte also nicht mehr viel kommen.

Nachdem wir ein kurzes Stück an der Küste entlanggefahren waren, steuerte Uwe das Boot wieder in Richtung Insel, und zwar direkt darauf zu. Erst kurz vorm eigentlich erwarteten Aufprall entdeckte ich einen kleinen Felsspalt, durch den wir fahren sollten. Bis auf Uwe hielten das insgeheim alle für schlicht unmöglich, aber keiner traute sich, das zuzugeben. Das Boot schaukelte bedenklich und konnte sich anscheinend nicht entscheiden, an welcher Seite der Einfahrt es am Felsen zerschellen wollte, und genau diese Unentschlossenheit führte wohl dazu, dass wir letztendlich doch geradeaus hindurchkamen. Die Strömung in der Enge zog uns je nach Wellenhöhe entweder kurz zurück oder spülte uns mit Tempo nach vorne. Wir schossen letztendlich in eine überraschend große Bucht, in der das Wasser relativ ruhig war. Vor uns an einem Steg lag eine kleine Holzhütte, in der sich ein Restaurant befand. Ich sah Uwe anerkennend an, er nickte mir lässig zu. Das war eine Überraschung, von der er auch mir nichts erzählt hatte. Nina hingegen traute mir zu, die Idee dazu gehabt zu haben, schaute mich dankbar an und schmiegte sich an meinen Arm.

»Schön ausgesucht«, flüsterte sie mir zu.

Ich drückte sie an mich.

»Hier werden wir einen kleinen Snack einnehmen, bevor es dann weitergeht«, kündigte Uwe an. »Dann ist das Wetter bestimmt auch wieder besser.

Wir kletterten vom Boot auf den Steg. Ich sah mir das Restaurant an. Es bestand aus einer Holzhütte, die gerade mal dreißig Quadratmeter groß sein mochte, und einer etwa acht Quadratmeter großen Veranda. Eine Straße hierhin gab es nicht. Die Mitarbeiter mussten wohl mit der kleinen Jolle hergekommen sein, die am Steg vertäut lag. Ich war mir nicht sicher, ob Uwe die Bude nicht extra noch heute Nacht zusammengezimmert hatte, sonst wusste ich nicht, wie man so etwas je entdecken sollte.

Eine Frau trat aus der Hütte und kam uns entgegen.

»Hola! Herzlich willkommen! Ich bin Ulla. Kommt rein!«

Sie war um die fünfzig, sonnengebräunt, hatte langes, lockiges graublondes Haar und war ganz in Weiß gekleidet. Alles in allem hatte sie etwas Hippiehaftes.

Wir gingen hinein. Drinnen wurde es nicht größer. Der Raum war orange und gelb gestrichen und wirkte wie eine spartanische Küche. Es gab einen langen Holztisch, an der Wand dahinter eine ebenso lange Bank. Vor dem Tisch standen einige Holzstühle. Sonst gab es nicht viel – einen alten Kühlschrank, eine Holzvitrine und einen Minigasherd, an dem sich Ulla jetzt wieder zu schaffen machte.

»Ulla kommt aus Hamburg«, erklärte Uwe. »ist aber die beste Paellaköchin Mallorcas. Das würden die Einheimischen sich natürlich nie eingestehen, deshalb muss sie ihre Kochkünste heimlich in dieser Hütte ausüben.«

»Schleimer«, lächelte Ulla.

Sie stellte uns Karaffen mit Rotwein und Mineralwasser auf den Tisch und verteilte Gläser, Teller und Gabeln.

»Wenn ihr eure übliche Paella im Kopf habt, steht euch allerdings eine Überraschung bevor«, sagte sie. »Ich habe heute Arroz Negro gemacht, das ist eine schwarze Paella. Die sieht so aus wegen der Tinte des Tintenfischs. Wer hat die schon mal probiert?«

Wir schauten uns alle an, keiner meldete sich.

»Dann hoffe ich mal, dass euch das schmeckt«, fuhr sie fort, »Was anderes gibt's nämlich nicht.«

Sie nahm eine große Eisenpfanne vom Herd und stellte sie mitten auf den Tisch. Es gab definitiv Gerichte, die besser aussahen als eine schwarze Paella mit ihrer braunlilaschwarzen Farbe. Neben dem dunklen Reis waren auch Stücke vom Tintenfisch sowie Garnelen und Miesmuscheln verarbeitet worden. Wir alle nahmen uns nur vorsichtige Probierportionen auf die Teller. Zu unser aller Überraschung schmeckte die Paella allerdings fantastisch – Uwe hatte nicht zu viel versprochen. Wir hauten kräftig rein, auch um dem Wetter genügend Zeit zu geben, sich endlich wieder zu beruhigen.

Ob Petrus nun sauer war, dass er nichts von der Paella abbekam, oder ob er es aus reiner Gewohnheit mir gegenüber machte – es wurde sogar noch schlechter! Zum Wind kam auch noch Regen dazu. Entsprechend ging es auch mit der Stimmung der Reisegruppe bergab. Die Situation wirkte wie eine verschärfte Version der Regentage auf der Finca, mit noch weniger Platz und noch weniger Leuten, die man kannte. Ich ging mit Uwe nach draußen auf die Veranda, um mich mit ihm zu besprechen.

»Und jetzt?«, fragte ich.

»Die Sonne kommt schon noch raus«, antwortete Uwe. »Wir müssen den Aufenthalt hier nur ein bisschen strecken. Ich weiß da schon was.«

»Alles, nur kein Alkohol, davon hatte ich heute Nacht genug für den Rest des Urlaubs.«

»Mann oder Memme?«, grinste Uwe und ging in die Hütte.

»So, nach der mallorquinischen Paella gibt es jetzt noch weitere Spezialitäten von der Insel...«, hörte ich ihn drinnen sagen. Und als ich ihm folgte, hatte er tatsächlich schon zwei Flaschen in der Hand: rechts Brandy, links Hierbas.

»Aaah!«, freuten sich die deutschen Touristenpärchen. *Boah*, stöhnte mein Magen. Es half nichts, auch ich musste natürlich zulangen, aber ich hielt mich zurück. Denke ich zumindest – vielleicht habe ich auch genauso viel getrunken wie die anderen, nur kam mir das im Verhältnis zu den Mengen in der Nacht sehr wenig vor. Nina gönnte sich ihrem ramponierten Zustand zuliebe erst mal nur Wasser.

Nach den Lokalrunden hatte sich das Wetter allerdings immer noch nicht geändert, auch wenn sich alle sicher waren, dass die Wolken etwas schönere Farben hätten und der Regen etwas wärmer geworden sei. Das Schönsaufen funktionierte also wieder bestens, und so spendierte Wirtin Ulla direkt noch eine Spezialität: Carajillo, einen Espresso mit – natürlich – Alkohol. Ich war mir jetzt schon sicher, dass ich noch in keinem Urlaub so viel getrunken hatte wie in diesem, dabei war ich gerade erst drei Tage hier. Ulla zündete in Espressotassen Brandy und Kaffeebohnen an, bevor schließlich noch Zucker und Espresso obendrauf kamen. Das sah interessant aus, dauerte ein bisschen, was dem Wetter Zeit geben sollte, und war vor allem dann auch noch saulecker. Drei davon, und ich wäre einfach glücklich vom Stuhl gerutscht. Aber wir hatten ja noch etwas vor, also beließ ich es bei einem. Und obwohl es sich um Kaffee handelte, konnte man von uns allen behaupten, dass wir ordentlich einen im Tee hatten. Ich lief mit leichter Schlagseite nach draußen, wo auch Uwe bereits auf das Wasser schaute.

»Es hat aufgehört zu regnen«, begrüßte er mich. »Dafür ist der Wind stärker geworden.«

In der Tat hatte der Wind die Wolken auseinandergetrieben, es schien sogar gelegentlich die Sonne.

»Und jetzt?«, fragte ich ihn zum x-ten Mal.

»Wie, ›und jetzt‹? Ihr *müsst* schnorcheln.«

»Aber die anderen haben auch keine Lust, glaube ich.«

»Das mag sein, aber von denen liegt ja auch kein Verlobungsring im Wasser.«

»Mist, der Ring, stimmt ja. Also muss ich Nina irgendwie überreden.«

»Genau. Ich lasse euch genau da aus dem Boot, wo ihr nur noch geradeaus nach unten tauchen müsst. Da liegt das Ding in zwei Meter Tiefe, genau in einem Dreieck von drei kleinen Felsen. Nicht zu verfehlen!«

»Du hast was gut bei mir«, sagte ich, dann gingen wir wieder rein. Da saß der Rest der Gruppe und schwieg sich an, während Ulla den Abwasch erledigte. Das Wort »Lagerkoller« stand in leuchtenden Buchstaben über der Szene. Trotzdem hatte Uwe durch die wenig schönen Wetteraussichten große Mühe, alle wieder ins Boot zu befördern.

»So, wir müssen weiter. Jetzt wird geschnorchelt, sonst wird es zu dunkel.«

»Schnorcheln? Bei dem Wetter?«, fragte die Duisburgerin Katrin. »Wir haben zwar dafür bezahlt, aber mir macht es nichts aus, darauf zu verzichten. Dafür haben wir lecker gegessen und getrunken.«

Die anderen nickten. Auch Nina, die ja ohnehin jetzt zum ersten Mal etwas vom Schnorcheln gehört hatte.

»Wartet's ab, bis ihr die Stelle seht, die ich für euch ausgesucht habe. Da springt ihr freiwillig rein«, versprach Uwe.

Ich hoffte, dass er recht hatte, aber keiner in der Gruppe sah wirklich besonders abenteuerlustig aus. Am liebsten hätten sich wohl alle noch so lange in der Hütte angeschwiegen, bis entweder das Wasser sich beruhigt hatte oder von hinten ein Tunnel bis zur Autobahn gegraben worden war. Wir verabschiedeten uns von der Köchin Ulla und kletterten missmutig an Bord. Ich wusste, dass ich Uwe unterstützen musste.

»Bei solchem Wetter soll man ja die meisten Fische sehen«, behauptete ich, »weil die nicht damit rechnen, dass da jetzt jemand kommt.«

»Dass jemand so doof ist«, meinte der Braunschweiger und war damit nicht gerade eine Hilfe.

»Ihr könnt machen, was ihr wollt, ich geh ins Wasser. Zumindest kurz«, tönte ich und merkte, dass selbst Nina sich nicht sicher war, ob sie mich jetzt für meinen Mut bewundern oder mir schlicht einen Vogel zeigen sollte.

Uwe steuerte das Boot souverän aus der Bucht, und erst als wir wieder vor den Felsen waren, merkten wir, wie stark der Wellengang inzwischen wirklich war. Das Schiff schaukelte gut und gerne drei Meter hoch und runter, was uns allen ein mulmiges Gefühl bereitete.

»Na ja«, sagte Uwe, »zurück in die Bucht kommen wir jetzt nicht mehr, dafür ist die Durchfahrt zu eng. Das ging nur in die andere Richtung. Nach Sa Calobra ist es wegen der Felsen auch zu gefährlich, also fahren wir mal zur Schnorchelstelle. Da ist das Wasser flacher und deshalb auch ruhiger.«

Praktisch, dachte ich mir, *wenn der Ring in zwei Meter Tiefe liegt, kann ich ihn bei diesem Seegang im Boot sitzend vom Boden pflücken.*

23

Die Fahrt zur Bucht dauerte für alle die längsten zehn Minuten unseres Lebens. Uwe quälte sich mit dem Boot durch ein Meer, das offensichtlich nichts anderes wollte, als uns zu verschlucken. Aber Uwe nahm die Einladung zum Duell an und gewann. Wir bogen nach langem Kampf um eine Ecke, die uns in eine von hohen Felsen umgebene kleine Bucht führte, die im Windschatten lag und deshalb auch deutlich ruhigeres Wasser beherbergte. Ruhiger, aber noch lange nicht ruhig! Das Boot schwankte immer noch hin und her, war aber ganz klar Chef über die Wellen.

»Hier ist sie«, sagte er, »Mallorcas schönste Schnorchelstelle.«

Wir schauten über den Rand des Schiffs und blickten in glasklares Wasser, in dem sich Korallen in buntesten Farben abzeichneten. Schwärme von kleinen und auch einige größere Fische schwammen direkt unter uns. Getrübt wurde die Aussicht lediglich von kleinen Luftbläschen, die durch die Wellen und die Strömung entstanden.

»Alles klar«, sagte ich, »dann rein.«

Meine Mitreisenden schauten mich ungläubig an.

»Du willst da wirklich rein?«, fragte Nina.

»Natürlich! Wo wir doch schon mal hier sind. Willst du jetzt lieber wieder durch die Wellen da zurück?« Ich deutete auf das aufgepeitschte Meer, das hinter der Felsecke sein Unwesen trieb. »Unter Wasser sind die Wellen sowieso kaum zu spüren. Da ist es jetzt sogar am besten.«

Nina schaute zu Uwe. Der nickte.

»Das stimmt. Die Fische wissen schon, was sie tun. Genau genommen ist da unten jetzt der beste Platz von allen«, bestätigte er.

»Abgesehen vom Land«, nölte die Braunschweigerin.

»Da gehen die Fische aber trotzdem nicht hin, wenn das Wetter besser ist«, witzelte ihr Typ.

Sollten die doch alle oben bleiben, das war mir egal, aber auch Nina wirkte immer noch nicht überzeugt.

»Ich weiß nicht, vielleicht kommen wir besser wieder, wenn der Sturm vorbei ist«, sagte sie.

»Den haben wir noch lange an der Backe. Du kannst jetzt schon dein Testament für den Rückflug machen«, hörte ich mich sagen und realisierte, noch während ich es aussprach, dass das für Nina auch nicht gerade ein Grund zur Freude war. Sie verkrampfte.

»Erzähl nicht so was. Du weißt doch, dass ich Angst vorm Fliegen habe«, antwortete sie.

Da ich sehr schlecht darin war, Fehler einzugestehen, konnte ich mein Argument leider nicht zurücknehmen, sondern versuchte, es zu untermauern.

»Na komm«, sagte ich, »es ist doch wohl besser, zwei Meter wildes Wasser unter dir zu haben als ein paar Hundert Meter Luftlöcher!«

»Okay, ich komme mit.«

Ich konnte es selbst nicht glauben, dass ich damit durchgekommen war. »Echt? Habe ich dich überzeugt?«

»Nein, aber ich weiß, dass du unter Wasser nicht reden kannst, und das ist mir jetzt gerade lieber. Wo sind die Schnorchelsachen?«

Ich reichte ihr Flossen, Taucherbrille und Schnorchel. Ich hatte meine Schwimmsachen bereits drunter angezogen, Nina streifte sich ihren Bikini in der Minitoilette des Boots über. Wir waren bereit zum Abtauchen.

»Sonst noch jemand?«, fragte Uwe.

Keiner wollte, also sprangen wir zu zweit rein. Das Wasser war zum Glück deutlich wärmer, als es aussah. Ich freute mich, dass das Schicksal offensichtlich ein Einsehen mit mir hatte und meinen Heiratsantrag endlich hinter sich bringen wollte. Wir setzten unsere Taucherbrillen auf und schauten nach unten. Die Aussicht war spektakulär! Die Strömung scheuchte uns allerdings ganz schön durch die Gegend. Während das bei mir lediglich bedeutete, dass ich literweise Salzwasser schluckte, wurde Nina genau zum Boot zurückgetrieben und stieß sich den Kopf. Ich schwamm zu ihr hin. Sie nahm den Schnorchel aus dem Mund und schimpfte:

»Okay, wir haben's versucht. Ich habe jetzt echt keine Lust mehr.«

»Wir waren ja noch gar nicht unten«, versuchte ich sie zu beruhigen. »Wenn man am Boden schwimmt, ist die Strömung am geringsten.«

»Hab ich was verpasst? Wann hast du in den letzten Stunden eigentlich Meereswissenschaften studiert?«

»Alles eine Frage der Logik. Unten muss es ruhiger sein.«

»Na gut, allerletzter Versuch.«

»Versprochen.«

Wir holten tief Luft und tauchten ab. Wir schauten nach oben und sahen, dass das Boot ganz schön schaukelte. Wir grinsten. Ich deutete pantomimisch an, dass denen im Boot kotzübel werden würde. Wir schwammen weiter. Ich konnte das Felsdreieck, in das Uwe den Ring gelegt hatte, schon sehen. Ich nahm Nina bei der Hand und versuchte, die Stelle zu erreichen, kurz vorher erwischte uns aber eine unterirdische Strömung und trieb uns plötzlich ab. Die Kursabweichung war nicht das einzige Problem. Ich sah uns auf eine Feuerqualle zutreiben und versuchte, Nina davon wegzustoßen. Die war aber sauer über meine plötzliche Hektik, sah mich verständnislos an und gestikulierte böse – bis sie die Qualle erreichte. Das Tier traf sie seitlich am Oberschenkel. Nina schrie auf, soweit das unter Wasser ging, und tauchte auf. Ich schwamm hinterher.

Die Strömung hatte uns zurück zum Boot gebracht, was für uns Glück und Unglück in einem war. Glück für mich, da ich nicht so weit schwimmen musste, und Unglück für Nina, weil sie leider im falschen Moment auftauchte, und zwar genau, als der Braunschweigerin schlecht wurde. Sie beugte sich über den Rand des Bootes und kotze einen Schwall von halb verdautem Essen Nina direkt auf den Kopf. Die schwarze Paella sah jetzt noch etwas unappetitlicher aus.

»Iiiihhh!«, schrie Nina.

Auf einmal schauten alle über den Rand des Bootes. Ich sah es ihren Gesichtern an, dass sie gerade lachen wollten, als sie der stechende Geruch des Erbrochenen erreichte. Der Kotz-Gruppenzwang erledigte seinen Job, und so hingen auf einmal alle außer Uwe über der Reling und reiherten, was die Mägen hergaben. Nina und ich tauchten unter, um nicht getroffen zu werden beziehungsweise den Treffer wieder abzuwaschen. Einige Meter vom Boot tauchten wir wieder auf und schauten uns das Drama aus der Ferne an. So, wie sich in Horrorfilmen das Wasser nach einem Haiangriff immer rot färbt, nahm es in dieser Bucht noch deutlich hässlichere Nuancen an. Die Kotzorgie dauerte gefühlte Stunden. Wahrscheinlich waren es tatsächlich immerhin zwei Minuten, bis unsere Mitreisenden sich ausgewrungen hatten. Uwe sah aus dem Boot und schüttelte den Kopf.

»Ich fahre ein Stück rückwärts, dann müsst ihr nicht durch das Zeug reinklettern!«, rief er uns zu.

Er steuerte das Boot daraufhin nah an uns heran. Wir stiegen über die Leiter aufs Schiff, wo uns Uwe mit Handtüchern erwartete. Der Rest der Truppe kauerte hundeelend auf den Sitzen. Ich pflückte Nina ein Stück Paellamiesmuschel aus dem Haar, sie stieß mich sauer weg.

»Lass mich bitte mal kurz in Ruhe«, fauchte sie.

»Was hast du denn da am Bein?«, fragte Uwe.

Nina schaute auf die Stelle, an der sie die Qualle erwischt hatte.

»Felix hat mich gegen eine Qualle gestoßen«, schimpfte sie.

»Quatsch, ich wollte dich von ihr wegschieben, aber du musstest mir ja lieber einen Vogel zeigen«, beschwerte ich mich.

»Nachher behauptest du noch, du hättest dich heldenhaft dazwischen geworfen wie Kevin Costner vor Whitney Houston in *Bodyguard*. Warum hat das Ding dann mich getroffen und nicht dich?«

»Wenn ich das gemacht hätte, dann wie Clint Eastwood in dem Film *In the Line of Fire*, und bestimmt nicht wie Costner. Außerdem konnte ich ja nichts machen, du hast dich ja gewehrt.«

»Ich wusste doch nicht, dass so ein Monster auf mich zukommt.«

»Ich habe mal gesehen, dass man so eine Stelle mit … ähm … Pipi desinfizieren kann.«

»Ist das dein Ernst? Zuerst kotzt mir diese Kuh auf den Kopf, und dann willst du mir noch ans Bein pissen? Du spinnst wohl!«

»Das stimmt aber wirklich«, unterstützte mich Uwe. »Hauptsache, du kratzt nicht. Das macht es nur schlimmer.«

»Dir kann ja auch jemand anders ans Bein pissen, wenn ich dir nicht gut genug bin«, meckerte ich.

»Hier wird überhaupt nicht gepisst!«, brüllte Nina und

setzte sich. »Aua!« Sie sprang direkt wieder auf, weil die Schwellung doch sehr ungemütlich war. Sie riss mir mein Handtuch aus der Hand und bastelte sich daraus ein Kissen, auf dem sie sitzen konnte, ohne den betroffenen Oberschenkel zu belasten.

»Ich bin keine Kuh«, moserte die Braunschweigerin schwach.

Uwe gab Gas. Ich sah ihn an und deutete auf den Meeresboden, wo immer noch der Ring lag.

»Später«, sagte er leise in meine Richtung. »Jetzt würde das sowieso nichts bringen.«

Er machte eine Kopfbewegung in Richtung der schmollenden Nina, die sich demonstrativ von mir weggedreht hatte. Das würde ein hartes Stück Arbeit werden.

Auf der Rückfahrt nach Sa Calobra waren alle nicht nur damit beschäftigt, nicht zu reden, sondern auch damit, sich nicht zu übergeben. Als wir schließlich mit einem harten Ruck am Anleger ankamen, verteilten sich die Grüppchen schneller in alle Himmelsrichtungen als Männer, die aus einem Sexshop kommen.

Beim Aufstieg zurück zum Parkplatz kam uns die Treppe mindestens doppelt so lang vor wie beim Abstieg. Die Zeit vergeht halt im Fluge, wenn man Spaß hat. Und wenn nicht, dann nicht.

24

Auf der Autofahrt wurde lange kein Wort gesprochen. Erst als Uwe nach Palma einbog, anstatt in Richtung der Finca zu fahren, meldete sich Nina.

»Wo fahren wir denn hin?«, fragte sie.

Ich hatte den Rest meines Plans beinahe selbst schon vergessen, zum Glück war Uwe da wesentlich zuverlässiger.

»Das wird eine Überraschung«, sagte ich betont fröhlich.

»Oh nein, nicht schon wieder.«

»Doch, doch, die wird dir gefallen.«

»Weiß nicht ...!«

»Willst du lieber zurück zur Finca und mit Claudia in ihren Geburtstag reinfeiern?«

Das Argument überzeugte sie. Lieber hätte sich Nina in Quallen einwickeln lassen.

Uwe fuhr uns durch die schmalen Gassen von Palmas Altstadt bis direkt vor das Hotel, das ich für diesen Abend gebucht hatte. Als ich das getan hatte, war ich allerdings davon ausgegangen, dass wir unsere Verlobung feiern würden. Jetzt musste das Hotel als spontane Wiedergutmachung für Ninas Erlebnisse beim Schnorcheln herhalten.

»Ich hole euch dann morgen Vormittag ab und bringe euch wieder zur Finca«, verabschiedete sich Uwe.

»Danke«, sagte ich. »Bis morgen.«

Das Hotel war in einer kleinen Gasse versteckt, machte allerdings beim Eintreten sofort einen modernen Eindruck. Wir checkten ein und bekamen an der Rezeption sogar auch eine

Salbe gegen den Quallenstich. Das Doppelzimmer war ebenfalls modern eingerichtet, mit Flachbildschirm und allem Pipapo.

»Och, sieht doch fast aus wie auf der Finca«, meinte ich ironisch. Das Schlafklo wirkte so weit weg wie in einer anderen Welt.

»Zum Glück nicht«, antwortete Nina und sah sich um. Sie öffnete eine große Holzschiebetür, hinter der sich das Bad befand. Mitten in dem Raum stand eine große gemauerte Badewanne. Der Fußboden drum herum war mit Parkett ausgelegt.

»Ach komm. Wenn man die Türen ganz weit aufmacht, dann ist es ja wohl exakt wie auf der Finca«, scherzte ich.

Aber Nina ließ sich auf meine Witze nicht ein, sie verzog nur die Mundwinkel. Sie war immer noch sauer auf mich. Sie ließ Wasser in die Wanne laufen.

»Oh, für mich? Das wäre doch nicht nötig gewesen«, versuchte ich es noch mal.

Aber Nina schloss die Türen vor meiner Nase, und so stand ich draußen. Schade, die Badewanne hatte es mir besonders angetan, als ich das Hotel im Internet ausgesucht hatte. Da waren mir direkt ein paar schöne Dinge eingefallen, die ich mit meiner Frischverlobten dort machen wollte. Jetzt war ich jedoch *nicht* verlobt und ausgesperrt, während sie sich Paellakotze aus den Haaren spülen musste. Hätte besser laufen können.

Ich schaltete den Fernseher ein und musste feststellen, dass die Spanier noch schlechteres Programm hatten als die Deutschen. Obwohl ich fand, dass Gerichtsshows besser werden, wenn man nichts versteht. Eine stark geschminkte etwa achtzehnjährige Angeklagte in zu engen Prollklamotten keifte herum und zeigte dabei immer wieder mit dem Finger auf eine ältere Dame im Zeugenstand, die vielleicht ihre Oma, Mutter, Nachbarin, Geschichtslehrerin oder dank eines kongenialen

Einfalls der Fernsehredakteure die Geliebte des Mädchens war. Im Zuhörerraum gab es Tumulte. Ein Mann mit dickem Schnurrbart brüllte zuerst den Teenie an, dann die Frau. Die Alte keifte zurück und wurde dann theatralisch ohnmächtig. Da ich nichts verstand, machte ich mir meine eigenen Gedanken zur Handlung: Wahrscheinlich war die Ohnmacht Folge einer Seniorenschwangerschaft, die sich später in der Sendung noch offenbaren würde. Vater wäre dann der Richter, der jetzt nämlich ebenfalls dermaßen herumbrüllte, dass die angeblich ohnmächtige Frau versuchte sich unauffällig die Ohren zuzuhalten, bevor sie von Sanitätern aus dem Saal getragen wurde. Die Angeklagte fing jetzt auch noch an zu singen, um irgendetwas zu untermauern. Was immer es war, was sie beweisen wollte, gesangliches Talent war es nicht. Vermutlich war die Darstellerin die Nichte des Senderchefs, die beim Modelcasting von der spanischen Heidi Klum aus der Show geworfen wurde, genau wie beim Gesangscasting vom spanischen Dieter Bohlen. Jetzt durfte sie eben in knappem Outfit in einer Gerichtsshow singen. Beziehungen sind beim Fernsehen nun mal alles.

Ich zappte weiter und landete bei CNN, wo eine Reportage über Lebensmittelskandale mir ein klein wenig den Appetit verdarb. Ich fand schließlich einen spanischen Musiksender, bei dem allerdings gerade Klingeltonwerbung lief. Was wollte dieser Urlaub eigentlich von mir?

Nina kam aus dem Bad. Sie hatte sich ein Badetuch um den Körper gewickelt und die Haare ebenfalls in ein Handtuch geknotet. Das Weiß der Tücher betonte ihre leicht gebräunte Haut. Sie sah extrem sexy aus. Ich hatte große Lust, sie auszupacken und ihre Sauberkeit gründlich rückgängig zu machen.

»Vergiss es«, sagte sie nur, da sie mir meine offensichtlich sehr offensichtlichen Absichten angesehen hatte. »Ich bin immer noch sauer. Was hast du dir bei dem Trip nur gedacht?«

»Ich wollte mit dir einfach nur einen Schnorchelausflug machen«, verteidigte ich mich. *Und dir einen Heiratsantrag machen mit einem extrem teuren Ring, der jetzt immer noch im Mittelmeer liegt*, dachte ich den Satz weiter. »Das magst du doch so gerne.«

»Aber doch nicht im Sturm und mit Leuten, die mir auf den Kopf kotzen! Ich habe gerade dreimal das Wasser in der Wanne gewechselt, weil da immer wieder ein neues Stückchen Paella irgendwo herkam.«

»Fischpaella schwimmt halt gerne.«

»Nicht witzig, mein Freund. Ganz dünnes Eis.«

»Für das Wetter kann ich nun wirklich nichts. Sonst wäre der Ausflug doch echt super gewesen.«

»Dann plant man eben um. Aber du musst ja unbedingt schnorcheln, nur weil es irgendwo in deinem Kalender steht. Wahrscheinlich direkt neben deiner Wettervorhersage für Mallorca. Genau wie dieser Exfreund von Claudia.«

Ich dachte kurz daran, Nina jetzt einfach zu erzählen, dass *ich* Claudias Exfreund war. Wenn die Stimmung doch sowieso schon im Keller war, was hatte ich noch zu verlieren? Aber Ninas Eifersuchtsanfälle waren unberechenbar, deshalb verschob ich das Geständnis lieber auf einen besseren Zeitpunkt. Einen sehr weit entfernten Zeitpunkt.

»Und das mit der Qualle war auch nicht nett«, beschwerte sich Nina weiter.

»Dafür konnte ich doch noch weniger. Ich wollte dich von der Qualle wegstoßen, ehrlich.«

»Du wolltest dich selbst wegstoßen, und mich hast du dem Tier voll in die Arme getrieben!«

»Das Ding durfte dich wenigstens anfassen«, maulte ich.

»Genau. Schau mal ganz genau her.«

Sie öffnete den Handtuchknoten und stand plötzlich nackt

vor mir. Wenn ich nicht schon gesessen hätte, wäre ich umgefallen. Sie sah so gut aus wie noch nie. Von ihrem nassen Haar lösten sich einige Wassertropfen und liefen plakativ über ihre Brüste und über ihren flachen Bauch nach unten.

»Merk dir alles, denn näher wirst du mir jetzt erst mal nicht kommen«, sagte sie.

Mir blieb die Luft weg. So musste es sich für eine Limette anfühlen, wenn man sie für eine Caipirinha zuerst platt drückte und anschließend mit Eis überschüttete, bevor sie dann noch ertränkt wurde. Ähnlich sauer wurde ich jetzt auch, allerdings ohne Hoffnung darauf, vernascht zu werden.

Nina cremte sich jetzt auch noch mangels Bodylotion von Kopf bis Fuß mit Sonnencreme ein. Ich hatte das Gefühl, dass sie sich extra in Pose stellte und sich auch besonders viel Zeit für ihre Brüste nahm. Ich versuchte, nicht hinzuschauen, aber das war natürlich unmöglich. Genau heute machte sie mich so sehr an wie noch nie. Das wäre eigentlich perfekt gewesen, wenn der Heiratsantrag geklappt hätte, aber so fiel das unter Folter. Ich war kurz davor, den Fall der UN-Menschenrechtskommission zu melden. Das Einzige, das mir jetzt noch helfen konnte, war kaltes Wasser. Caipirinha-kalt, wenn das ging.

»Ich gehe duschen«, sagte ich.

25

Später konnte ich Nina immerhin überreden, noch mit mir in die Altstadt zu gehen. Die engen Gassen waren voll mit Touristen, die auf der Suche nach »original Paella« und »original Sangria«, also mal nicht aus Eimern, waren. Wir nahmen einige Seitenstraßen, um den Massen zu entkommen, und standen plötzlich vor einem alten Stadtpalast, dessen uraltes Holztor offen war und den Blick auf eine spektakuläre Eingangshalle freigab. Auf etwa vierzig Quadratmetern schien etwa die Hälfte der kompletten mallorquinischen Blumen und Früchte zusammengetragen worden zu sein. Ein kleines Schild wies darauf hin, dass es sich um ein Restaurantcafé handelte. Nina schaute mich auffordernd an, aber sie brauchte mich definitiv nicht zu bitten. Ich wollte da genauso sehr rein wie sie.

Das Paradies war ganz offensichtlich ein Platz in der Altstadt von Palma. Die Bibel würde umgeschrieben werden müssen. Von der Eingangshalle betrat man einen nicht weniger spektakulären Innenhof, wo sich dann auch die andere Hälfte der mallorquinischen Blumen und Früchte befand. Wir setzten uns an einen kleinen Tisch. Das Ambiente dieses Innenhofs war atemberaubend. Bei den Preisen auf der Karte blieb einem zusätzlich noch die Spucke weg. Aber egal, wir hatten fast etwas zu feiern, da war mir Geld wirklich egal. Allein schon, meine Freundin in so einer Umgebung sehen zu dürfen, war mir die dreißig Euro pro Glas Champagner definitiv wert.

»Womit würde die Dame denn gerne ihren Gaumen umspülen?«, fragte ich. »Champagner vielleicht?«

»Ich lass mich überraschen«, antwortete Nina und setzte sich in Richtung Toilette ab.

Ein Kellner stand wie aus dem Nichts am Tisch.

»Was darf ich Ihnen bringen?«, fragte er vornehm.

Ich wusste, dass ich in meinem Schnorchellook nicht gerade wie der solventeste Kunde des Hauses aussah, deshalb beobachtete ich ihn genau, als ich meine Bestellung abgab:

»Zwei Gläser Champagner bitte!«

Leider verzog der Kellner überhaupt keine Miene. Ich meinte zwar, ein leichtes Zucken am linken Ohr gesehen zu haben, aber das mochte ich mir auch einbilden. Der Kellner war jedenfalls genauso schnell wieder weg, wie er aufgetaucht war. Und gefühlte fünfzehn Sekunden später standen die Gläser auch schon auf dem Tischchen. Der Kellner war mir definitiv unheimlich. Ich zahlte direkt, um nicht noch einmal mit ihm zu tun haben zu müssen.

Als ich da so saß mit den zwei Champagnergläsern, vermisste ich zwei Dinge: Nina, die wahrscheinlich mit der Spülung einer jahrhundertealten Toilette kämpfte, und den Verlobungsring, der wahrscheinlich immer noch auf dem Boden der Schnorchelbucht lag. Ich hätte ihn gerne in Ninas Glas versenkt, um ihr jetzt und hier den Antrag zu machen. Damit hätte sie nie gerechnet! Davon hätte sie unseren Kindern und Enkelkindern und, da meine Familie die Angewohnheit hatte, sehr alt zu werden, mindestens auch noch den Urenkeln erzählen können. Aber der Ring war nun mal nicht da, also fiel das leider aus. Und bei meinem Glück in diesem Urlaub hätte sie ihn wahrscheinlich sowieso verschluckt. Ich hoffte nur, dass Nina mir den Schnorcheltrip nicht mehr übel nahm.

Sie kam zurück und strahlte mich an. Die Champagnergläser hinterließen tatsächlich den gewünschten Eindruck.

»Auf uns!«, prostete ich ihr zu.

»Auf uns!«, bestätigte sie.

Das Ambiente dieser Stadtvilla hatte Ninas Wut beiseitegeschoben, und der Champagner spülte sie jetzt endgültig ins Mittelmeer. Ich war so stolz und glücklich, als hätte ich das Café selbst gebaut und nicht irgendwelche Reihenhaussiedlungen auf dem Kölner Land.

Nina und ich hatten einen der wenigen vertrauten Momente in diesem Urlaub. Die Ziegenstallfinca, Arne, Anja, Claudia, Stefan und Lenny waren weit weg, und wir saßen uns gegenüber und tauchten tief in unseren Augen. Was ging es uns doch gut – bis der Kellner schon wieder am Tisch stand und, obwohl wir gerade erst einen Schluck Champagner getrunken hatten, fragte, was wir denn noch bestellen wollten. Offensichtlich warteten schon zig neue Besucher darauf, unseren Platz einzunehmen. Ich schlug ihn in die Flucht, aber die Stimmung war weg. Das Ambiente hatte plötzlich mehr was von einer künstlichen Kulisse, um Touristen zu melken.

»To go«, grinste ich Nina zu und versteckte die Champagnergläser unter meinem Shirt. Zurück vor der Villa, tranken wir den Champagner aus und suchten uns etwas zu essen.

In der Altstadt von Palma eine Tapasbar zu finden ist etwa so schwierig wie einen Hamburger-Laden in einer amerikanischen Großstadt. Wir spazierten ein bisschen durch die engen Gassen, wo Mitarbeiter verschiedener Lokale die Touristen in ihren jeweiligen Laden locken wollten. Wir wählten quasi aus Protest ein Restaurant, das nicht beworben wurde und zu dem man ein paar Stufen hinabsteigen musste. Wir kamen in einen langen Gewölbekeller. Seine Wände waren, abgesehen von ein paar bunten Tellern, kahl. Dafür hingen über dem Tresen, der sich am hinteren Ende des Gewölbes befand, mehrere Schinken und Mettwürste sowie lange Girlanden von Peperonis und Knoblauch. Der Boden bestand aus den üblichen Terracotta-fliesen. Eingerichtet war der Raum mit Holztischen und -stühlen. Und da war auch schon das Problem. Der Laden war rappelvoll mit Gästen. Das war dann wohl auch der Grund, weshalb uns da niemand reingezerrt hatte. An der Wand thronte ein riesiger ausgestopfter Stierkopf, der jeden Neuankömmling kritisch zu mustern schien. Seine Hörner strahlten eine Autorität aus, dass ich mir jetzt schon vornahm, nichts am Essen zu kritisieren, aus Angst, dass der Koch mich mit dem Ding aufspießen könnte. Wie aus dem Nichts tauchte direkt vor uns ein kleiner spanischer Kellner auf.

»Eine Tiss fur sswei?«, fragte er.

Mist, wie machten die das nur?, fragte ich mich. Sahen wir tatsächlich dermaßen deutsch aus, dass man uns sofort in der Heimatsprache ansprach? Hatte der Kellner vielleicht mal in Köln gearbeitet? Wurden wir verfolgt? Oder von Facebook überwacht? Ich musste Arne darauf ansprechen, der hatte bestimmt eine Theorie am Start.

»Dein Aussehen hat uns irgendwie verraten«, raunte ich Nina zu.

»Nein, du hättest dir ruhig was anderes anziehen können«, flüsterte sie.

Ach ja. Ich hatte immer noch das Trikot der deutschen Fußballnationalmannschaft an, das ich zum Schnorcheln mitgenommen hatte. Leider hatte ich vergessen, Wechselklamotten für den Abend einzupacken.

»Einen Tisch für zwei, ja bitte«, antwortete ich dem Kellner.

»Haben wir niss. Aber ssie konne siss mit an diese Tiss setsse.«

Er zeigte auf eine lange Tafel, an der schon etwa zwölf Besucher saßen, offensichtlich zwei Sechsergruppen, denn zwischen ihnen waren in der Mitte noch zwei Plätze frei. Ich sah Nina fragend an und wandte mich eigentlich schon zum Gehen, aber sie stimmte dem Vorschlag des Kellners zu.

»Gerne«, sagte sie.

Die dort Sitzenden räumten widerwillig ihre Taschen und Jacken weg, die sie auf die freien Plätze gelegt hatten. Bei denen kamen wir also schon mal super an.

»Hallo«, grüßte ich.

Niemand antwortete, was an der Sprache gelegen haben kann. Wir stellten nämlich fest, dass die rechte Gruppe aus englischen Touristen bestand, die linke aus Spaniern.

»Gutes Zeichen, dass hier Spanier herkommen«, meinte ich, »dann ist das Essen wenigstens authentisch.«

»Authentisch muss aber auch nicht immer gut sein. Beim Chinesen und auch bei einigen italienischen Gerichten verzichte ich sehr gerne darauf«, antwortete Nina.

In der Tat hatten wir uns sogar in der wunderschönen Toskana darüber gewundert, wie viele unterschiedliche Wörter es doch für Hoden gibt. Denn egal, was wir bei unserer Rundreise bestellt hatten, es kam doch immer wieder etwas, das eher nach dem RTL-Dschungelcamp aussah als nach etwas, das wir essen wollten. Letztendlich hatten wir uns dann jeden Tag an Pasta mit Tomatensoße gehalten. Und bis heute wissen wir nicht, warum die »Bolognese nach Art des Hauses« einmal ganz anders schmeckte, als man das gewohnt war.

Die Spanier an unserem Tisch tranken Wein aus großen Krügen, und ich hatte das Gefühl, dass jeder einen eigenen hatte und davon nicht den ersten, denn alle hatten einen roten Kopf und krakeelten sich irgendwelche Dinge zu, bei denen man, auch wenn man die Sprache nicht konnte, merkte, dass sie normalerweise anders ausgesprochen wurden. Beachtlich war aber vor allem die Lautstärke. Da es in der Bar keine Gardinen oder Tischdecken gab, war nichts da, was den Schall hätte auffangen können. Ich weiß nicht, ob alle Spanier eine Ausbildung als Opernsänger durchlaufen müssen, aber diese Menschen hatten dermaßen sonore Stimmen, dass ich mich lieber an einen Tisch mitten auf der Startbahn des mallorquinischen Flughafens gesetzt hätte. Die Engländer auf der anderen Seite des Tischs nahmen die Herausforderung an und hielten ihrerseits lautstärkemäßig voll dagegen. Sie vernichteten Bier, und das gründlich. Die Massen von Flaschen, die auf dem Tisch standen, hätten an deutschen Pfandautomaten einem Flaschensammler die Rente bezahlt.

Der Kellner brüllte uns die Empfehlungen des Tages zu, ab dem Wort »Paella« stellten sich unsere Ohren allerdings automatisch auf Durchzug. Wir lasen lieber die Karte durch und entschieden uns ganz altmodisch für Pata-Negra-Schinken, Datteln im Speckmantel, Patatas bravas, Gambas al ajillo, Champignones al Jerez, Oliven sowie Brot und Aioli. Dazu bestellten wir eine Flasche guten mallorquinischen Weins und Wasser.

Da ich wegen der schlechten Stimmung ohnehin nicht wusste, was ich noch sagen sollte, war ich ganz froh, mich im Lärm verstecken zu können. Aber selbst dieses Geplapper und Geschrei hatte keine Chance gegen ein einzelnes gebrülltes Wort:

»Speedo!«

Nina und ich schauten uns um. In einer Ecke stand tatsächlich E.T. alias Stefans Schwester Simone. Sie war vom Tisch aufgesprungen, trug ein weißes T-Shirt und eine weiße Jeans, die aber beide jetzt einen dicken roten Fleck aufwiesen. Es wirkte ein bisschen wie eine Szene aus einem Splattermovie. Es hätte mich nicht gewundert, wenn man durch ein riesiges Loch in E.T.s Bauch die Wand dahinter hätte sehen können. Speedo richtete auf dem Tisch gerade ein Glas wieder auf, das er offensichtlich umgekippt hatte, und versuchte, verschütteten Rotwein mit den Fingern einzufangen. Dann schob er die Reste schließlich über die Tischkante in das Glas zurück. E. T. trank das Glas aus, knallte Geld auf den Tisch und düste mit Speedo davon.

In dem Restaurant war es tatsächlich für einen Moment still geworden, aber das Gemurmel schwoll langsam wieder an. Von unseren englischen Tischnachbarn hörte ich ein erstauntes »What a voice!«.

Nina wandte sich ihnen zu: »My boyfriend thinks, she sounds like E. T.!«

Der Kommentar erntete einen zustimmenden großen Lacher, was Nina offensichtlich stolz auf mich machte. Zumindest sah sie mich zum ersten Mal seit Stunden wieder freundlich an.

»Dein Applaus, Doofmann!«, sagte sie.

»Meinst du, Stefan lässt uns beschatten und hat uns E.T. als Spionin auf den Hals geschickt?«, fragte ich.

»Ich hoffe, das ist ein Zufall. Ich möchte ihr zumindest nicht hinterherlaufen, um sie anzusprechen.«

»Wir können sie ja mal von denen grüßen.«

»Nix da, am Ende will die noch mit auf die Finca!«

»Sie kann ja bei uns in der Dusche schlafen. Und Speedo bringt Lenny bei, wie man Sachen umschmeißt.«

»Was denn, willst du Lennys Erziehung etwa aus der Hand geben? Nach deinen Erfolgen mit Fluchen und Fritten?«

»Das stimmt, bei mir lernt der Lütte fürs Leben«, grinste ich.

Dann kam der Kellner mit unserem Essen. Und dem für viele Freunde und Verwandte. Wir hatten uns mit der Menge der Bestellungen an den Tapas-Portionen in Köln orientiert, die immer relativ klein waren. Hier war das anders. Unsere Teller und Platten gingen weit über unsere »Grenze« auf dem Tisch hinaus.

»Take something, if you like«, bot ich den Engländern an. »Prego!«, sagte ich zu den Spaniern.

»Das heißt ›por favor‹, glaube ich«, verbesserte mich Nina.

Aber die Spanier hatten schon verstanden und machten sich bereits über den Pata Negra her. Überhaupt kam die Einladung so gut an, dass wir uns nach anfänglichem Überfluss schon bald Sorgen machten, ob wir überhaupt satt würden, und so artete das Ganze schnell zu einer Art Wettessen Deutschland gegen Spanien und England aus. Als in der entscheidenden Schlussphase des Dreikampfs ein Spanier und eine Engländerin gleichzeitig nach der letzten Garnele griffen, konnte Nina einen Streit nur dadurch schlichten, dass sie sich die Krabbe selbst in den Mund steckte.

Zum Nachtisch teilten wir uns eine Crema Catalana, allerdings nur wir zwei, nicht mehr mit dem Rest Europas.

26

Nach dem Essen schlenderten wir noch ein bisschen durch die Altstadt Palmas. Wir gingen hoch zur Kathedrale, die sich, schön angestrahlt, einfach aufdrängte. Im Durchgang zur Treppe, die zum Kirchenvorplatz führte, spielte ein Saxofonist *Time After Time* in einer Version, die Miles Davis stolz gemacht hätte. Oder die hallende Akustik in diesem Gang verzieh einfach jeden Fehler. Wie auch immer, es war zusammen mit der Beleuchtung und dem alten Gemäuer unendlich kitschig und deshalb perfekt, denn Nina nahm endlich wieder meine Hand. Als wir weitergingen, warf ich dem Musiker noch zwei Euro in den Koffer. Die Münze dazu musste ich umständlich mit der linken Hand aus der rechten Hosentasche fischen, aber ich wollte um nichts in der Welt Nina loslassen, die meine rechte Hand hielt.

Wir kamen zu einer Terrasse hinter der Kathedrale, von wo aus man einen schönen Blick auf die Bucht von Palma hatte. Das sah alles sehr malerisch aus und leistete bei Nina ganze Arbeit. Sie schaute mir tief in die Augen und gab mir einen langen, vielversprechenden Kuss.

»Lass uns zurück zum Hotel gehen«, flüsterte sie.

»Ich könnte dich ja ein bisschen massieren«, sagte ich.

»Au ja, sehr gerne.«

Wir liefen deutlich schneller zum Hotel zurück, als wir gekommen waren. Auch Nina schien das Ende der bisherigen Enthaltsamkeit, die sich in diesem Urlaub durch verschiedene Widrigkeiten ergeben hatte, nicht abwarten zu können. Wenn wir in Arenal gewesen wären, wären wir womöglich hinter einem Stapel aus Strandliegen verschwunden.

Im Hotel warteten wir nicht auf den Aufzug, sondern stürmten direkt die Treppe hoch zu unserer Etage. Kaum zur Zimmertür rein, begann ich Nina schon auszuziehen. Zu meiner Überraschung trug sie gar nichts drunter.

»Sehr praktisch, dass du vergessen hast, Unterwäsche einzupacken«, schnurrte sie.

Ich brauchte aber auch keine Sekunde länger, um mich auszuziehen.

»Moment!«, bremste sie mich. »Du hast mir doch eine Massage versprochen.«

Das stimmte natürlich. Aber da ich Nina wirklich gerne anfasste, besonders, wenn sie nackt war, sah ich das nicht wirklich als unlösbare Aufgabe an. Sie legte sich auf den Bauch, ich setzte mich breitbeinig auf ihren Po. So nah waren wir uns in dem Urlaub noch nie gewesen. Ich massierte zuerst ihren Nacken und dann langsam den Rücken hinunter. Sie stöhnte wohlig. Ich streichelte ihren Rücken jetzt wieder von unten nach oben und küsste sie in den Nacken. Sie bewegte sich leicht, wodurch sich unsere Körper eng aneinanderrieben. Ich drehte sie auf den Rücken …

… und genau in dem Moment meldete sich mein Handy, das neben dem Bett auf dem Nachttisch lag.

»Was ist das?«, fragte Nina.

»Der Kalender«, antwortete ich. »Der haut manchmal automatisch um kurz vor Mitternacht Erinnerungen raus, wenn am nächsten Tag ein Termin ist. Eine Besprechung oder …«

Mist, mir fiel ein, was das sein könnte.

»Lass ruhig liegen«, sagte ich noch.

Aber Nina nahm das Handy schon hoch. Auf dem Display stand ganz klar zu lesen: *Morgen Snoopys Geburtstag*.

Nina brauchte einen Moment, um das zu begreifen, was ihr diese kleine Elektronikpetze da gerade an Information zuschusterte. Ich hatte die Erinnerungsfunktion schon immer gehasst und x-mal deaktiviert. Aber jedes Mal, wenn ich das Handy mit dem Rechner synchronisierte, waren wieder irgendwelche Alarme neu dabei. Dass das ausgerechnet auch auf Claudias Geburtstag zutraf, von dem ich nicht mal wusste, dass ich ihn überhaupt eingetragen hatte, war nun wirklich ausgesprochenes Pech.

Nina verarbeitete die Information noch. »Snoopy? Was hat das … soll das heißen … warte. Claudia hat doch morgen Geburtstag. Claudia ist Snoopy …? Claudia! Ist! Snoopy! Oder?«

Sie stand voll unter Strom, aber nicht aus dem Grund, den sie noch vor einer Minute dafür gehabt hatte.

»Ja«, murmelte ich kleinlaut.

Nina war weniger leise. »Du warst mit Claudia zusammen? Mit *der* Claudia? Ich mache gemeinsam mit einer Frau Urlaub, mit der du zusammen warst? Mit der du gevögelt hast? Hast du sie auch massiert, so wie mich jetzt gerade?«

Ja, ja und noch mal ja. Nina hatte natürlich mit allem recht, was sie sagte, und ich fühlte mich echt schlecht. Ich bekam gerade die kälteste Dusche der Welt.

»Wann wolltest du mir das denn sagen?«, schimpfte sie weiter. »Oder gar nicht? Mit wem hattest du denn hier noch was? Mit der Braunschweigerin? Hat die mir deshalb auf den Kopf gekotzt?«

Schon klar! Jetzt übertrieb sie aber wirklich. Dabei lief sie gerade erst warm.

»Oder vielleicht mit E. T.? Bist du der mysteriöse Vater? Hast du 'ne Speedo-Badehose? Du warst doch schon mal auf Mallorca! Vielleicht hast du ihr ja das Kind angehängt und dich aus dem Staub gemacht. Mit Geständnissen hast du es ja offensichtlich nicht so.«

Wenn der Eifersuchtszug erst mal rollte, hatte Nina einen schlimmeren Verfolgungswahn als Arne, und das sollte schon was heißen.

»Ich wollte es dir ja sagen«, antwortete ich. »Irgendwann. Ich konnte es ja auch kaum glauben, als die auf einmal auf der Finca auftauchte. Was sollte ich denn da machen?«

»Was weiß ich? Sie rausschmeißen, wieder abreisen oder so was.«

»Das ist doch alles Unsinn.«

»Ja? Ich weiß, was du jetzt machen kannst. Du kannst dir einen Platz zum Schlafen suchen.«

Mit einem unsanften Griff beförderte sie mich nach draußen auf den Hotelflur. Ich musste mich an der Wand abstützen. Ich fühlte mich wie im freien Fall und ging langsam in Richtung Treppenhaus. In einem Fenster spiegelte sich mein Ebenbild. Irgendetwas stimmte da nicht. Ich starrte auf das Fenster und brauchte einen langen Moment, um auf die Lösung zu kommen. Mein Ebenbild war nackt! Bei der ganzen Streiterei hatte ich natürlich gar keine Klamotten mitbekommen, und kurz davor sah es ja endlich mal nach Sex aus. Jetzt sah es nur noch nach sexueller Belästigung aus, falls irgendjemand um die Ecke kam. Ich ging zurück und klopfte an die Zimmertür.

»Ich brauche …«

Weiter kam ich gar nicht. Wortlos riss Nina die Tür auf, schleuderte mir mein Trikot und meine Hose entgegen und knallte sie wieder zu.

Ich zog mich an und ging über die Treppe zur Dachterrasse des Hotels. Hier gab es einen Whirlpool, einige Liegen mit Wolldecken zum Chillen und eine fantastische Aussicht. Nicht schlecht. Palma sah schön aus bei Nacht, aber ich hatte keine

Lust, mir das anzuschauen, warf mich auf eine der Liegen und schloss die Augen. Sofort prasselte ungefähr so viel Selbstmitleid auf mich ein wie Regen bei unserer Ankunft auf Mallorca. In diesem Urlaub lief wirklich alles schief, was nur konnte. Claudia, das Wetter, Stefan, das Schlafklo, der Fisch, der Alkohol, das Schnorcheln, das Handy! Ich hatte die Schnauze gestrichen voll, wusste aber auch nicht, welche Konsequenzen ich daraus ziehen sollte. Zum Glück hatte die Bar auf der Dachterrasse schon zu, sonst hätte ich mich schon wieder besoffen. Ich grübelte mich in einen unruhigen Schlaf.

27

Die Sonne kitzelte mich mit ihren ersten Strahlen wach. So hätte man es positiv sehen können. Aber für mich war es eher so, dass unser Fixstern mir von jetzt auf gleich brutal ins Gesicht leuchtete. Ich blinzelte und arbeitete mich langsam hoch, bis ich saß. Was ich sah, konnte in jedem Urlaubsprospekt abgedruckt werden. Direkt hinter der Kathedrale ging die Sonne auf. Sie färbte dabei den Himmel in ein Pastellorange, während sich ein paar Wolken in hellem Graublau davor abzeichneten. Mein erster Gedanke war, dass ich das unbedingt Nina zeigen wollte – aber dann fiel mir auch schon ein, dass sie wohl gerade nichts mit mir zu tun haben wollte. Ich war jetzt schon gespannt, wie sie nachher Claudia zum Geburtstag gratulieren würde. Am besten sollte jemand eine Grube zum Schlammcatchen vorbereiten.

Ich sah auf meine Uhr beziehungsweise auf mein Handgelenk – sie war nicht da, lag wohl auf dem Nachttisch in unserem schönen Zimmer ein paar Stockwerke tiefer. Direkt neben dem Handy. Ich hatte keine Ahnung, wie spät es war, aber es musste irgendwas um halb sieben herum sein, deshalb ging ich noch nicht zu Nina runter, sondern sah mich um. Knapp neben der Kathedrale war ein nicht weniger beeindruckender Stadtpalast zu sehen. Wenn ich nach Süden schaute, erblickte ich die Masten der Segelschiffe im Hafen. Ich dachte unwillkürlich an Uwe und den Bootstrip. Ob der Ring immer noch in der Bucht lag? Wahrscheinlich, denn andere Schnorchler und Taucher hatten sich seit dem Sturm gestern wohl kaum dorthin verirrt. Vielleicht hatte ihn ja ein Thunfisch verschluckt, das würde eine nette Überraschung geben beim Sushi-Essen.

Im Osten und Norden lagen die mit roten Tonziegeln gedeckten Dächer der Altstadt. Ein paar Paläste ragten heraus sowie einige Kirchtürme. Ich hatte keine Wahl, ich musste das hier einfach schön finden, verdammt! Ich lehnte mich wieder zurück, schaute noch ein bisschen in den orange-blauen Himmel und schlief wieder ein.

Als ich aufwachte, stand die Sonne schon deutlich höher am Himmel. Um mich herum saßen auf den anderen Liegen Leute und tranken Kaffee oder Cola. Die Bar schien bereits seit einiger Zeit wieder geöffnet zu sein. Ich stand wacklig auf und machte mich an den Abstieg zu unserem Hotelzimmer. Die Tür war offen, und drinnen saßen Nina und Uwe. Nina sah mich sauer an.

»Wo warst du?«, fragte sie.

»Du hast mich vor die Tür gesetzt, schon vergessen?«, gab ich zurück.

»Das ist einen halben Tag her, wir haben gleich elf.«

»Echt?« Ich nahm meine Uhr vom Nachttisch. Tatsächlich, da hatte ich wohl ein bisschen verschlafen. »Immer noch Ärger wegen der Qualle?«, fragte Uwe.

»Nein, wegen einer anderen Qualle!«, fauchte Nina. »Namens Snoopy.«

»Einer ganz alten Qualle«, sagte ich.

»Einer Qualle, die sich früher um Felix gewickelt hat und die er gestochen hat.«

»Das ist aber lange her.«

»Wenn es egal wäre, dann hättest du mir ja davon erzählen können, bevor sie ihre schleimigen Tentakel in meiner Finca breitgemacht hat.«

»Was redet ihr da eigentlich?«, mischte sich jetzt Uwe ein.

»Meine Ex macht mit uns Urlaub, aber Nina wusste nicht, dass es meine Ex ist«, erklärte ich.

»Welche? Die mit den kurzen rötlichen Haaren oder die mit den langen blonden Haaren, die keinen BH anhatte?«, fragte Uwe.

»Sie kam ja auch erst gerade aus dem Bett«, sagte ich.

»Entschuldigt mal!«, fauchte Nina. »Felix, du hörst auf, deine Ex zu verteidigen, und Uwe, du hörst auf, ihr auf die Titten zu starren!«

»Ich hab doch nicht mal gesagt, dass sie schön sind«, maulte Uwe. »Deine sind aber mindestens genauso schön.«

Das war wohl versöhnlich gemeint, ging aber natürlich nach hinten los.

»Und mir schaust du auch nicht drauf!«, brüllte Nina. Dann sah sie mich böse an. »Und wo hast du dich jetzt die ganze Zeit rumgetrieben?«

»Rumgetrieben? Ich war oben auf der Dachterrasse. Wenn du wissen willst, wo ich bin, dann darfst du mich eben nicht rausschmeißen.«

»Hast du die ganze Nacht da verbracht?«, fragte Uwe. »Und den ganzen Morgen?«

»Ja, wieso?«, antwortete ich.

»Weil dich, wenn dich schon sonst keiner gewärmt hat, wenigstens die Sonne lieb hatte. Sehr lieb hatte!«

Ich schaute rüber ins Bad. Aus dem Spiegel leuchtete mir eine rote Version meines Kopfes entgegen.

»Hier, kannst dich damit eincremen.« Nina reichte mir die Sonnencreme, mit der sie mich gestern noch visuell gefoltert hatte. Ich schmierte mich gründlich ein, und dann machten wir uns auf den Weg. Die dickliche kleine Frau an der Rezeption grinste mich an. Ich musste wohl ziemlich doof aussehen mit meinem glänzenden roten Schädel, dachte ich. Aber dann entdeckte ich, was sie sich auf ihrem Computer ansah: Aufnahmen aus einer Überwachungskamera, die mich nackt auf dem Flur zeigten. Zum Glück war es da einigermaßen dunkel. Trotzdem war meine verbrannte Birne jetzt wohl noch ein bisschen röter.

»Kommen Sie gerne bald wieder«, flötete die Rezeptionistin in akzentfreiem Deutsch.

Mein Gesicht musste inzwischen die Farbe eines guten Rotweins haben. Ich mochte mir nicht ausmalen, was die Frau mit diesen Aufnahmen wohl anstellte, zahlte schnell und ging raus zu Uwe und Nina.

28

Da ich nicht wusste, wann ich Uwe das nächste Mal erreichen konnte, musste ich auf der Fahrt zur Finca einiges klären, ohne dass Nina es mitkriegte.

»Findet man eigentlich viele Schätze um Mallorca herum?«, fragte ich ihn.

»Wieso? Willst du unter die Piraten gehen, oder was?«, mischte sich Nina direkt ein. »So schwarz umrandete Augen wie bei Captain Jack Sparrow passen leider gar nicht zu deiner roten Glühbirne.«

»Ich will ja keine britischen Handelsschiffe überfallen, sondern lediglich ein bisschen tauchen oder schnorcheln, vielleicht findet man ja was.«

»Hör mir bloß auf mit Schnorcheln, davon habe ich erst mal die Nase voll.«

»Echt?«, meinte Uwe. »Ich hätte schwören können, dass du gestern noch die Haare davon voll hattest.«

»Vielen Dank für die Erinnerung«, maulte Nina.

»Ja, vielen Dank«, beschwerte auch ich mich, denn der Kommentar half mir nicht gerade, Nina doch noch zu einer neuen Tour zu überreden. »Warst du denn danach noch mal mit dem Boot draußen?«

»Ja«, antwortete Uwe. »Ich musste noch was holen.«

Er tippte auf die Brusttasche seines Hemdes. Offensichtlich hatte er den Ring jetzt dabei.

»Vielleicht können wir es ja morgen noch mal versuchen«, sagte ich.

»Ohne mich«, protestierte Nina von hinten.

»Ohne dich macht das leider wenig Sinn«, widersprach Uwe.

»Warum?«, ätzte Nina. »Damit du mir wieder auf die Brüste kucken kannst?«

»Ich habe dir nicht auf die Brüste geschaut.«

»Woher willst du dann wissen, dass sie schön sind?«

»Das merkt man eben. Als Mann weiß man das, auch ohne dass man hinschaut.«

»Aber wenn man etwas schön findet, dann schaut man doch hin, oder nicht? Also findest du sie doch nicht so schön wie die von Claudia. Bei der hast du ja hingeschaut.«

»Ich habe ja bei dir auch hingeschaut, nur eben nicht richtig.«

»Und woher willst du dann wissen, wie sie aussehen?«, wiederholte Nina.

»Um das zu wissen, hat es gereicht. Aber mehr habe ich eben nicht hingeschaut, weil die Brüste ja quasi Felix gehören. Und unter Freunden macht man so was nicht.«

Ich nickte zustimmend. Aber Nina war immer noch auf Krawall gebürstet.

»Das sind immer noch meine eigenen Brüste und nicht die von Felix. Für den sind die gerade mal ganz weit weg.«

»Ich schaue trotzdem nicht hin«, sagte Uwe.

»Das will ich dir auch geraten haben!«

»Ich auch!«, stimmte ich zu.

»Du kuckst die auch nicht mehr an«, fauchte Nina. »Und die von Claudia auch nicht.«

»Schade, dabei hätte ich da endlich ein Thema, über das ich mit Lenny fachsimpeln könnte«, sagte ich.

»Am besten bist du jetzt einfach ganz, ganz still«, warnte Nina.

Das sah ich dann auch ein.

Vor der Finca saß Arne und rauchte wieder heimlich eine Zigarette.

»Oha, der rauchende Werwolf am helllichten Tag«, grüßte ich ihn.

»Psst! Anja schläft, da kann ich mir ja wohl schnell eine gönnen«, antwortete Arne.

Nina schüttelte den Kopf: »Ihr zerstört heute wirklich einer nach dem anderen meinen Glauben an die Männerwelt.«

»Dafür hast du ja jetzt einen sicher. Herzlichen Glückwunsch!«

Ich realisierte, dass Arne noch nicht wusste, dass das mit der Verlobung gar nicht geklappt hatte.

»Glückwunsch wozu?«, fragte Nina.

»Zu der …«, setzte Arne an.

»Junge, Junge«, unterbrach ich ihn. »Ihr müsst ja gestern echt gut gefeiert haben. Nina hat doch gar nicht Geburtstag, sondern Claudia.«

Das war schlapp, reichte aber aus, Arne davon abzubringen, uns zur nicht stattgefundenen Verlobung zu gratulieren.

»Da bist du nicht der Einzige, der das nicht auf die Reihe kriegt«, schnaubte Nina.

Arne schaute auf Ninas Hand und merkte, dass da kein Ring war.

»Also doch Afrika?«, fragte er.

»Nein, kein Afrika«, antwortete ich. »Du kannst Interpol zurückpfeifen. Da ist doch Uwe. Wir hatten nur ein bisschen Sturm und so.«

Nina und Uwe hatten natürlich keine Ahnung, wovon wir eigentlich sprachen.

»Du redest echt wirres Zeug«, meinte Nina. »Vielleicht hat die Sonne noch mehr mit deiner Birne gemacht, als sie nur rot anzumalen. Wir sollten besser reingehen.«

Ein bisschen schimmerte da Fürsorglichkeit durch, das machte mir Hoffnung. Während sich Nina und Arne in die Finca begaben, verabschiedete ich mich noch von Uwe.

»Wir probieren's morgen noch mal«, sagte ich. »Ich kriege sie schon aufs Boot, wenn das Wetter mitspielt.«

»Das musst du wissen. Vielleicht machst du ihr besser einfach einen ganz normalen Antrag, mit auf die Knie gehen oder so«, schlug Uwe vor.

»Nix da, normal kann ja jeder. Ich will, dass der Antrag etwas Außergewöhnliches ist.«

»Gewöhnlich war daran bisher in der Tat nichts. Okay, ich suche eine andere Bucht aus. Da versuchen wir das dann noch einmal.«

»Danke! Bis morgen.«

Uwe fuhr los, und ich ging hinter den anderen her nach drinnen.

»Gestern war super«, hörte ich Stefan erzählen. »Wir waren in den Coves del Drac, das sind riesige Tropfsteinhöhlen mit dem größten unterirdischen See der Welt.«

Nina schaute mich finster an. Sie wäre eindeutig lieber da mitgegangen, und ich musste zugeben, ich auch!

»Was anderes war bei dem Wetter gestern ja auch gar nicht drin«, fuhr Stefan fort. »Und was habt ihr gemacht?«

»Schnorcheln«, antwortete Nina knapp. »Vom Boot aus.«

»Echt? War das nicht total wackelig?«, hakte Stefan nach.

»Ziemlich«, sagte Nina. »Aber ich kann dir heldenhaft versichern, dass weder Uwe noch Felix noch ich gekotzt haben.«

»Respekt!«, meinte Stefan und schilderte weiter den Supertag der Gewinnergruppe. »Und gestern Abend haben wir dann in einem Superrestaurant in Portocristo reingefeiert. Ach so, falls du es noch nicht wusstest: Claudia hat heute Geburtstag.«

»Doch, es könnte sein, dass ich das schon irgendwo gehört habe«, knurrte Nina sauer.

Und dann kam das Geburtstagskind auch schon von der Terrasse rein.

»Da seid ihr ja«, sagte Claudia fröhlich. Sie trug ein schulterfreies Sommerkleid, hatte die Haare zu einem Pferdeschwanz zusammengebunden und sah einfach sehr gut aus. Zu gut für Ninas Laune, da war ich mir sicher. Ich ging zu ihr.

»Herzlichen Glückwunsch zum Geburtstag«, sagte ich und reichte ihr die Hand. Sie zog mich aber zu einer Umarmung heran.

»Danke, freue mich, dass du daran gedacht hast«, antwortete sie.

»Lass meinen Felix los!«, schrie Nina völlig unerwartet. Ich wusste, dass sie sich bestimmt wieder vorgenommen hatte, die Sache ganz cool zu behandeln und erst in einem geeigneten Moment sachlich anzusprechen. Na ja.

Claudia ließ mich los.

»Und zieh dir einen BH an, verdammte Scheiße!«, brüllte Nina noch und verschwand in unserem Zimmer.

Claudia war völlig perplex.

»Was war das denn?«, fragte sie.

»Sie hat herausgefunden, dass wir zusammen waren«, antwortete ich.

»Ach so. Oha«, meinte Claudia.

»Ihr wart mal zusammen?«, fragte jetzt Stefan überrascht.

Arne und ich verschwanden schleunigst in Richtung Pool.

29

Die Auseinandersetzung in der Finca war vermutlich noch beim hessischen Mallorquiner José auf seinem Bauernhof zu hören gewesen. Essenz der Schreierei war, dass auch Claudia wohl noch nicht den richtigen Moment gefunden hatte, um Stefan zu erzählen, dass ich ihr Ex war. So richtig ausdiskutieren konnten sie das Thema aber auch jetzt nicht, weil ein weinender Lenny dazukam, der es offensichtlich nicht mochte, dass seine Eltern sich anbrüllten. Auch Anja war wieder wach und marschierte kurzerhand direkt an den Streithähnen vorbei zu uns nach draußen. Und auch Nina kam raus. Zu meiner Überraschung lächelte sie.

»Na wenigstens bin ich nicht die einzige Doofe«, freute sie sich.

»Was ist denn los?«, fragte Anja.

»Felix und Claudia hatten mal was miteinander. Frag lieber nicht«, erklärte Arne.

»Hast du davon gewusst?«, fragte sie ihn.

Er wusste, dass er in der Falle saß.

»Was hatte ich gesagt? Fragen oder nicht fragen?«, stöhnte er.

»Du hast es also gewusst, und du hast es mir nicht gesagt? Hast du sonst noch irgendwelche Geheimnisse vor mir?«

Klar hatte er die. Meinen Verlobungsplan zum Beispiel. Er sah mich hilfesuchend an, aber da konnte auch ich nichts für ihn tun.

»Für Geheimnisse bin ich doch gar nicht geeignet, weißt du doch«, wich er aus.

Leider konnte er Anja nichts vormachen.

»Ich krieg's noch aus dir raus«, drohte sie.

»Ich glaube, ich weiß, was es ist, das ist gar nichts Tolles«, mischte sich jetzt Nina ein.

Woher wusste sie davon? Und warum nichts Tolles? Ich war schockiert. Aber dann fiel mir Ninas Reaktion auf Arnes Rauchen ein. Das war dann wohl das Geheimnis, das sie meinte.

»Nichts Tolles«, bestätigte auch ich, wobei ich gar nicht daran gedacht hatte, dass ich den Druck auf Arne jetzt noch erhöhte.

»Wie jetzt, alle wissen Bescheid, nur ich nicht?«, empörte sich Anja immer mehr.

»Ich habe keine Ahnung mehr, wer jetzt was weiß und was nicht und was ich wem wann sagen darf und was wann wo auf keinen Fall. Aber ich fand's eigentlich schon toll, zumindest von der Beschreibung her.«

Arne war thematisch offensichtlich wieder beim Antrag. Nina immer noch beim Rauchen.

»Ich fand noch nie, dass das toll klang, und habe auch nie jemanden verstanden, der das gemacht hat«, sagte sie.

Arne sah mich an: »Hat sie Nein gesagt?«

»Natürlich habe ich Nein gesagt. Jedes Mal bisher«, übernahm Nina wieder.

»Wie oft hast du denn gefragt?«, fragte mich Arne.

»Quatsch. Felix raucht doch gar nicht«, antwortete Nina.

»Wieso, hier raucht doch gar keiner. Wir haben beide damit aufgehört«, sagte Anja, die genau in dem Moment allerdings Verdacht schöpfte. »Oder? Hauch mich mal an.«

Was blieb Arne anderes übrig. Anja war sauer.

»Du rauchst heimlich? Das ist so mies von dir. Du weißt doch, dass ich auch gerne rauchen würde, aber ich darf ja nicht.«

»Was darfst du nicht?«, fragte jetzt Claudia, die zusammen mit Stefan und Lenny rauskam.

»Ach nichts«, sagte Anja schnell.

Wenigstens ihre Schwangerschaft blieb also geheim. Und meine Verlobungspläne auch, die aber mehr durch Glück als durch irgendetwas anderes.

»Wie sind wir eigentlich zu diesem doofen Gespräch gekommen?«, fragte Anja.

»Weil Felix und Claudia was miteinander hatten«, meldete sich wieder Nina.

»Felix ist damit schuld und muss also fahren«, beschloss Anja.

»Wohin fahren?«, fragte ich.

»Nach Binissalem«, antwortete Anja. »Wir haben Claudia eine Weinprobe geschenkt. Und du fährst!«

»Wieso fährst du nicht?«, protestierte ich. »Du kannst doch sowieso nichts …«

… *trinken*, wollte ich sagen, aber bremste gerade noch rechtzeitig. Auch Anjas süßes Geheimnis stand ganz klar auf Messers Schneide.

»Du fährst«, sagte sie nur.

»Anja kann nur Automatik«, ergänzte Arne.

»Was hatten Felix und Mama?«, meldete sich Lenny.

»Ähm … Kaffee, mein Schatz. Nur Kaffee«, antwortete Claudia.

»Schön wär's«, brummte Stefan, der offensichtlich auch nicht besonders glücklich über die neuesten Enthüllungen war.

»Hattet ihr denn oft Kaffee?«, fragte Arne.

»Was soll denn das jetzt?«, beschwerte sich Anja.

»Na ja, man sagt doch, einmal ist keinmal. Dann könnten das doch wirklich alle jetzt endlich mal vergessen.«

»Ein kleiner Espresso war es nicht gerade«, sagte ich. »Wir waren ja jung und brauchten … das Koffein. Aber wir waren jetzt auch keine Starbucks-Filiale.«

»Ich will nichts mehr davon hören«, schimpfte Nina. »Und recht herzlichen Dank, dass ich jetzt auch nie wieder zu Starbucks gehen kann, ohne daran zu denken, dass ihr …«, sie schaute Lenny an, »… Kaffee trinkt.«

»Können wir jetzt bitte endlich losfahren? Ich brauche Wein. Dringend!«, flehte Stefan.

30

Wir fuhren quer über die Insel nach Binissalem, der Weinstadt Mallorcas. Das Weingut lag am Rand des Ortes und sah von außen aus wie ein Bauernhof. Nur eine etwa fünf Meter hohe Weinflasche und ein ebenso großes Weinfass wiesen darauf hin, dass es hier etwas anderes gab als Ziegenkäse und Oliven. Wir parkten vor dem Büro der Kellerei und gingen neugierig hinein.

Eine Angestellte des Weinguts erwartete uns bereits und begrüßte uns auf Deutsch. Ich schaute an mir herunter und stellte beruhigt fest, dass ich mein Trikot tatsächlich gegen ein neutrales T-Shirt eingetauscht hatte. Also lag es doch nicht an mir, sondern daran, dass wir angemeldet waren.

»Guten Tag. Herzlich willkommen auf unserem Weingut. Ich bin Maria. Ich mache jetzt gleich um dreizehn Uhr die deutsche Führung. Wir erwarten allerdings noch ein paar Gäste. Wenn Sie bitte so lange hier warten«, sprach sie und ließ uns alleine.

Hier, das war ein aus einem Weinfass gebauter Stehtisch, der seinerseits vor riesigen Edelstahlfässern geparkt war, von denen ein Gewirr an kleinen Rohren abging.

»Das könnte schon zum Wein gehören, oder es ist der Tank einer Ölheizung«, mutmaßte ich. »Hauptsache, die können das auseinanderhalten.«

»Vorgestern Nacht hätte ich da keinen Unterschied mehr geschmeckt«, gab Arne zu.

»Was habt ihr denn da noch alles getrunken?«, fragte Stefan.

Mir fiel der teure Hierbas wieder ein, den wir ihm geklaut hatten.

»Ach, nur die Reste«, behauptete ich, und Arne nickte.

»Hauptsache, hier geht es auch gleich los«, brummte Stefan, der immer noch über Claudia und mich nachdachte.

Bei Nina funktionierte das System »Geteiltes Leid ist halbes Leid« bestens. Seit sie wusste, dass auch Stefan nichts gewusst hatte, ging es ihr tatsächlich besser. Trotzdem hielt sie natürlich unendlich viel Abstand von mir.

Die weiteren Deutschen, auf die wir warteten, kamen jetzt auch an und erwiesen sich als zwei ältere Ehepaare aus Berlin. Wir starteten also die Tour durch das Anwesen. Die Kellerei war zwar schon achtzig Jahre alt, aber vor zwei Jahren komplett modernisiert worden, deshalb sah in der Tat alles aus wie in einem Heizungskeller eines Wolkenkratzers oder in einer Chemiefabrik. Vom Charme eines alten Weinguts hatte das rein gar nichts. Unsere Führerin Maria erklärte uns allerdings, dass die Weine so unter perfekten Bedingungen reiften und nur dadurch eine wirklich gleichbleibend hohe Qualität zu gewährleisten sei. Wir waren schwer enttäuscht, wurden aber dann in die Kellergewölbe geführt, wo wir endlich auf die erwarteten Holzfässer trafen. Davon lagen je drei aufeinander in Reihen die langen Gänge entlang. Die Gänge waren kaum beleuchtet, und so war das Ende dieser Reihen tatsächlich nicht zu sehen. Es hätte mich nicht gewundert, wenn wir an deren Ende irgendwo in unserer Finca rausgekommen wären. Maria erzählte uns, dass die Weine je nach Sorte zwischen drei Monaten und zwei Jahren in den Fässern lagerten. Wir gingen weiter in den nächsten großen Raum. An den Wänden entlang waren Unmengen von Flaschen gelagert. Maria beschrieb uns einige der unterschiedlichen Sorten und Jahrgänge, und dann hatten wir den Theorieteil endlich hinter uns – es ging an die Weinprobe.

»Wir probieren jetzt verschiedene Weine aus unserem Haus«, kündigte Maria an. »Wir beginnen dazu mit den leichten Weißweinen und arbeiten uns dann langsam durch zu den schweren Rotweinen.«

»Ach je, det is ja mit Vorspiel«, witzelte einer der Berliner. »Können wa och direktamente zu den schweren Weinen kommen?«

»Ein bisschen Vorspiel könnte dir ma jarnich schaden, meen Liebsta«, antwortete seine Frau. Das andere Berliner Paar kicherte.

»Die Reihenfolge ist so gewählt, um den Gaumen langsam auf die Weine einzustimmen.«

»Ach, um meenen Jaumen müssense sich keene Sorjen machen, den hat schon meene Frau vabrutzelt«, erwiderte der Berliner.

Seine Frau gab ihm einen Klaps, wieder kicherten die anderen. Maria zog es vor, seine Bemerkung einfach zu übergehen. Mir fiel allerdings auf, dass sie eine Weißweinflasche einfach beiseite stellte und zur zweiten griff. Offenbar änderte sie ihren ursprünglichen Plan und fuhr direkt schärfere Geschütze auf.

»Der erste Weißwein ist ein Cuvée aus fünfundachtzig Prozent Prensal Blanc und fünfzehn Prozent Parelladatraube. Er wurde sechs Monate in neuen französischen Eichenfässern ausgebaut und danach noch einmal mindestens sechs Monate in der Flasche gelagert.«

»Keine Details. Wie viel hat er?«, mischte sich der zweite Berliner ein.

»Bitte?«, fragte Maria.

»Wie viel Prozent?«

»Ach so, natürlich. Der Alkoholgehalt beträgt 13,5 Volumenprozent.«

»Lecker! Dann mal her damit!«

Die Berliner kicherten wieder. Dabei hatten sie doch noch gar nichts getrunken! Sie verfochten offensichtlich die Theorie »Viel Prozent gleich viel lecker«. 13,5 Prozent waren eine ganze Menge für einen Weißwein, und die Berliner bekamen sehr volle Gläser, vermutlich um sie ruhigzustellen. Aber auch meine Reisegruppe war ja gut im Training und trank ihre Gläser ganz aus. Der Spucknapf würde eine sehr entspannte Weinprobe erleben. Ich durfte an meinem Glas nur nippen, weil ich ja noch fahren musste. Den Rest gönnte sich Nina. Weniger als ich tranken nur Lenny und Anja, die sich mit gespielten Magenschmerzen aus der Affäre zog.

»Der zweite Wein ist ein Rosat oder Rosé, wie man in Deutschland sagt«, fuhr Maria fort. »Er ist ein Cuvée aus den Rebsorten Manto-Negro und Cabernet Sauvignon. Sie merken, es sind beides Rotweintrauben ...«

»Machense et nich so kompliziert, der Paule hat jerade zum ersten Mal jehört, dass Wein aus Trauben jemacht wird«, sprang Berliner Nummer eins wieder ein.

»Jenau!«, antwortete besagter Paule. »Auf den Schock muss ick erstma eenen trinken.«

Sehr großes Kichern dieses Mal. Maria schaute uns leicht verzweifelt an. Unsere Landsleute waren mir mal wieder ganz schön peinlich. Und wer konnte schon damit rechnen, auf Mallorca Deutsche zu treffen?

Maria kürzte das Programm noch mehr ab:

»Ebenfalls 13,5 Prozent«, sagte sie und schenkte kräftig ein.

»Knorke«, kam aus der Berliner Ecke.

Die Runde schüttete sich den Wein flott in den Rachen. Zum ersten Mal in diesem Urlaub hatte ich das Gefühl, dass nicht meine Gruppe die mit den Alkoholikern war, auch wenn sie sich nicht viel mehr Zeit mit den Gläsern ließ als die aus der Hauptstadt.

»Entschuldijen Se mal, ick hätte da ne Bitte«, meldete sich Paules Frau.

Wortlos schüttete ihr Maria noch mehr Wein ein. Aber das war es nicht, was die Berlinerin wollte.

»Vielen Dank!«, sagte sie und nahm direkt einen großen Schluck. »Aber wat ick eijentlich fragen wollte is, ob wir det valleicht woanders trinken können, weil mir is det hier 'n bisschen zu kalt, ooch mit den jekühlten Weinen, vastehense?«

»Ach so, natürlich«, antwortete Maria. »Wir können die Weinprobe oben auf der Terrasse fortsetzen.«

»Das ist super«, meinte Claudia. »Da kann Lenny auch ein bisschen spielen.«

Wir gingen nach oben – die Berliner natürlich in einer Polonaise zum gleichnamigen Blankeneser Lied – und lehnten uns an die Stehtische auf der Terrasse. Sie war eingefasst von Olivenbäumen, vor uns lagen große Felder mit Weinreben, in der Ferne die Berge der Tramuntana. Links von uns stand eine Windmühle, und dahinter konnte man eine große Kirche in der Innenstadt Binissalems erkennen. Es war schon wieder zu schön, um wahr zu sein. Sogar die Sonne schien! Und genau da lag mein Problem. Meine ohnehin schon verbrannte Rübe erkannte die Hitze sofort wieder und kochte augenblicklich da weiter, wo sie heute Morgen aufgehört hatte. Aber auf der Terrasse gab es keinen Schatten.

Maria setzte ihren Vortrag fort. »Wir wenden uns jetzt den Rotweinen zu ...«, begann sie.

»Na endlich«, knurrte Paule.

Das Kichern steckte jetzt auch Nina und Arne an – der Wein zeigte langsam Wirkung.

»Als ersten Rosso möchte ich Ihnen diesen hier empfehlen.« Maria präsentierte eine Flasche. »Wieder ein Cuvée aus den Rebsorten Cabernet Sauvignon und Mantonegro, dieses Mal aber im Verhältnis sechzig zu vierzig. Er wurde dreizehn Monate in neuen französischen Allier-Eichenfässern ausgebaut.«

»Der Paule hat ooch schon mal wat mit Eiche ausjebaut«, ging Paules Frau dazwischen. »Unsern Dachstuhl. Hättste da mal ooch lieba een Weinfass draus machen sollen, dann hätten wa imma wat zu trinken.«

Großes Gelächter. Nur ich hatte für solche Witze eindeutig zu wenig getrunken. Anja hatte schon die Flucht ergriffen und sich zu Lenny abgesetzt. Die beiden spielten unter dem Olivenbaum.

»Vierzehn Prozent«, verkündete Maria kurzerhand und schenkte kräftig ein.

Ich nippte wieder mit. Der Wein war bisher tatsächlich am besten. Der Wein mit den meisten Prozenten. Sollte die Viele-Prozente-Theorie etwa hinkommen? Ich kam echt ins Grübeln. Aber dann fielen mir diverse Sahne-Liköre ein, die etwa siebzehn Prozent hatten und definitiv gar nicht lecker waren. Theorie widerlegt. So einfach geht das.

Es war wie immer, wenn man derjenige ist, der fahren muss. Man erlebt den Verfall der anderen Menschen. Schönsaufen funktioniert ja ausschließlich, wenn man selbst mitmacht. Wenn man das nicht tut, geht es eher nach hinten los. Der neue, stärkere Wein und die knallige Sonne machten jetzt gemeinsame Sache, um die trinkfreudige Gruppe fertigzumachen. So rot mein Kopf vom Sonnenbrand war, war er bei den Berlinern vom Wein. Und auch Nina, Arne, Stefan und Claudia sahen allmählich so aus, als hätte man bei der Farbeinstellung eines Fernsehers einfach auf einen Knopf namens »volle Pulle« gedrückt.

Maria kannte ebenfalls keine Gnade mit ihren Gästen. Sie holte bereits die nächste Flasche hervor, bevor selbst die Berliner überhaupt austrinken konnten.

»Unser letzter Wein ist ein Reserva. Das bedeutet ...« Sie

hielt inne, schaute sich die Runde noch mal kurz an und sparte sich daraufhin den Vortrag über Eichenfässer und Lagerzeit. »Das bedeutet, dass er 14,5 Prozent hat.«

»Aaaahh!«, antwortete die Genießergruppe.

Maria schenkte ein. Paule hielt die Flasche fest, bis sein Glas randvoll war.

»Weil's der letzte is. Et heißt ja ooch in dem Sprichwort: Der Klügere kippt nach!«

Riesenfreude beim Rest der Gruppe.

»Hauptsache nicht, der Klügere kippt um«, lallte Stefan. »Dann heißt es gleich beim Doktor, der Klügere gipst nach.«

Die Weinvernichterrunde verschmolz endgültig zu einer schwankenden Einheit. Wenn sie noch was in den Gläsern gehabt hätten, hätten sie bestimmt Brüderschaft getrunken, aber solche Szenen blieben meinen nüchternen Augen zum Glück erspart.

»Vielen Dank für Ihre Aufmerksamkeit«, sagte nun Maria. »Wenn Sie möchten, können Sie gerne die Weine in unserem Laden zu Herstellerpreisen erwerben.«

Ja, ja, schon klar, dachte ich. *Die haben alle schön gesoffen hier, und jetzt geht's zur nächsten Bodega.*

Aber im Gegenteil. Die beiden Berliner richteten sich, so gut es ging, auf und marschierten strammen Schrittes in den Laden. Keine fünf Minuten später kamen sie mit nicht weniger als sechs Kisten Wein wieder raus. Da hatte sich Maria mit dem schnellen Nachschenken wohl nicht nur Ruhe erkauft, sondern nebenbei noch die Portemonnaies gelockert.

»Wir sind ja noch zwee Wochen hier«, erklärte Paule.

Wir kauften anstandshalber ebenfalls einige Flaschen Wein, dann verlud ich meine Truppe in den Landrover.

»Boh, ich hätte wohl doch besser was frühstücken sollen. Der Wein hat ganz schön reingehauen«, stöhnte Nina.

»Welcher von den ganzen Weinen genau?«, fragte ich spitz.

»Eins von den zwanzig Bierchen war wohl schlecht«, sang Arne. »Kreuzberger Nächte sind lang …«

»Okay, Nina ist nicht die Einzige, die was zu essen braucht«, sagte Anja, die ja tatsächlich noch nüchterner war als ich. »Gibt es hier vielleicht einen McDonald's oder so?«

»In Inca ist einer«, meldete sich Stefan. »Das sind nur fünf Kilometer oder so von hier.«

Dieses Fachwissen konnte ich nicht einfach so stehen lassen.

»Dafür, dass ihr euch so wahnsinnig gesund ernährt, kam das aber wie aus der Pistole geschossen«, stichelte ich.

»Stefan hat mal für ›Wetten, dass …?‹ alle McDonald's-Filialen in Europa auswendig gelernt«, erklärte Claudia. »Das war dem ZDF zu viel Werbung, aber jetzt kann man's ganz gut gebrauchen.«

»Auf jeden Fall besser, als einen Lastwagen auf Biergläser zu stellen«, bestätigte ich.

»Obwohl ich dazu jetzt gerade echt Lust hätte«, behauptete Arne.

»Wir müssen ihn jetzt echt schnell füttern«, meinte Anja.

Ich fuhr los.

31

Das McDonald's-Restaurant in Inca war gar nicht so leicht zu finden. Auf dem Weg dahin kamen wir an einigen Outlet-Stores für Schuhe und anderes vorbei, und es bedurfte einiger männlicher Überredungskunst, dass wir da nicht reinmussten. Nicht, dass wir einfach vorbeigefahren wären, das wäre zu schön gewesen, aber wenigstens mussten wir Männer nicht mit in den Laden. Noch schlimmer als Schuhekaufen mit Frauen fand ich nämlich Schuhe kaufen mit angeschickerten Frauen, die sich gegenseitig anstacheln. Das hatten Arne und ich schon einmal mit Nina und Anja nach einem Weihnachtsmarktbesuch in Köln durchleben müssen. Seitdem war ich allergisch gegen Glühwein und Lederstiefel. Bei mir sah Schuhekaufen immer so aus, dass ich in den Laden reinging, mich vor das Regal mit der passenden Größe stellte, einen aussuchte und fünf Minuten später wieder draußen war. Nina und Anja hatten erst mal das Schaufenster studiert, dann die gesehenen Schuhe auch im Laden gesucht, und als die richtige Größe nicht zu finden gewesen war, hatten sie die kleinere und die größere probiert. Das hat zwar noch nie funktioniert, hatte sie aber nicht davon abgehalten, dieselbe Prozedur im nächsten Laden gleich zu wiederholen.

Auch Arne bombardierte das Schuh-Outlet deshalb mit bösen Blicken.

»Wenn ich da reinmuss, kotz ich euch auf die Schuhe«, grummelte er. »Auf die alten und die neuen.«

Seine Drohungen litten ein bisschen unter seinem Zustand,

wirkten aber trotzdem. Auch Stefan blieb im Auto sitzen, als sich die drei Frauen in ihr Paradies stürzten. Zu unserer Genugtuung kamen sie wenigstens ohne Beute wieder raus. Vielleicht brauchten alle Nichtschwangeren und deshalb Weinprobenteilnehmerinnen auch einfach nur frische Luft – und etwas zu essen.

Die Adressen aller europäischen McDonald's-Filialen hatte Stefan leider nicht auswendig gelernt, und so suchten wir zuerst erfolglos im Zentrum von Inca. Erstaunlicherweise sprach Claudia echt gut spanisch und konnte uns so schließlich den Weg ins Industriegebiet erfragen.

Ich parkte unser Safarischiff direkt vor dem Eingang der McDonald's-Filiale. Während wir uns draußen noch die Essensübersicht ansahen, entdeckte Lenny schon, dass es hier auch ein Outdoor-Kletterhaus gab. Es waren mehrere große Plastikröhren auf zwei Ebenen, in denen man hoch und runter und kreuz und quer klettern konnte. Oben gab es drei Kabinen, die ein Flugzeug, einen Rennwagen und einen Hubschrauber darstellten. Sie hatten große Plexiglashauben, aus denen die Kinder herausschauen konnten. Lenny hatte schon den Rennwagen anvisiert, aber wir konnten ihn überreden, erst mal mit ins Restaurant zu gehen.

Im Laden war es relativ leer. Anja und ich waren schnell durch mit unseren Bestellungen, der Rest brauchte deutlich länger. Weil wir alle davon ausgingen, dass Käse die beste Grundlage für Alkohol war, auch wenn der Wein schon längst getrunken war, hatten wir hauptsächlich Cheeseburger auf dem Tisch, und das in Massen. Für Lenny gab's zum ersten Mal in seinem Leben ein Happy Meal. Er stopfte sich mit Begeisterung Hähnchenteile und Pommes frites rein. Da ich ihn ja schon vorbildlich in das Thema Pommes eingearbeitet hatte, fiel seine Umstellung von biologischer Kindernahrung auf

Fastfood nicht mehr ganz so schockierend aus. Oder wie es Stefan ausdrückte:

»Nachdem Felix ihn schon mit Fritten und Ketchup vergiftet hat, ist jetzt sowieso alles egal.«

»Das waren handgeschnittene Luxuskartoffeln, da können eure Biogläschen mal ganz schön einpacken«, antwortete ich, auch wenn das natürlich überhaupt nicht stimmte.

Aber in Stefan brodelte immer noch die Information, dass ich der Exfreund seiner Frau war. Das machte ihn nicht wirklich friedlich.

»Du machst Lenny nicht zu einem kleinen Fettsack. Das ist nämlich *mein* Sohn und nicht deiner. Wenn auch nur knapp.«

Claudia sah ihn sauer an.

»Wer weiß?«, spekulierte jetzt Arne. »Vielleicht hat sich ja noch eine von Felix' Superspermien in Claudias Gebärmutter versteckt, so ein paar Jahre lang, und nur auf den richtigen Moment gewartet, bis jemand anders für seine Klamotten, Carrera-Bahn und Studium aufkommen muss. Das perfekte Kuckuckskind.«

Er klopfte mir anerkennend auf die Schulter.

»Dir ist schon klar, dass du das jetzt nur erfunden hast, oder?«, fragte ich ihn.

»Ich hab das erfunden? Respekt! Das lass ich mir patentieren.«

Jetzt klopfte er sich selbst auf die Schulter. Es war ihm anzumerken, dass der Mix aus Sonne und Wein ihm von allen am meisten zugesetzt hatte.

»Nix da«, sagte ich, »kann nicht sein. Wir haben Kondome benutzt. Viele Kondome!«

»Das wollte ich nicht hören«, meldete sich Nina.

»Hättest du es besser gefunden, wenn es ohne Kondome gewesen wäre?«, fragte Claudia.

Nina warf ihr einen wütenden Blick zu. Und mir zwei.

»Aber das heißt doch alles noch gar nichts«, dachte Arne laut weiter. »Es könnte ja auch sein, dass Claudia nie über die Trennung hinweggekommen ist und sich eines dieser vielen, vielen, vielen Kondome eingefroren hat. Und dann vor vier Jahren – Bing! Die Mikrowelle. Und Bingo! Lenny ist da.«

»Du spinnst«, knurrte Stefan. »Lenny ist mein Sohn und damit basta.«

»Wieso bist du dir da so sicher?«, hakte Arne nach.

»Wir haben gar keine Mikrowelle.«

Alle nickten überzeugt.

»Was ist ein Konnom?«, fragte jetzt natürlich Lenny.

Claudia schaute mich genervt an.

»Das darfst du ihm erklären«, sagte sie. »Du hast damit angefangen.«

»Damals hast du damit angefangen«, antwortete ich.

»Das wollte ich nicht hören«, wiederholte Nina.

»Ein Kondom ist wie ein Luftballon«, erklärte ich Lenny.

»Stimmt«, ätzte Nina. »In deinem Fall mit viel heißer Luft!«

»Darf ich einen Konnom haben?«, fragte Lenny und zeigte auf die McDonald's-Ballons am Bestelltresen.

»Klar«, sagte Anja und holte ihm einen.

»Und?«, fragte Stefan Claudia. »Bist du wirklich nicht darüber weg?«

»Jetzt hör mal auf. Felix und ich sind schon lange darüber weg, das ist doch sieben Jahre her. Wer nicht darüber weg ist, das seid ihr.« Claudia zeigte auf Stefan und Nina.

»Für uns ist die Sache ja auch noch ganz frisch«, jammerte Nina.

»Was?«, fragte Arne verwirrt. »Hatten die jetzt auch noch was miteinander?«

»Stefan und Nina sind nicht darüber weg, dass Felix und Claudia sich getrennt haben«, versuchte Anja ihm zu erklären.

»Und wenn die noch zusammen wären?«, versuchte Arne mitzukommen.

»Das wäre für alle Beteiligten so langsam das Beste«, antwortete Anja.

»Finde ich nicht«, sagte ich und nahm Ninas Hand, aber die stieß mich weg.

Zum Glück war wie immer, wenn es um einen abrupten Themenwechsel ging, Verlass auf Lenny.

»Da is ein Spielzeug!«, freute der sich nämlich, als er in seinem Happy-Meal-Karton herumsuchte.

Er förderte ein kleines Star-Wars-Lichtschwert zutage.

»Da hängen die in Spanien aber ganz schön hinterher«, meckerte Stefan. »Das gab es in Deutschland doch schon vor Jahren.«

»Woher weißt du das denn?«, fragte Claudia.

»Ähm ... Kollegen ... die haben davon erzählt«, redete er sich raus.

»Genau zu der Zeit waren wir im Urlaub«, berichtete Nina. »Dann hat Felix sich total geärgert, dass er so ein Ding nicht mehr gekriegt hat. Stimmt doch, oder?«

Ich hätte gerne geantwortet, aber ich starrte wie hypnotisiert auf das Spielzeug. Ich hatte, seitdem diese Minilichtschwerter im Angebot gewesen waren, immer wieder Bieterduelle bei eBay verloren, als ich versucht hatte, es doch noch zu besorgen.

»Damit kann der doch noch gar nichts anfangen«, sagte ich. »Dafür bist du noch viel zu klein, Lenny.«

»Warum?«, fragte der.

»Das stammt aus einem Film, den schaut man sich erst an, wenn man viel älter ist als du.«

Lenny hatte das Ding schon ausgepackt und entdeckte jetzt auch noch den Schalter.

»Das leuchtet!«, rief er freudig.

»Lenny, das ist nichts für dich.«

»Gar nicht!«

»Genau, das ist gar nichts für dich!«

»Gar nicht gar nichts!«

»Du willst doch Lenny jetzt nicht wirklich sein Spielzeug wegnehmen, oder?«, ging nun Claudia dazwischen.

»Das ist kein Spielzeug, das ist Mace Windus Leuchtschwert«, antwortete ich.

»Jetzt ist es Lennys Leuchtschwert«, hielt Stefan dagegen.

Nun schaltete sich auch Nina ein: »Das kannst du echt nicht machen, Felix.«

Alles klar, ich musste als einzelner Rebell gegen das ganze dunkle Imperium kämpfen. Aber noch war nichts verloren.

»Okay, okay. Wenn ihr euch da alle so einig seid – kein Problem«, sagte ich.

Ich war ein bisschen sauer. Aber ich wusste, was zu tun war. Ich ging zum Tresen und bestellte noch ein Happy Meal mit dem besagten Leuchtschwert. Zum Glück sprach die Bedienung Englisch, und so war die Verständigung überhaupt kein Problem. Die Verständigung nicht – aber sehr wohl, dass es kein Leuchtschwert mehr gab. So, wie ich die Frau verstand, wurden von diesen Spielzeugen gerade die letzten Reste verteilt und es sei nicht mehr von allem alles da.

Da stand ich nun mit einer kleinen Portion Pommes, ein paar Nuggets, einer Dose Milch mit Schokostrohhalm und einer pinkfarbenen Plastikblüte, aus der eine Katze herausschaute, wenn man auf einen Knopf drückte. Das war nicht das, was ich wollte.

Ich versteckte die Katze unter den Pommes und den Nuggets und ging zurück zum Tisch.

»Und, hast du eins?«, fragte Claudia.

»Klar«, sagte ich und stellte das Tablett ab. »Jetzt habe ich eins.«

Ich schnappte mir das Leuchtschwert von Lenny und rannte damit raus zum Auto. Mist, der Schlüssel lag noch auf dem Tisch. Fliehen konnte ich also nicht. Ich sah mich um und suchte nach Alternativen. Es gab nur einen Ort, an dem ich jetzt sicher war.

Als die anderen aus dem Restaurant gerannt kamen, war ich längst oben in dem Hubschrauber. Zum Glück waren keine Kinder mehr in dem Kletterhaus.

Stefan entdeckte mich als Erster: »Da ist der Idiot!«

Alle starrten zu mir. Lenny heulte, obwohl er jetzt auch die Katzenblüte in der Hand hatte.

»Komm da jetzt raus und gib Lenny sein Spielzeug wieder!«, rief Claudia.

»Mace Windus Lichtschwert! Und das behalte ich!«, brüllte ich durch die dicke Scheibe zurück.

»Mach dich nicht lächerlich!«, erwiderte Nina.

Zu spät – ich saß mit einem Spielzeug in einem Kletterhaus, während mein verbrannter Kopf in der Sonne brutzelte. Junge, Junge, dieses Spielhaus hatte sich aber auch echt aufgeheizt und wurde in jeder Sekunde heißer! Ich fragte mich, wie die Kinder das aushielten.

»Das ist meins, und ich werde es verteidigen!«, schrie ich, zog das Schwert auf die volle Länge aus und schaltete das Licht an, was in der Sonne noch weniger Effekt hatte als sowieso schon.

»Ich bin auf Felix' Seite«, verkündete Arne unvermittelt und kletterte ebenfalls in das Haus. Er setzte sich in die Rennwagen-Kabine neben mir. »Bereit, wenn Sie es sind, Commander!«, rief er rüber und ergriff das Lenkrad.

»Seid ihr jetzt beide durchgedreht?«, schimpfte nun Anja. »Kommt da sofort raus!«

»Nur, wenn ich das Schwert behalten darf!«, antwortete ich.

»Ich werde ihn überzeugen«, sagte Nina zu den anderen und kam daraufhin ebenfalls an Bord. Sie kroch zu mir in den Hubschrauber. »Felix, jetzt hör auf mit dem Scheiß und gib Lenny das Ding zurück.«

»Das ist nichts für den, der weiß das gar nicht zu würdigen«, gab ich zurück.

»Ihr kommt jetzt sofort raus, oder wir kommen rein!«, drohte Claudia.

Ich nahm mein Schwert hoch und ging in Kampfpose.

»Traut euch doch!«, rief ich.

Das hätte ich nicht tun sollen, denn sie trauten sich tatsächlich. Anja kletterte zu Arne in den Rennwagen, Claudia und Stefan krochen in Richtung Hubschrauber.

Jetzt waren alle im Kletterhaus – außer Lenny! Der stand immer noch heulend davor.

Stefan kam drohend auf mich zugekrochen.

»Du gibst jetzt meinem Sohn sein Spielzeug wieder!«, schnaufte er.

»Hol's dir doch!«, giftete ich zurück und erhob das Schwert zur Abwehr. Ich hatte nicht daran gedacht, dass Nina ja auch auf der Seite des Imperiums kämpfte und nun versuchte, mir die Waffe zu entreißen. Ich stieß sie zur Seite und konnte damit auch Stefan zurückdrängen, der dadurch nach hinten kippte. Das alles war zu viel für die ganze Konstruktion. Das Kletterhaus knarrte, knirschte, rumorte – und brach in sich zusammen. Die unteren Röhren und die Stangen, die uns oben halten sollten, gaben einfach nach, und so landeten wir unsanft auf dem Boden, wobei unsere Kabinen komplett aufplatzten.

Lenny hatte vor Schreck aufgehört zu weinen, sah uns da liegen und fing stattdessen jetzt lauthals an zu lachen. Wir sortierten noch kurz unsere Knochen und realisierten dann, was passiert war. Wir hatten gerade einen beträchtlichen Schaden angerichtet.

Wir sprangen auf und rannten zum Auto. Im Laufen warf mir Nina den Schlüssel zu. Ich öffnete, alle kletterten schleunigst hinein, und wir rasten davon.

Keine fünfhundert Meter weiter ging ich voll in die Eisen.

»Was ist passiert?«, fragte Anja.

»Wir müssen umdrehen«, sagte ich und wendete den Wagen.

»Bist du bescheuert?«, rief Stefan. »Du kriegst doch wohl nicht jetzt auf einmal ein schlechtes Gewissen? Die sind doch gegen so was versichert!«

Ich sagte nichts und parkte direkt vor dem Schrotthaufen, der einmal das Kletterhaus gewesen war und um den sich jetzt die McDonald's-Mitarbeiter versammelt hatten. Ich sprang aus dem Auto und schob sie zur Seite. Tatsächlich: das Leuchtschwert war genau da, wo ich es verloren hatte. Ich schnappte es mir und war schon zurück im Auto, bevor sich irgendjemand auch nur hatte umdrehen können. Ich raste rückwärts vom Parkplatz und düste dann vorwärts in Richtung Autobahn. Han Solo wäre stolz auf mich gewesen.

»Du hast sie echt nicht mehr alle«, konstatierte Nina, womit sie wohl recht hatte. Sonst hätte ich mir auch nicht erklären können, was ich jetzt machte. Ich gab Lenny das Leuchtschwert.

32

Wir waren irgendwie doch alle stolz auf unsere geglückte Flucht. Auf der Autobahn waren alle noch einigermaßen fit, aber schon auf der Landstraße fing meine Trümmertruppe an zu schwächeln. Einem nach dem anderen wurde schlecht vom Saufen, vom Fast Food, von geheimen Schwangerschaften oder der Fahrweise des Landrovers. Also fuhren wir die halbe Strecke letztendlich mit knapp dreißig, und das letzte Stück Feldweg dann noch im Schritttempo. So kamen wir zwar spät an, aber ohne dass sich jemand übergeben hatte. In diesem Urlaub musste man sich schon über die kleinen Erfolge freuen. Als wir an der Finca eintrafen, waren alle total erledigt außer mir und Lenny. Der war sogar topfit und hatte mir mehr als verziehen, dass ich ihm das Leuchtschwert hatte wegnehmen wollen.

»Spielst mit mir?«, fragte er.

»Das ist eine gute Idee«, sagte seine Mama Claudia. »Wir hauen uns schon hin, und du kümmerst dich ein bisschen um Lenny. Der schläft jetzt sowieso noch nicht, und selbst wenn, wäre er morgen zu früh wieder wach. Also sieh zu, dass du ihn müde kriegst.«

Arne und Anja waren ebenfalls schon im Bett, und auch Nina verabschiedete sich.

»Das war gut, dass du das Leuchtschwert wieder zurückgegeben hast«, flüsterte sie mir zu. »Ich weiß, wie gerne du das gehabt hättest. Jetzt spielt ein bisschen, und komm bald rüber. Dann spielen wir auch noch ein bisschen …«

Sie küsste mich und verschwand ins Schlafklo. Ich schaute

ihr nach. Jetzt hatte ich definitiv gar keine Lust mehr, mit Lenny zu spielen. Aber wenn ich das selbstlos tat, ließ das meine Chancen wahrscheinlich noch mehr steigen, dass es mit der Enthaltsamkeit heute endlich vorbei war. Jetzt galt es, genau abzuwägen. Ich musste lange genug mit Lenny spielen, um einen guten Eindruck zu hinterlassen, und kurz genug, um mir bei Nina noch die Belohnung dafür abzuholen, bevor sie schlief. Ich beschloss, dass ein Spaziergang wohl am ehesten geeignet wäre, Lenny müde zu machen.

»Komm, Lenny, wir gehen mal ein bisschen spazieren«, forderte ich ihn auf.

»Warum?«

»Dann können wir uns die Olivenbäume dahinten anschauen.«

»Warum?«

»Weil da ganz schöne Bäume sind.«

»Warum?«

»Weil die da jemand gepflanzt hat.«

»Warum?«

Lenny wollte mich ganz klar mürbe machen. Vielleicht hatte er mir die Sache mit dem Leuchtschwert ja doch nicht verziehen. Aber dieses Mal wollte ich mich nicht unterkriegen lassen. Keine Flucht. Keine Flüche. Keine Ausflüchte.

»Weil der Oliven haben wollte.«

»Warum?«

»Weil der Öl machen wollte.«

»Warum?«

»Weil er Gambas braten wollte, die seine Frau vom Markt mitgebracht hatte.«

»Warum?«

»Weil die billig waren.«

»Warum?«

»Weil die schon ein bisschen alt waren.«

Lenny überlegte kurz.

»Tante Simone is auchn bissen alt.«

Ha! Den Warum?-Marathon hatte ich gewonnen. Aber ich hatte bereits Angst, wo das Gespräch jetzt schon wieder hinging. Wenigstens sagte er *Tante Simone* und nicht *E.T.*!

»Das kann sein«, sagte ich.

»Mama sag, die is auch billig!«

»Hauptsache du weißt, dass ich das nicht gesagt habe, sondern deine Mama, sonst kriege ich wieder Ärger. Jetzt gehen wir aber spazieren.«

»Warum?«

Okay, dann hatte Lenny eben gewonnen.

»Darum.«

Wir liefen in den Garten und von da auf das Feld mit den Olivenbäumen.

»Daf ich raufklettan?«, fragte Lenny bei einem der Bäume.

»Klar.«

Ich half ihm auf einen breiten, stabilen Ast. Lenny war ein beachtlicher Kletterer.

»Du kannst ganz schön gut klettern«, lobte ich.

»Ja«, antwortete er stolz.

Ich meinte, mal irgendwo gelesen zu haben, dass es wichtig sei, Kinder immer wieder zu loben. Da hatte allerdings auch gestanden, dass es wohl eine richtige Zeit zum Loben gab und eine falsche. Sagen wir mal so, das hier war nicht die richtige. Lenny bekam davon einen Motivationsschub, und so arbeitete er sich schnell in Richtung Spitze des Baumes vor. Und irgendwo auf halber Strecke fiel ihm wohl etwas Wichtiges aus der Tasche – sein Mut.

»Is zu hoch!«, sagte er.

»Dann komm wieder runter.«

»Kann nich, hab Angs!«

»Aber du hast es doch auch nach oben geschafft.«

»Hab Angs«, wiederholte er.

»Okay, ich helfe dir.«

Ich sah mir den Baum an. Aus den Vorgärten von Möchtegern-Toskana-Häuschen in Köln kannte ich eigentlich nur Olivenbäume, die kaum höher als zweieinhalb Meter waren. Ich ging nicht davon aus, dass diese Leute von der Olivenölernte wirklich leben konnten. Aber dieser Baum hatte eine Höhe von mindestens zehn Metern. Ein paar der drumherum stehenden waren sogar doppelt so hoch. So gesehen Glück, dass Lenny sich diesen Baum ausgesucht hatte. Einer der mickrigen deutschen wäre mir allerdings noch lieber gewesen. Ich kletterte nun selbst auf den Baum. Die unteren Äste waren dick und konnten mich problemlos tragen. Aber ich sah direkt, dass es weiter oben viel dünner wurde. Egal, ich musste ja im Zweifel nur Lennys Füße erreichen.

»Kannst du ein ganz bisschen zurückklettern?«, fragte ich.

»Hab Angst«, wiederholte Lenny nur. Ich wünschte mir das »Warum?« zurück.

»Okay, ich komme auch so an dich ran.«

Ich kam noch ungefähr fünf Zentimeter weiter nach oben, als der Ast unter mir einfach nachgab. Ich schoss wie ein Fass Olivenöl senkrecht nach unten. Der Aufprall war unangenehm, aber weniger hart als erwartet. Ich versuchte abzurollen wie Jackie Chan – aber der hätte das wahrscheinlich vom Baum weg gemacht, nicht zum Stamm hin. Ich stieß mir den Kopf, was dem Sonnenbrand definitiv gar nicht gefiel. Der Einzige, der Spaß hatte, war Lenny.

»Was machs du?«, fragte er.

»Och, nichts, nur ein paar Stunt-Übungen. Da muss ich noch dran feilen.«

»Has du Aua?«

»Nein, nein, geht schon«, log ich mannhaft und humpelte davon.

Ich sah mich um. Ich brauchte eine Leiter oder irgendetwas, wo man draufsteigen konnte.

»Rufs du Feuerwehr?«, schlug Lenny vor. »Die haben'n Drehleiterfahrzeug, damit retten die Katzen!«

Woher kennen die Kinder heutzutage das Wort Drehleiterfahrzeug?, wunderte ich mich noch, aber dann fiel mir das Kinderbuch über die Feuerwehr ein, das wir ein paar Tage zuvor gelesen hatten.

»Das kriegen wir auch so hin«, antwortete ich.

Ich entdeckte einen kleinen alten Traktor. Hinten dran war ein Anhänger, auf dem abgeschnittene Olivenzweige und Blätter lagen. Wenn ich auf das Dach des Traktors stieg, konnte ich Lenny vielleicht erreichen.

»Bleib, wo du bist. Ich hole den Traktor her«, sagte ich.

Auch das hatte ich in Jackie-Chan-Filmen gesehen. Man konnte eigentlich jedes Fahrzeug problemlos kurzschließen. Wenn das so gut klappte wie das Abrollen, war es vielleicht schmerzhaft, aber zumindest zu überleben.

Als ich beim Traktor ankam, erwartete mich allerdings eine Überraschung. Der Zündschlüssel steckte. Warum auch nicht, abgesehen vom Sicherungsklau gab es auf diesem fern von allem liegenden Anwesen wohl keine Kriminalität zu befürchten. Jetzt musste ich nur noch herausfinden, wie man so ein Ungetüm fuhr. Auf den Baustellen musste ich manchmal den einen oder anderen Bagger aus dem Weg fahren, aber keinen schätzungsweise fünfzig Jahre alten Traktor. Kupplungshebel und Gaspedal waren dicke Metallstangen, die irgendwie rechts und links vom Lenkrad aus dem Boden ragten. Die Einkerbungen, die quasi das Fußbett bilden sollten, waren schon von jahrelangem Fahren blank poliert. Der Schaltknüppel kam ebenfalls aus dem Boden. Der Lenker ging extrem schwerfällig, das Wort »Servo« hatte die Maschine wohl noch nie gehört. Trotzdem wirkte das alles machbar.

Ich drehte den Schlüssel, und das Ungetüm erwachte lautstark zum Leben. Beim Tritt aufs Gaspedal spürte ich die unbändige Energie des Dieselmotors. Um aber die Kupplung zu drücken, bedurfte es einer großen Kraftanstrengung. Ich musste sogar ein bisschen dazu aufstehen. Trotzdem schaffte ich es, den Traktor in Bewegung zu setzen. Stolz drehte ich eine Ehrenrunde durch den Olivenhain, wobei Lenny mich von oben beobachtete. Dann nahm ich Kurs auf den Baum. Um Lenny zu erreichen, müsste ich den Traktor sehr nah an den Stamm heranfahren. Ich tat es und trat die Kupplung. Ich hatte den Gegendruck aber unterschätzt und rutschte einfach von dem glatten Pedal ab. Der Traktor machte einen großen Satz und rammte den Baum. Der schwankte einmal kräftig und befreite sich dabei von unnötigem Ballast – Lenny! Er flog in hohem Bogen runter.

In Millisekunden lief sein Leben als Film vor meinen Augen ab. Außerdem sah ich die vorwurfsvollen Gesichter von Claudia, Stefan und den enttäuschten Blick von Nina. Ich sah mich vor Gericht sitzen und in einem finsteren mallorquinischen Gefängnis landen. Erst ganz am Schluss des Films sah ich den leblosen Körper Lennys, der allerdings irgendwie aussah wie der Kater Tom, den die Maus Jerry mal wieder über die Kante des Grand Canyon gelotst hatte. Jetzt hatte ich auch noch ein schlechtes Gewissen, weil mir so ein unpassendes Bild einfiel. Ich öffnete die Augen. Der Motor des Traktors war abgewürgt, und so entfaltete sich eine gespenstische Stille.

Dann hörte ich hinter mir ein Kinderlachen.

»Das war cool!«, gluckste Lenny. »Noch mal!«

Der Junge konnte irgendwelchen Katzen noch Leben abgeben. Er hatte offensichtlich keine Äste gerammt und war sage und schreibe direkt im Anhänger gelandet, lag weich auf den Zweigen und Blättern.

»Ähm … das hat doch super geklappt«, behauptete ich erleichtert. »Aber einmal reicht.«

Mann, war das knapp gewesen. Mein Herz pochte mir bis zu den Haarspitzen. Mit wackeligen Knien kletterte ich vom Traktor und hob auch Lenny aus dem Wagen. Unter meinem Sonnenbrand war ich wahrscheinlich leichenblass.

Wir liefen um den Traktor herum. Er hatte bei dem Zusammenstoß nichts abgekriegt. So beschloss ich, ihn einfach genau da stehen zu lassen, auch weil ich mich nicht mehr wirklich an seine Kupplung traute.

Lenny war extrem gut drauf. Ihm hatte der Flug eine Riesenportion Adrenalin eingespritzt. So würde ich ihn noch lange nicht ins Bett bringen können. Wir setzten unseren Spaziergang deshalb einfach noch ein bisschen fort.

»Könn wir Verstecken spieln?«, schlug Lenny vor.

Ich sah mich um. Die Olivenbäume waren ein idealer Platz dafür.

»Okay«, antwortete ich. »Du fängst an. Du versteckst dich, und ich zähle bis zwanzig! Eins, zwei, drei …«

Ich hielt mir die Augen zu und hörte Lenny davonlaufen.

»Ich komme!«, rief ich. In der Richtung, in die ich ihn hatte laufen hören, gab es nur einen Baum, und ich hörte Lenny dahinter kichern. Ich marschierte deshalb natürlich in die entgegengesetzte Richtung.

»Wo mag Lenny nur stecken? Ich finde ihn nicht.«

Lenny kicherte wieder.

»Der hat sich aber gut versteckt. Vielleicht ist er ja auf einem Baum? Lenny, bist du da oben?«

Ich lief um den Baum herum, hinter dem er saß, schaute dabei aber nach oben. Dann trat ich ganz vorsichtig gegen ihn. Lenny lachte laut los.

»Ach, da bist du«, sagte ich. »Das war echt spitze. Jetzt bin ich dran.«

»Okay!«, sagte Lenny und begann sofort zu zählen. »Eins, zwei, drei ...«

Ich lief schnell davon und versteckte mich hinter einem dicken Baum. Gerade noch früh genug, denn bei Lenny kam die Zwanzig direkt hinter der Elf.

»Ich komme!«, rief Lenny, und ich hörte ihn mit Riesenschritten direkt auf mich zulaufen. »Gefunden!«

Na super, tolles Spiel! Aber Lenny gefiel das System bestens. Ich suchte ihn immer lange, und er fand mich sofort. Allerdings beim gefühlt hundertsten Mal fand ich ihn gar nicht.

Unbemerkt war es dunkler geworden, und hier im Olivenhain ging das offensichtlich noch mal schneller. Ich konnte Lenny nirgendwo entdecken. Anfangs hielt ich das noch für einen Witz, aber dann meldete er sich auch nicht, als ich ihn rief. Wie weit konnte er weggelaufen sein, dass er mich nicht hörte? Oder hatte er einfach gelernt, dass ich ihn finden konnte, wenn er kicherte? Jetzt kam in mir wieder blanke Panik auf. Wenn ich ihn nicht schnell fand, hatte ich ein Riesenproblem! Der Film mit Lennys Leben fing wieder an, vor meinen Augen abzulaufen. Ich wollte aber nicht zu der Szene kommen, in der Jerry einen Baum absägte, hinter dem ein skelettierter Tom saß.

Es wurde buchstäblich jede Sekunde dunkler. Ich dachte darüber nach, den Traktor zu holen, um mit seinen Scheinwerfern etwas Licht zu machen. Die Kombination aus einem eventuell auf dem Boden liegenden Lenny und der rutschigen Kupplung war mir allerdings zu gefährlich. Also blieb mir nichts anderes übrig, als mit dem Licht der Handykamera nach ihm zu suchen, während ich um jeden einzelnen Baum herumkroch und ihn rief. Das Video sah aus wie eine Neuverfilmung vom *Blair Witch Project*.

Der Olivenhain war verdammt groß, und je dunkler es wurde, desto größer wurde er. Die Blair-Witch-Optik stellte den Ursprungsfilm locker in den Schatten, dafür sorgten die dicken Zweige, die definitiv aussahen, als wollten Unmengen an Bodybuilderarmen nach der Kamera greifen. Nur das Lenny-Gerufe aus dem Off störte vielleicht den gruseligen Eindruck. Ich probierte ein paar andere Tonlagen aus, konzentrierte mich schließlich doch wieder auf das Suchen. Aber ich konnte machen, was ich wollte, ich fand ihn nicht. Ich würde wohl oder übel die anderen aus der Finca holen müssen, um gemeinsam zu suchen. Na spitze – nachts im Wald mit einer Horde Besoffener! Das erinnerte jetzt nicht nur an das *Blair Witch* Project, sondern noch an eine ganze Menge anderer Filme. Aber leider alle aus dem Horrorgenre.

Ich wollte einen letzten Versuch starten. Vielleicht konnte mir doch das Scheinwerferlicht des Traktors helfen. Ich stieg auf, trat gründlich auf die Kupplung und startete den Motor. Die Maschine war echt robust. Der Crash gegen den Baum hatte ihr gar nichts ausgemacht, sie sprang sofort wieder an. Jetzt musste ich nur noch hoffen, dass sie sich nicht mit in den Zweigen verhakt hatte. Ich legte den Rückwärtsgang ein und erlebte zwei Wunder. Erstens setzte sich der Traktor geschmeidig in Bewegung, als wäre nichts gewesen, zweitens ging ein Rückfahrscheinwerfer an und beleuchtete alles, was hinter dem Trecker war – auch den Anhänger. Und da lag Lenny und schlief. Er hatte sich tatsächlich dort oben versteckt und war dann einfach weggedöst. Mir fiel eine Gerölllawine vom Herzen.

33

Ich fuhr mit dem Traktor bis an den Pool und trug Lenny den Rest der Strecke auf dem Arm. Ich hatte sofort einen Heidenrespekt vor allen Müttern, die solche kleinen Schwergewichte den ganzen Tag durch die Gegend schleppten. Vielleicht lag es einfach daran, dass Lenny sich im Schlaf total hängen ließ, aber er kam mir so schwer vor wie eine halbe Kuh. Was wog so ein Kleinkind eigentlich, hundert Kilo? Egal, ich trug ihn rein, dann die Treppe hoch in sein dunkles Zimmer. Junge, Junge, war das stockfinster hier. Hatten seine Eltern denn noch nie etwas von einem Schlaflicht gehört? Ich hoffte, dass ich nicht wieder auf irgendwas drauftreten würde. Erst als ich ihn in sein Bett legte, merkte ich, dass Claudia bereits drinlag. Sie hatte dort offensichtlich auf ihn gewartet. Dass sie es war und nicht Stefan, wurde mir sofort bewusst, weil ich Lenny nämlich aus Versehen direkt auf ihre Brust legte. Nur dass dabei nicht Lenny auf ihrer Brust lag, sondern noch meine Hand dazwischen. Sonst aber nichts. Sie war offensichtlich oben ohne. Na toll, jetzt hatte ich meiner Ex auch noch an die Brust gefasst! Und die machte das Schlimmste, was ihr im Schlaf wohl gerade einfiel. Sie schloss den ebenfalls schlafenden Lenny automatisch in die Arme. Wodurch sie meine Hand auf ihrer Brust erst recht einklemmte und sich mit Lenny auf die Seite drehte. Mich zog sie dabei automatisch mit. Ich lag jetzt tatsächlich in perfekter Löffelchenstellung hinter ihr.

Wenigstens eine Decke hätte sie sich doch nehmen können, dachte ich und überlegte, wie ich da jetzt rauskam, ohne sie zu wecken. Ich lag direkt an ihr dran. Sie roch immer noch sehr gut, das hatte mir damals schon gefallen. Und sie fühlte sich gut an. Alles wie damals. Ich fühlte mich zurückversetzt in die guten alten Zeiten.

Ich schreckte auf. Moment! Gute alte Zeiten? Nix da, wir hatten uns ja nicht ohne Grund getrennt. Ich durfte mich jetzt echt nicht von meiner Ex angemacht fühlen, nur weil ich tatsächlich zufällig mit ihr im Bett lag und meine Hand an ihrer schönen, nackten Brust hatte. Claudia hatte ja nebenbei auch noch den ganzen Urlaub über nichts Besseres zu tun gehabt, als mich anzumosern. Oder war das nur eine Schutzreaktion? Wollte sie ihre wahren Gefühle so überspielen? War Lenny mein Sohn aus eingefrorenen Kondomen? Ich schüttelte den Kopf. Ich musste Arne echt mal für seine Theorien einen vor den Latz geben. Aber es blieb dabei, dass ich mit Claudia eng umschlungen im Bett lag. Na gut, die Anstandsdame Lenny war ja auch noch dabei. Der war überhaupt schuld an dieser Situation! Ich ärgerte mich. Das schönere Zimmer hatte er auch noch. Und wenn er sich nicht auf dem Anhänger versteckt hätte, wäre ich längst bei und mit Nina im Bett. Nina! Oje, wenn sie mich so sehen würde, wäre alles zu Ende. Selbst wenn ich selbst mich so sehen würde, wäre alles zu Ende. Ich musste mich irgendwie befreien. Ich zog meine Hand langsam von Claudias Brust. Die ganze Strecke über ihren Nippel. Man kann als Mann aber auch echt Pech haben. Claudia bewegte sich leicht. Ich setzte mich auf.

»Stefan?«, flüsterte sie.

Mist, musste die jetzt auch noch aufwachen? Was wusste sie von meiner Hand und ihrer Brust?

»Nein, Felix. Ich habe Lenny hochgebracht«, sagte ich leise.

»Oh.« Kurze Pause. »Kannst du was sehen?«

»Nein.«

»Das ist gut, ich habe nämlich nur ’ne Schlafhose an.«

»Stockfinster. Keine Sorge.«

Tatsächlich hatten sich meine Augen schon ein bisschen an die Dunkelheit gewöhnt, und ich sah ihre Umrisse vor mir, wenn auch nur von hinten.

»Danke, dass du auf Lenny aufgepasst hast.«

»Keine Ursache. Jetzt schlaf weiter.«

»Mach ichchch ...«, murmelte sie und war wohl schon beim I wieder eingeschlafen.

Ich schlich mich leise aus dem Zimmer und dann die Treppe hinunter. Vor der Zimmertür blieb ich noch kurz stehen und atmete tief durch. Dann ging ich rein.

Nina schlief natürlich tief und fest. Ich putzte meine Zähne, so laut ich konnte, in der Hoffnung, dass sie davon vielleicht wach würde, aber das passierte nicht. Auch der Wasserhahn und die Klospülung lockten sie nicht aus dem Reich der Träume.

Ich legte mich zu ihr und streichelte ihren Rücken. Sie schüttelte sich leicht und drehte sich noch ein bisschen weiter weg. Das war also die traurige Wahrheit. Ich war heute Nacht mit meiner Ex intimer gewesen als mit der Frau, die ich morgen fragen wollte, ob sie mich heiratet. Das konnte ich nicht so stehen lassen. Ich drehte Nina vorsichtig auf den Rücken, knöpfte ihr Pyjama-Oberteil auf und fasste ihre beiden Brüste an. Ha! Eine mehr als bei Claudia. Ich war zufrieden.

Aber Nina öffnete jetzt ihre Augen und blinzelte.

»Was machst du da?«, fragte sie.

»Ich ordne deine Brüste«, antwortete ich.

Den Satz hatte ich bei Steve Martin in dem Film *Tote tragen keine Karos* gesehen, hätte aber nie gedacht, dass ich ihn mal irgendwo brauchen würde.

»Sehr nett«, sagte Nina. Ich rechnete mit einer Standpauke,

aber sie schaute mich sanft an. »Hast du Lenny müde gekriegt?«

»Schläft wie ein Stein. War nicht leicht.«

»Dann komm mal her, mein Held!«

Sie zog mich zu sich heran und küsste mich heftig. Dabei streifte sie mir mein T-Shirt über den Kopf. Ich spürte ihre Haut und fühlte mich ganz einfach zu Hause. Keine Irritationen mehr mit Claudia, bei Nina war ich einfach zu Hause! Sie rollte mit mir zur Seite, sodass sie jetzt auf mir lag. Sie richtete sich auf, schaute mich an. Sie schaute mich ein bisschen komisch an, fand ich. Sie hielt sich die Hand vor den Mund. Ihre grünen Augen wurden riesig, sie sprang von mir runter und schaffte es gerade noch zur Toilette, um sich zu übergeben. Die plötzlichen Bewegungen waren wohl doch zu viel für ihren Nach-Weinproben-Zustand gewesen. Ich beschloss, Wein ab jetzt zu hassen!

»Soll ich rausgehen?«, bot ich an.

»Nein, bleib bitte hier«, röchelte Nina.

Sie kroch auf allen vieren wieder ins Bett und kuschelte sich mit dem Rücken an mich. Schon wieder Löffelchen. Wenn's nicht so doof gewesen wäre, hätte ich lachen müssen.

»Tut mir leid. Das muss der Wein gewesen sein«, sagte sie.

»Wenigstens habe ich dieses Mal keinen Fisch vergammeln lassen«, antwortete ich und bereute es sofort.

»Was meinst du mit ›vergammeln lassen‹?«

»Ach so, nix, nur so ein Spruch. Schlaf jetzt weiter.«

Ich hörte förmlich, wie es in Ninas Kopf arbeitete. »War was mit dem Fisch nicht in Ordnung?«

»Du weißt doch selbst, dass der ein bisschen gerochen hat.«

»Aber gerade eben sagtest du, *du* hättest ihn vergammeln lassen.«

Warum hat man eigentlich Diktiergeräte erfunden, wenn es

doch Frauen gab? Nina konnte einem noch jahrelang irgendwelche Unterhaltungen wortwörtlich zitieren, allerdings nur die gefährlichen Stellen.

»Was weiß ich?«, druckste ich herum. »Es kann sein, dass er ein bisschen viel Sonne abgekriegt hat.«

Nina drehte sich empört zu mir um. »Und du hast mich den trotzdem essen lassen?«

»Wollte ich doch gar nicht!«

Jetzt wäre es mal schön gewesen, wenn sie sich auch die guten Stellen gemerkt hätte. Und tatsächlich:

»Stimmt. Trotzdem.«

Nina verlor solche Wortduelle selten und jedes Mal äußerst ungern. Ich wettete, sie suchte gerade nach einer Möglichkeit, doch noch zu gewinnen.

»Du riechst komisch«, sagte sie.

Mir lief es kalt den Rücken runter. Konnte das sein? Konnte sie wirklich erschnuppern, dass ich kurz neben Claudia gelegen hatte? Dass sie selbst mir eine Mischung aus Weinfahne und dem, was davon gerade zurückgekommen war, entgegenpustete, wollte ich ihr jetzt trotzdem lieber nicht sagen.

»Ich habe mit Lenny ein bisschen auf dem Boden im Olivenhain gespielt, das könnte es sein.«

»Der Duft erinnert mich an irgendwas.«

Klar, an Claudia!

»Vielleicht wolltest du da mit mir auch auf dem Boden spielen«, schlug ich vor.

»Genau. Das war's wohl«, antwortete sie müde. »Aber leider nicht mehr heute. Schlaf gut!«

»Schlaf gut!«

34

Am nächsten Morgen waren alle wieder fit. Arne und Anja waren in der Frühe schon einkaufen gewesen und erwarteten die zusammengewürfelte Reisegruppe bei Sonnenschein mit einem beeindruckenden Frühstück auf der Terrasse. Es gab alles an deutschen und spanischen Spezialitäten, was man sich wünschen konnte.

»Man sollte nie einkaufen gehen, wenn man Hunger hat«, meinte Anja.

»Kein Grund, sich zu entschuldigen«, sagte ich. »Wir kriegen das schon aufgegessen.«

Wir setzten uns alle um den Tisch herum. Das letzte Mal hatten wir das vor dem Angriff der Rinder hingekriegt. Die Terrasse mit der Sonne, dem Pool und der Landschaft drumherum deutete an, wie schön der Urlaub eigentlich hätte sein können. Aber heute hatte niemand Augen für diese Idylle. Tatsächlich hauten alle rein, als müssten sie wieder zur Weinprobe, aber dieses Mal mit *vorher* gegessener Grundlage.

Lenny setzte sich neben mich.

»Gehn wir wieder zu die Bäume?«, fragte er.

»Klar«, versprach ich.

»Aber nicht hochklettern«, mahnte Stefan.

»Natürlich nicht«, wiegelte ich ab und hoffte – vergebens.

»Bin supa geklettat. Ganz hoch!«

Jetzt wurde auch Claudia hellhörig: »Wo hoch?«

»Aufn Baum! Ganz hoch!«, prahlte Lenny.

»Bist du bescheuert?«, herrschte Stefan mich an und wandte

sich dann wieder Lenny zu. »Und wie bist du wieder runtergekommen?«

»Mit den Traktor.«

»War kein Ding«, behauptete ich.

In den Gesichtern von Claudia und Stefan konnte ich hingegen ablesen, dass sie sich nachträglich einige Sorgen machten. Aber ich konnte mir eigentlich ziemlich sicher sein, dass ihre Fantasie nicht so dramatisch sein würde wie das, was wirklich passiert war.

»War supa!«, bestätigte auch Lenny.

Seine Eltern waren noch nicht so recht überzeugt. Aber Lenny schien mit seiner Erzählung durch zu sein, und auch ich hatte nicht vor, noch mehr von gestern zu berichten.

Vor der Finca hupte es. Ich erkannte den Klang wieder und lief durch das Gebäude, um Uwe reinzulassen.

»Moin!«, begrüßte er mich. »Alles klar für die Seefahrt?«

Ich hatte das Schnorcheln schon ein bisschen verdrängt. Aber genau wie bei der Finca war die Grundidee ja nicht schlecht. Nur die Umstände mussten mitspielen. Ich blickte zum Himmel.

»Sieht besser aus, oder?«, fragte ich.

»Nicht eine Welle auf dem Meer.«

»Ruhig wie die Stirn von Nicole Kidman«, witzelte ich.

Er sah mich fragend an.

»Botox«, erklärte ich.

»Aha. Und? Seid ihr bereit?«

»Nein. Hast du Hunger?«

Hatte er. Uwe kam mit auf die Terrasse, grüßte in die Runde und machte sich über das Frühstück her.

»Wir versuchen's gleich noch mal mit dem Schnorcheln«, erklärte ich Nina.

»Echt? Ich weiß nicht ...«, entgegnete sie.

»Heute wird das ganz anders«, versprach Uwe. »Es weht

kein Lüftchen. Ich bin vorhin schon mal in die Bucht gefahren.«

Er warf mir einen verschwörerischen Blick zu.

»Dieses Mal nehmen wir eine andere«, fuhr er fort. »Noch schöner, noch leerer. Da könnt ihr nackt baden, wenn ihr wollt!«

»Nix da!«, erwiderte Nina. »Ihr müsst nämlich wissen, dass Uwe so gerne auf Brüste schaut.«

Ich sah automatisch zu Claudia, die sich auch heute nur ein T-Shirt übergeworfen hatte. Immerhin! Ich wusste ja jetzt, wie sie schlief. Sie sah mich nachdenklich an. Hatte sie doch etwas bemerkt?

Uwe wurde leicht rot. »Bei euch muss man echt aufpassen, was man sagt. Wie hältst du das nur aus?«

»Hoffentlich noch sehr lange«, antwortete ich und nahm Ninas Hand. »Komm, wir packen was zusammen!«

Wir gingen ins Zimmer, während Uwe noch frühstückte.

»Hast du heute auch wieder ein Entschuldigungshotel gebucht, oder kommen wir zurück?«, fragte sie mich in unserem Zimmer.

»Kann durchaus sein, dass wir es ganz eventuell, vielleicht, möglicherweise hierhin zurückschaffen«, witzelte ich.

Ich hatte ja keine Ahnung, wie schwierig das in der Tat werden würde, besonders für mich.

Da Nina dieses Mal ja wusste, wo es hinging, konnten wir viel besser packen und waren nach zwei Minuten wieder bei Uwe. Das waren etwa fünf Sekunden zu spät.

»Ach, dann bist du ja die, die schwanger ist! Herzlichen Glückwunsch!«, sagte er gerade.

Claudia und Stefan starrten abwechselnd Uwe und Anja an. Anja hingegen tötete mich mit einem einzigen Blick.

»Echt?«, fragte Claudia.

»Siebte Woche«, bestätigte Anja kleinlaut.

»Und das weiß dieser Touristenhampel früher als wir, deine Freunde?«, schimpfte Stefan.

»Tja, das wundert mich auch ein bisschen«, antwortete Anja und warf einen weiteren Todesblick in meine Richtung. »Wir wollten das eigentlich erst in einem Monat bekannt geben.«

»Na toll!«, empörte sich Stefan immer noch.

»Ich bin kein Touristenhampel«, beschwerte sich Uwe. »Ich bin Dienstleister!«

»Allerdings leider nicht in der Geheimhaltungsbranche«, fügte ich hinzu.

»Wann hast du Uwe denn das mit der Schwangerschaft eigentlich erzählt?«, meldete sich jetzt Nina zu Wort.

Nina und ihr Gedächtnis! *Sie* sollte beim Geheimdienst arbeiten. Ich wollte ja immer noch nicht, dass sie dahinterkam, dass ich Uwe getroffen hatte, um ihm den Ring zu geben.

»Das ... ähm ...«, stotterte ich. Ich stand echt auf dem Schlauch.

»Das war im Auto«, sprang Uwe ein.

»Nein, da hat er das nicht erzählt«, widersprach Nina. Wie sollte Uwe auch wissen, mit welcher Speichermaschine er es hier zu tun hatte?

»Ach nein, das war bei der Hütte, in der wir Paella gegessen haben«, wagte Uwe einen zweiten Versuch. »Da waren wir zwischendurch kurz draußen auf der Veranda. Und da hat er mir das erzählt.«

Das war wasserdicht. Nina war anzusehen, dass sie noch nicht hundertprozentig überzeugt war, andererseits wusste sie nicht, warum Uwe ihr was vormachen sollte.

»Tja, wir haben den ganzen Tag mit Anja und Arne verbracht, und uns hat das gar keiner erzählt«, nölte Stefan immer noch.

Lenny erinnerte sich anscheinend grade genau daran, wo ich das Uwe erzählt hatte.

»Was is denn heiraten?«, fragte er nämlich.

»Wie kommst du denn jetzt darauf?«, wunderte sich Claudia, wartete zum Glück aber nicht auf eine Antwort. »Das ist, wenn ein Mann und eine Frau für immer zusammen sein wollen. Oder manchmal auch, wenn man ein Kind bekommt.«

Bei Lenny machte es Klick und ich merkte, wie er zu Nina und mir schaute. Ich musste ihn davon abhalten, etwas zu sagen, was mir die Überraschung für Nina zerstören konnte.

»Seid froh, dass er nicht gefragt hat, was das Wort ›schwanger‹ bedeutet«, meinte ich schnell.

Und Lenny reagierte wie bestellt. »Was is denn schwanger?«

»Wir müssen gehen«, grinste ich. »Viel Spaß!«

35

Uwe fuhr mit uns zum Hafen von Portocristo, wo ich ihn auch mit Lenny besucht hatte. Das Wetter war ideal für einen Bootsausflug. Das Wasser war tatsächlich so ruhig, dass der wolkenlose Himmel sich schon darin spiegelte. Wir stiegen in ein kleineres Boot als beim ersten Versuch, aber dafür kamen keine weiteren Gäste dazu.

»Bereit?«, fragte Uwe.

»Bereit!«, bestätigten wir.

Uwe gab Gas. Vollgas! Das Boot schoss regelrecht aus dem Hafen heraus, dann reduzierte Uwe die Geschwindigkeit wieder.

»Ich wollte euch nur mal zeigen, dass so ein kleines Boot auch was kann!«, brüllte er gegen den Motor an. »Nicht, dass ihr enttäuscht seid!«

»Ist angekommen!«, rief ich zurück. Nina war nicht genau anzusehen, ob sie das jetzt gut gefunden hatte oder nicht. Als das Boot wieder langsamer fuhr, sah sie zumindest zufrieden aus.

Nach etwa zehn Minuten waren wir in der von Uwe ausgesuchten Bucht angekommen. Wir fuhren um ein großes Plateau herum und dann scharf nach links. Danach machte die große Felsöffnung eine Rechtskurve, wodurch die Bucht vom Meer aus gar nicht einsehbar war. Sie wurde nach hinten hin immer schmaler und endete schließlich an einem weißen Sandstrand. Das Wasser leuchtete in reinstem Türkis, und man konnte bis auf den Meeresboden schauen, wo schon vom Boot aus Fische und Korallen zu erspähen waren. Wir waren allerdings nicht allein. Eine große Jacht lag ebenfalls vor Anker.

»Oh, so viel zum Geheimtipp«, sagte Uwe. »In der Bucht ist sonst nie jemand. Das Schiff kenne ich irgendwie. Ich komme aber gerade nicht drauf, wem das gehört.«

Wir fuhren ein bisschen weiter in Richtung Strand und ankerten im flachen Wasser. Jetzt musste ich nur noch herausfinden, wo Uwe den Verlobungsring versteckt hatte.

»Gibt's hier irgendwas, worauf man besonders achten soll?«, fragte ich und zwinkerte Uwe zu. »Irgendwelche Ecken, in denen es sich auf jeden Fall lohnt zu schnorcheln?«

»Und ob«, antwortete Uwe. »Eigentlich ist es hier überall schön, aber dahinten in Richtung Ausfahrt, rechts von der Jacht, da ist ein schwarzer Felsen mitten in dem Korallenriff. Da kann man einiges sehen.«

Er deutete mir pantomimisch an, unter dem Felsen zu schauen. Nina bemerkte das nicht. Ich nickte.

»Dann probieren wir das doch gleich mal aus.«

Es ist ja immer schön, sich durchzusetzen, aber dieses Mal wäre es noch viel schöner gewesen, dann wäre nämlich all das nicht passiert, was noch passieren sollte.

Aber Nina sagte: »Ach, lass uns doch erst mal hier vorne ein bisschen schauen.«

Und das machten wir dann auch. Wir legten unsere Schnorchelausrüstung und Schwimmflossen an und sprangen vom Boot. Die Wassertemperatur war äußerst angenehm. Man merkte quasi gar nicht, dass man im Wasser war. Wir steckten sofort unsere Köpfe unter Wasser und ließen uns auf dem Salzwasser einfach treiben. Dabei bot sich uns eine spektakuläre Unterwasserwelt. Das Seegras und die Farne schwankten ganz langsam im sehr ruhigen Wasser hin und her, dazwischen schwammen ganze Schwärme kleiner Fische. Eingerahmt wurde das

Ganze von bunten Korallen. Die Spannungen der letzten Tage waren wie weggespült. Wir tauchten ein bisschen nach unten. Ich fühlte mich wie bei *Findet Nemo*, nur dass ich unter Wasser definitiv nicht sprechen konnte, wie ich wieder feststellte, als ich Nina auf einen großen Krebs aufmerksam machen wollte, der am Boden seine Runden drehte. Ich verschluckte mich, tauchte auf und hustete mich erst mal aus. Nina schüttelte nur unter Wasser den Kopf. Es war ja nicht das erste Mal, dass mir das passierte. Ich schaute zu der Jacht, von der aus jetzt ebenfalls zwei Männer ins Wasser sprangen. Na ja, warum nicht, dachte ich, die Badewanne war ja groß genug, da hätte sogar noch ein Quietscheentchen Platz gehabt. Ich tauchte wieder runter zu Nina. Sie zeigte mit dem Finger auf einen Seeigel, der es sich zwischen den Korallen gemütlich gemacht hatte.

Wir sahen uns in Ruhe um und tauchten dann wieder auf, um Luft zu holen. Ich schaute zur Jacht. Von den Männern war nichts mehr zu sehen. Und dann fiel mir auf, was mir vorhin an dem Bild nicht gefallen hatte. Sie tauchten vermutlich genau am schwarzen Felsen, wo Uwe den Ring versteckt hatte!

Ich gab Nina ein Zeichen, in die Richtung zu schwimmen, aber sie hatte in der entgegengesetzten Richtung irgendetwas entdeckt und machte sich dahin auf den Weg. Ich bekam gerade noch ihren rechten Fuß zu fassen und zog sie hinter mir her. Da sie immer noch in die andere Richtung wollte, hoben sich unsere Anstrengungen in etwa auf, und wir blieben mehr oder weniger auf der Stelle, sanken nur wild zappelnd zu Boden. Ich ließ sie los, und wir beide tauchten wieder auf.

»Was soll das?«, schimpfte sie. »Dahinten war ein Oktopus oder so was! Den hätte ich mir gerne angeschaut!«

Ui, die war echt sauer. Die Schleppertechnik kam wohl nicht so gut an. Ich stellte das System um auf Überzeugung. Mir fiel nur kein besseres Argument ein als »Die Typen von der Jacht versuchen deinen Ring zu klauen!«, aber genau das musste ja noch geheim bleiben.

Ich versuchte es mit: »Da drüben ist es auch schön.«

»Bestimmt«, sagte sie, »aber das ist es später auch noch. Jetzt ist es erst mal hier schön.«

Sprach's und tauchte ab, weit weg von der Jacht. Ich schwamm hinterher und gab ihr ein Zeichen, dass ich in die andere Richtung tauchen würde. Sie streckte den Daumen hoch, und so machte ich mich auf den Weg. Meine Vorfahren sollen an der Nordseeküste mal vom Ufer aus Handelsschiffe ausgeraubt haben, indem sie falsche Leuchtfeuer legten und sie auf Grund fahren ließen und sie dann in aller Ruhe ausräumten. Ob die Geschichte stimmt oder nicht, weiß ich nicht, aber deshalb glaube ich einen Riecher für Piraten zu haben. Und die Männer von der Jacht hatten definitiv vor, meinen Schatz zu stehlen! Das konnte ich nicht durchgehen lassen. Ich schnorchelte ungefähr dahin, wo Uwe den Ring versteckt haben musste. – Niemand da! So viel zu meinen Piraten-Genen! Ich konnte mir in aller Ruhe das Korallenriff anschauen und entdeckte auch schon in ein paar Metern Entfernung den schwarzen Felsen. So langsam wurde ich doch ein bisschen aufgeregt. Es war schon ganz gut, dass ich ihr den Heiratsantrag unter Wasser machte, weil ich so nicht reden musste. Über Wasser hätte ich befürchten müssen, vor Nervosität um ihren Hund anzuhalten.

Plötzlich begann das Wasser um mich herum zu sprudeln. Ich wusste zuerst nicht, was das war, aber dann stellte ich fest, dass die zwei Männer offensichtlich wieder von der Jacht aus reingesprungen waren. Sie hatten mich wahrscheinlich dabei nicht gesehen und wären beinahe auf mir gelandet, was ich persönlich als unhöflich betrachtet hätte, das möchte ich nur schon mal festhalten für das, was noch kommt. Vom Typ her waren beide Südländer, der Ältere gut vierzig, der Jüngere kaum dreißig Jahre alt. Wir grüßten uns, dann schauten sie sich die Korallen an. Ich sah in Richtung Strand, wo Nina irgendwo schwimmen musste, und hoffte, dass sie sich endlich mal auf den Weg hierher machen würde, bevor die Mittelmeerpiraten schneller waren. Und die hatten in meinen Augen definitiv vor, meinen Schatz zu heben. Denn der Ältere der beiden schwamm jetzt direkt vor dem schwarzen Felsen. *Okay, anschauen ist erlaubt, anfassen aber nicht*, dachte ich mir. Aber der Mann untersuchte mir den Felsen definitiv ein bisschen zu genau. Ich konnte nichts daran ändern, denn ich musste erst mal wieder auftauchen, um Luft zu holen.

Ich schaute rüber zu Uwe, der aus einiger Entfernung winkte und mir anscheinend etwas sagen wollte, aber dafür hatte ich keine Zeit. Ich tauchte direkt wieder runter, um zu sehen, was die südländischen Seeräuber machten. Der Ältere von beiden war immer noch beim schwarzen Felsen. So toll war das Ding doch auch nicht, dass man da so lange herumtauchen musste, fluchte ich. Der Mann bemerkte anscheinend, dass ich ihn beobachtete, und schaute zu mir hin. Ich sah schnell weg und tat so, als würde ich mir die Korallen vor mir näher betrachten. Allerdings waren genau da gar keine. Ich fuchtelte ein bisschen herum, als wollte ich fühlen, warum denn da keine waren.

Er war beruhigt, ganz anders als ich, denn dann passierte genau das, was ich befürchtet hatte. Der Mann schaute unter den Felsen, wo es anscheinend eine kleine Einbuchtung gab. Er griff hinein und holte etwas Glänzendes heraus – den Verlobungsring!

Ich fühlte mich, als würde mir jemand den Boden unter den Füßen wegziehen. Dann fiel mir auf, dass ich ja gar keinen Boden unter den Füßen *hatte*. Ich wartete keine Sekunde, sondern tauchte sofort auf den Mann zu und tippte ihn an. Erstaunt drehte er sich um. Irgendwie kam er mir bekannt vor.

Wahrscheinlich ein Schauspieler oder Sänger oder so was, dachte ich mir. Ich hoffte, dass es nicht Enrique Iglesias war, mit dem wollte ich nun echt nichts zu tun haben. Antonio Banderas hätte ich schon cooler gefunden, aber der war's nicht, da war ich mir relativ sicher.

Ich zeigte auf den Ring und deutete an, dass das meiner sei. Er sah mich verständnislos an. Ich wiederholte meine Geste, die er mit etwas beantwortete, das wohl »Wer zuerst kommt, mahlt zuerst« bedeuten sollte. Dann steckte er sich den Ring in die Tasche seiner Schwimmshorts.

Jetzt wurde ich echt sauer. Ich habe ja schon erwähnt, dass ich zum Tier werde, sobald ich am Steuer sitze. Jetzt gab es eine Premiere. Genau die gleiche Verwandlung, aber ganz ohne Auto. Ich fühlte mich exakt so, wie wenn in einem Parkhaus jemand vorwärts in eine Lücke fährt, für die ich schon blinke und den Rückwärtsgang eingelegt habe. Natürlich klingt eine ordentliche Autohupe, die man eine Minute lang durchs Parkhaus dröhnen lässt, imposanter als das Blubb-blubb-blubb, das ich jetzt von mir gab, aber gemeint war dasselbe. Der Iglesias-oder-wer-auch-immer zuckte mit den Schultern und drehte sich weg. Für ihn war die Sache offensichtlich erledigt. Mir nahm gefühlsmäßig jetzt gerade auch noch jemand die Vorfahrt, was mich ebenfalls immer fuchsteufelswild macht.

Ich rastete also aus.

Vollautomatisch griff ich Señor-Iglesias-lässt-mich-auf-der-Autobahn-beim-Reißverschlussverfahren-nicht-auf-die-Spur in seine Hosentasche und hoffte dabei, nur den Ring zu erwischen und nichts anderes. Er drehte sich erschrocken um. Und genau das hätte er nicht tun sollen, denn meine Hand war ja immer noch in seiner Tasche. Ich weiß nicht, wer seine Badeshorts zusammengetackert hatte, da hätte er sich besser Einkaufstipps von Speedos Vater geben lassen sollen. Jedenfalls machte es ein sogar unter Wasser gut hörbares »Ratsch«. Die Hose löste sich in ihre Einzelteile auf, und ich hatte die Tasche in der Hand!

Ich war geschockt, aber auch begeistert. So einfach hatte ich es mir nicht vorgestellt.

Das blieb es aber nicht, denn in dem Moment rempelte mich der zweite Mann von hinten rüde an und schleuderte mich herum. Er drängte den jetzt nackten Gerade-noch-hab-ich-dich-auf-der-Autobahn-rechts-überholt-aber-jetzt-stehe-ich-mit-leerem-Tank-auf-dem-Seitenstreifen-Iglesias mit einer Hand zur Seite, woraufhin der an die Wasseroberfläche tauchte. Mit der anderen Hand packte er mich an der Schulter und schob mich in die entgegengesetzte Richtung. Ich wehrte mich und versuchte, mich aus seinem Griff zu lösen. Aber da hätte ich auch probieren können, Arnold Schwarzenegger seine Zigarre aus dem Mund zu nehmen. Der Typ hatte mich fest im Griff. Und er drückte mich mit dem Rücken gegen die Korallen. Die Dinger sahen zwar flauschig aus wie Gänseblümchen, fühlten sich aber an wie eine Dornenhecke. Ich schrie auf und schluckte dabei etwa fünfhundert Liter Wasser. Aber Señor Schraubstock machte keine Anstalten, mich loszulassen. Mich packte die pure Angst. Mir wurde langsam schwarz vor Augen, und ich sah mich schon in einer wunderschönen mallorquinischen Bucht, keine zwei Meter unter Wasser das Zeitliche segnen, als der Griff sich plötzlich löste.

Ich sah wieder klar und entdeckte Nina, die endlich auch zum Korallenriff getaucht war, gesehen hatte, dass ich in Bedrängnis war, und dem Mann gerade ein Büschel Haare ausgerissen hatte, das sie noch in der Hand hielt. Er schrie auf, woraufhin ich ihm mit dem Knie eine frische Portion Rühreier zubereitete. Wir alle tauchten wieder auf. Ich hustete das halbe Mittelmeer aus und schnappte nach Luft. Mein Gegenspieler wollte direkt wieder auf mich losgehen, aber Nina hing ihm schon wieder in den Haaren und drückte ihn unter Wasser. Jetzt wurde sie wiederum von Señor-vielleicht-doch-Iglesias-ich-komm-noch-drauf angegriffen. Aber bevor ich zulasse, dass ein nackter Mann meine Fast-Verlobte anpackt, muss ich noch deutlich mehr Wasser geschluckt haben. Ich konnte ihn mit einem Fußtritt wegschieben. Da er nichts anhatte, wagte ich keinen Tritt in die Weichteile, weil ich definitiv keinen Mann da unten berühren wollte, in welcher Situation auch immer.

»Springt rein!«, hörte ich plötzlich hinter mir.

Uwe hatte sich mit dem Boot genähert und schwamm jetzt direkt bei uns. Nina und ich kletterten hinauf. Auch Señor Klammergriff versuchte, an Bord zu kommen, wurde aber von Uwe mit einem Paddel zurück ins Wasser geschlagen. Dann gab Uwe Gas.

»Mit ihrer Riesenjacht kommen die hier lange nicht so schnell raus wie wir!«, brüllte er gegen den Motorenlärm an.

Wir schossen mit unserem Boot deutlich schneller aus der Bucht heraus, als man sich eigentlich trauen würde, aber Uwe schaffte es irgendwie, uns nicht als Belag auf die Felswände zu schmieren, sondern tatsächlich aufs weite Meer zu gelangen. Dort stoppte er das Boot und lauschte. Es war nichts zu hören.

»Die sind wir los«, freute er sich. »Die haben ihren Kahn noch nicht mal angemacht.«

»Was war das denn da gerade eigentlich?«, schrie mich jetzt aber Nina panisch an. Sie zitterte vor Aufregung. »Und was hast du da eigentlich in der Hand?«

Oh, tatsächlich, jetzt merkte ich es auch. Ich trug immer noch die Hosentasche und Fetzen der restlichen Schwimmshorts quasi als Handschuh. Meine Finger tasteten darin herum. Ich spürte den Ring. Es hatte geklappt!

»Och, eigentlich nichts Aufregendes, ich weiß auch nicht,

was die genau hatten«, antwortete ich, zog die Hand nun aus der Tasche und legte sie auf den Boden. Den Ring ließ ich drin, es war ja gerade nicht unbedingt ein Moment, um vor Nina auf die Knie zu gehen. Der reichte diese Antwort ganz und gar nicht, aber bevor sie nachhaken konnte, mischte sich Uwe ein.

»Weißt du eigentlich, mit wem du dich da gerade gefetzt hast?«, fragte er.

»Sag bitte nicht Enrique Iglesias«, stöhnte ich.

»Mir ist nämlich eingefallen, wem die Jacht gehört«, antwortete Uwe. »Ich wollte es dir vorhin schon sagen, aber dann bist du abgetaucht.«

»Jetzt mach's nicht so spannend!«, forderte Nina.

»Tja, soweit ich weiß, gehört die Jacht dem König!«, erzählte Uwe.

Ich konnte nicht glauben, was ich da hörte. »Von Mallorca? Das war Jürgen Drews?«

»Von Spanien!«, sagte Uwe. »Der Mann, dem du die Hose vom Leib gerissen hast, war meines Wissens der Prinz. Und der andere Typ sein Leibwächter.«

Das würde auch seine Mörderpranken erklären!

»Der Prinz!«, wiederholte Nina mit weit aufgerissenen Augen. »Du hast dem Prinzen ...? Scheiße, das ist bestimmt Majestätsbeleidigung.«

»Was denn, ich habe seine ... Kronjuwelen doch nur freigelegt, aber nicht angepackt«, verteidigte ich mich.

»Wir kriegen ein Problem«, meinte jetzt auch Uwe.

»Die kennen uns doch gar nicht«, sagte ich.

Aber dann hörte ich auch, was er meinte: Motorengeräusche!

»Die Jacht!«, rief ich.

»Die würde uns nicht kriegen«, brummte Uwe. »Aber die hatten Jetskis an Bord!«

Er gab wieder Vollgas. Nina und ich wurden ins Heck des Bootes geschleudert. Als ich wieder hochkam, sah ich die Mistdinger schon auf uns zurasen. Prinz Iglesias und sein Beschützer fuhren auf jeweils einem Jetski. Uwe gab alles, um sie abzuschütteln, aber ihre Maschinen waren einfach viel schneller und wendiger. Sie nahmen uns in die Zange und zwangen Uwe zu stoppen.

Erst jetzt sah ich, dass der Prinz immer noch nackt war. Mir wäre lieber gewesen, wenn er sich die Zeit genommen hätte, noch etwas überzuziehen. Erstens wären wir dann wohl noch entkommen, und zweitens hoffte ich, dass die mir irgendeinen möglichen Sonnenbrand nicht auch noch ankreiden würden.

Uwe sprach mit den beiden Männern auf Spanisch. Ich verstand nicht, was sie sagten, kapierte aber sehr wohl die Gesten. Der Leibwächter zeigte auf mich. Uwe widersprach, dann sagte aber der Prinz etwas, und daraufhin wandte sich Uwe an mich.

»Die wollen dich mitnehmen«, sagte er.

»Nix da!«, ging Nina dazwischen. »Hier geht überhaupt keiner mit oder alle.«

Uwe verzog den Mund. »Ich habe da was bei Interpol laufen. Nix Schlimmes. Eine Verwechslung aus der Zeit, als ich in Osteuropa gearbeitet habe. Ich kann mich hier gerade nicht zu weit aus dem Fenster lehnen.«

Osteuropa? Interpol? Das hatte Uwe wohl irgendwie vergessen zu erzählen. Aber auch jetzt wurde seine Vergangenheit bei mir nur im Hinterkopf abgelegt, weil meine nähere Zukunft gerade interessanter erschien.

»Was haben die mit mir vor? Kerker? Im Käfig auf dem Marktplatz ausstellen? Gibt's in Spanien eigentlich noch die Todesstrafe?«, fragte ich.

Ein weiteres Boot näherte sich. Es war die Wasserschutzpolizei. Die Beamten starrten den nackten Prinzen an, salutierten dann aber. Er sagte etwas zu ihnen, daraufhin sprachen sie mich an. Ich verstand wieder nichts, kapierte aber, dass sie mich mitnehmen wollten. Das war mir jedenfalls lieber, als mich noch mal in die Gewalt des Leibwächters zu begeben.

»Darf ich mitkommen?«, wollte Nina von Uwe übersetzt haben.

Uwe fragte die Polizisten, und die nickten. Ich war erleichtert. So konnten sie mich nicht einfach irgendwo auf hoher See über Bord werfen oder was immer ihnen seine Majestät befohlen hatte. Oder würden sie etwa Nina gleich mit entsorgen? Ich machte mir doch so meine Gedanken, als wir in das Polizeiboot kletterten. Die königliche Hosentasche nahmen die Polizisten ebenfalls mit. Damit war der Ring wohl weg.

»Ruf mich an, wenn du raus bist. Ich kann mich leider nicht bei der Polizei sehen lassen!«, rief Uwe, drehte ab und gab mächtig Gas.

36

»Dein Uwe wird von Interpol gesucht? Bei wem hast du mich da eigentlich aufs Boot geschleppt?«, fuhr mich Nina an.

Die Wasserschutzpolizisten schauten uns beim Wort »Interpol« kritisch an. Ich versuchte sie mit einem Lächeln abzulenken, das ich mir ins Gesicht renkte. Das fiel umso schwerer, als ich selbst gerade erst realisierte, was Uwe da angedeutet hatte.

»Keine Ahnung«, flötete ich. »Aber wenn ich das hier überlebe, dann werde ich ihn ganz bestimmt fragen. Wahrscheinlich waren es wieder irgendwelche Probleme mit einer seiner Exfrauen.«

»Der Mann war verheiratet?«, fragte Nina, in deren Kopf sich Uwe anscheinend gerade zu einer Mischung aus Al Capone und dem Glöckner von Notre Dame entwickelte.

»Dreimal. Genauso oft, wie er geschieden ist«, antwortete ich.

»Nicht gerade eine Werbung für die Ehe«, meinte Nina.

Das stimmte allerdings. Ich hätte ihm für sein schlechtes Vorbild böse sein müssen, aber dank meiner diversen Trottelaktionen und dem verhafteten Verlobungsring war ich gerade sowieso ähnlich weit davon entfernt, Nina zu heiraten, wie Uwe.

»Er ist ein guter Typ«, verteidigte ich ihn. »Aber haste Scheiße am Fuß, haste Scheiße am Fuß. Und er hat meistens eine komplette Kläranlage am Fuß.«

»Das sagt der Richtige. Was für 'ne Aktion war das denn mit der Badehose gerade?«

Das wäre vielleicht ein guter Moment gewesen, Nina die Wahrheit zu sagen. Aber irgendwie meinte ich immer noch, die Überraschung mit dem Heiratsantrag in der Hinterhand behalten zu müssen, auch ohne Ring, und so musste ich mir schnell eine Geschichte überlegen. Eine wirklich glaubhafte Geschichte war allerdings so kurzfristig leider nicht drin.

»Das war ein Unfall. Da kam urplötzlich so eine Strömung, unglaublich stark, die mich beinahe gegen die Korallen gedrückt hätte. Da musste ich ganz heftig mit den Armen rudern, damit das nicht passiert. Die Dinger stehen immerhin unter Naturschutz. Was ich aber nicht gesehen hatte, war, dass dieser Typ neben mir schwamm, und da bin ich aus Versehen mit meiner Hand in seiner Hose gelandet. Dann hat er sich gedreht, und dabei ist seine ganze Hose auseinandergeflogen.«

Nina sah mir tief in die Augen. Ich wusste genau, was sie darin sah: ihr eigenes Spiegelbild, das ganz schön finster schaute, und meine Lüge.

»Ja, ja«, murmelte sie.

»Ja, ja heißt Arschloch«, sagt man. Ich sah Nina an, dass ihr »Ja, ja« noch viel schlimmer war. Sie meinte damit »Was auch immer«. Meine Geheimniskrämerei um den Heiratsantrag führte allmählich dazu, dass sie selbst auf einem Zettel mit »Willst du mit mir gehen?« wohl nur noch »vielleicht« angekreuzt hätte.

»Na ja«, antwortete ich.

Ja, ja – na ja. Ein Gespräch, das wohl für die Ewigkeit bestimmt war. Mein »Na ja« hieß, dass ich mir die bescheuerte Geschichte selbst nicht geglaubt hätte. Zumindest nicht das mit der auseinanderfliegenden Hosentasche – aber genau das war ja das Einzige, was daran stimmte. Ich musste irgendwie meine Glaubwürdigkeit retten.

»Im Ernst. Ich weiß nicht, was das für 'ne Scheißhose war.

Ich finde, vom spanischen Königshaus kann man ja wohl erwarten, dass die Leute vernünftige Klamotten tragen.«

»Tun sie ja, wenn du sie ihnen nicht gerade ausziehst.«

»Ich habe sie ihm doch gar nicht ausgezogen …«, protestierte ich.

»Das musst du denen erklären, nicht mir«, würgte Nina mich ab und zeigte auf die grimmig dreinblickenden Polizisten. »Ich will's nicht mehr wissen!«

Oha, auch für das Kreuz bei »vielleicht« sah es so langsam ganz schön bedenklich aus!

Den Rest der Bootsfahrt schwiegen wir. Wir saßen im offenen Heck des Bootes, immer beäugt von wachsamen Polizisten. Die Sonne trocknete unsere Klamotten, die wir noch schnell übergeworfen hatten. Sie klebten unangenehm am Leib, weil mit ihnen auch das Salz des Mittelmeerwassers trocknete und uns mit einer feinen Kruste überzog. Ich musste unwillkürlich an leckere Gerichte wie »Dorade im Salzmantel« denken und wollte fast schon grinsen, aber ich wusste, dass das weder bei Nina noch den Polizisten gut angekommen wäre. Hunger hatte ich davon jetzt aber trotzdem.

Im Hafen von Palma ging es dann enttäuschenderweise trotzdem nicht direkt zur nächsten Tapasbar, sondern in ein Polizeiauto. Was mich dabei ein bisschen optimistisch machte, war, dass mir noch immer keiner Handschellen anlegte. Natürlich war ich auch ein bisschen sauer, dass man mir offensichtlich keine Flucht zutraute.

Das Polizeiauto brachte uns zu einer Polizeiwache in der Innenstadt. Nina wollte allerdings nicht mehr mit rein.

»Ich fahre mal auf die Finca und hole deine Papiere. Wir haben ja nichts mit«, sagte sie.

Das stimmte leider – beim Schnorcheln wären solche Sachen wie Personalausweis oder Führerschein ja definitiv nicht zu gebrauchen gewesen. Ich nahm Nina in den Arm, aber sie drückte mich weg. Sie sah enttäuscht aus. Es wäre so leicht gewesen, ihr alles zu erklären, aber ich wollte meinen Verlobungsplan einfach noch nicht aufgeben.

»Alles klar, bis später!«, verabschiedete ich mich. Dann wurde ich auch schon von Polizistenarmen in Klitschko-Format gegriffen und in die Wache geschoben.

37

Ich hatte noch nie eine echte Polizeiwache von innen gesehen. Wenn ich die Wache in Palma mit denen in den Fernsehserien verglich, musste ich feststellen, dass sie leider weniger mit den chicen Büros beim CSI in New York zu tun hatte, sondern mehr mit dem abgeranzten *Großstadtrevier* auf Sankt Pauli. Das dann allerdings noch mal mit halb so viel Platz und doppelt so vielen Leuten darin. Das war schon unheimlich genug, aber es wurde noch schlimmer: Alle diese Menschen starrten mich an! Sowohl Polizisten als auch Omis, die einen Handtaschenraub oder so anzeigen wollten, und Kleinkriminelle, die wegen irgendetwas verhört wurden. Ich denke, sogar Mörder und Drogenbarone schauten zu mir hin. Offensichtlich hatte es sich bereits herumgesprochen, dass der Thronfolger ein unfreiwilliges FKK-Bad genommen hatte.

Ich wurde von meinem spanischen Kommissar Bodybuilder unsanft auf einen Stuhl vor einem Schreibtisch gedrückt. Dahinter saß ein anderer Polizist, der mit seinem gegelten dunklen Haar und Bleistift-Schnurrbart aussah wie ein Stummfilmschauspieler. Aber er war alles andere als stumm. Auf Spanisch oder Mallorquinisch oder Katalanisch oder alles auf einmal redete er ungelogen etwa fünfzehn Minuten am Stück auf mich ein. Zu behaupten, dass ich kein Wort verstanden habe, wäre fast noch übertrieben. Ich konnte nicht einmal Buchstaben heraushören bei dem, was er mir um die Ohren brüllte. Ich war mir sicher, dass meine Haare nach dem Monolog komplett nach hinten standen, als wäre ich mit nassen Haaren in einem Cabrio gefahren.

Als er seinen Redeschwall dann urplötzlich beendete, war es komplett still in der Wache. Mir wurde bewusst, dass alle zugehört hatten, wie Clark Gable mir die Leviten gelesen hatte. Und genau der, den das hätte interessieren sollen, hatte nix davon kapiert: ich! Alle anderen schauten mich vorwurfsvoll an. Junge, Junge, das war wohl ein guter Vortrag gewesen.

Clark Gable warf mir ein Formular und einen Stift hin. Ich erkannte immerhin, dass ich da meine Daten eintragen sollte, was ich auch machte. Er ging an mir vorbei und schaute über meine Schulter auf den Zettel.

»Alemán?«, fragte er.

»Si!«, antwortete ich, denn das hatte ich wenigstens mal verstanden.

Señor Gable grummelte etwas und ging zum Kaffeeautomaten, der an einer Wand der Wache stand. Ich denke, dass er in dem Moment realisierte, dass seine Rede komplett für die Tonne gewesen war. Na ja, immerhin vor den Kollegen konnte er ja damit glänzen, die ihm jetzt anerkennend auf die Schulter klopften. Dann kam er mit einem Kaffee zurück und setzte sich wieder an den Schreibtisch. Ich gab ihm den Zettel. Er schaute flüchtig drauf und dann aus dem Fenster. Er wusste anscheinend nicht so recht, was er mit mir machen sollte. Er kniff die Augen ein bisschen zusammen. Ich habe zwar *Vom Winde verweht* nie gesehen, aber Bilder davon, und jetzt sah er wirklich aus wie Rhett Butler. Ich musste grinsen. Das bekam Rhett/Clark/Policía natürlich erst richtig in den falschen Hals. Er brüllte mich wieder an, dann zwei Kollegen, die mich daraufhin wegbrachten. Im Vorbeischleifen konnte ich einen Blick auf einen Computerbildschirm werfen. Darauf war die Homepage einer spanischen Zeitung zu sehen. In der Mitte prangte ein riesengroßes Bild des nackten Prinzen auf seinem Jetski. Offensichtlich hatte das jemand vom Ufer aus fotografiert. Ich konnte die Überschrift nicht erkennen, aber ich wusste zumindest so viel: Das würde es für mich nicht leichter machen!

Ich landete in einer kleinen Zelle, in der es nach allem roch, was der menschliche Körper so hergeben kann. Ich habe den Gestank noch in der Nase, als wäre es heute gewesen. *Wahrscheinlich die Ausnüchterungszelle*, dachte ich.

Ich setzte mich auf die versiffte Liege und stellte fest, dass das Kämmerlein tatsächlich genauso aussah wie das Gefängnis, das ich mir vorgestellt hatte, als ich noch dachte, dass ich Lenny vom Olivenbaum direkt ins Jenseits katapultiert hätte. Die Zelle sah nicht so ähnlich aus, sie sah exakt so aus. Ich hatte ohnehin das Gefühl, dass sich in Sachen Gefängnisbau seit dem Grafen von Monte Christo nicht mehr viel getan hatte. Instinktiv schaute ich deshalb auch nach Ritzen, an denen ich den Bau meines Fluchttunnels beginnen könnte.

Genau in dem Moment war mein Staunen über die ganze Situation dann auch zu Ende und wich Angst. Ungefähr so, wie wenn man ins Kino geht, um sich den neuen *Fast and Furious*-Film anzusehen, und dann sitzt man im falschen Saal und es läuft *Sex and the City*. Ich glaube übrigens bis heute, dass Nina das absichtlich gemacht hatte. Aber die Gefängniszelle fand ich doch noch etwas schlimmer. Ich wollte da raus!

Im Kopf fasste ich meine Lage mal zusammen. Erstens: Ich hatte irgendetwas verbrochen, von dem ich noch nicht wusste, was es war. Vermutlich Majestätsbeleidigung oder so. Zweitens: Ich war gefangen bei Leuten, mit denen ich mich nicht unterhalten konnte. Von wegen Mallorca als siebzehntes Bundesland. Auf der Wache sprach zumindest keiner Deutsch. Oder er verheimlichte es, um nicht mit dem bösen Prinznackigmacher in dieselbe Ecke gedrängt zu werden. Und drittens das Schlimmste von allem: Ich war komplett allein! Nina war weg, und ich wusste nicht mal, ob sie überhaupt Lust hatte zurückzukommen. Nach dem, was sie in den letzten Tagen mit mir erlebt hatte, hätte ich ihr das nicht mal übel nehmen können. Und der Einzige, der sonst noch wusste, dass ich in den Kerker geworfen worden war, konnte sich dort nicht sehen lassen, weil er selbst irgendwie Dreck am Stecken hatte. Wahrscheinlich würde mir am Ende genau diese Bekanntschaft zum Verhängnis werden. Hatte mich Uwe am Ende vielleicht sogar auf den Thronfolger gehetzt, um sich für irgendwas am Königshaus zu rächen? War ich nur ein kleines Rädchen in einem finsteren Komplott? Meine Gedanken überschlugen sich. Gegen meine wilden Verschwörungstheorien war Arne ein lächerlicher Anfänger.

Wie lange war ich eigentlich schon dort drin? Stunden? Tage? Wochen? Ich war mir sicher, dass ich schon einen langen grauen Bart hatte. Ich fasste mir ans Kinn. Nee, nichts zu spüren. Wahrscheinlich war ich in Wirklichkeit erst seit ein paar Minuten in der Zelle, aber die Zeit hatte sich in den bösen Modus geschaltet. Warum vergeht sie, wenn man den Rennwagen des Chefs geliehen bekommt, rasend schnell, und wenn man in einer Gefängniszelle sitzt, gähnend langsam? Hat das was mit Power zu tun? Audi R8 mit fünfhundert PS gegen spanischen Beton mit null PS? Ich beschloss, mich hinzulegen, auch wenn ich mir sicher war, dass ich kein Auge zubekommen konnte. Und kaum war ich in der Horizontalen, war ich auch schon eingeschlafen. Irgendwie hatte ich in diesem Urlaub wohl nie recht, nicht mal bei mir selbst.

38

Mein Schlaf der Gerechten war schon nach kurzer Zeit wieder zu Ende. Ich schreckte auf. Ein riesiger Schlüssel wurde in das massive Schloss gesteckt und mit unbändiger Kraft quietschend rumgedreht. So klang es zumindest in dieser kleinen Zelle, die ähnlich schallverstärkend gebaut war wie die Tapasbar, in der wir vorgestern gegessen hatten. Bei näherer Betrachtung war es nämlich ein ziemlich normales Schloss mit einem ziemlich normalen Sicherheitsschlüssel, wie ich sie schon tausendfach in irgendwelchen Reihenhäusern verbaut hatte.

Kommissar Clark Señor Gable steckte den Kopf in die Kammer und gab mir ein Zeichen rauszukommen.

»Vamos!«, raunte er.

Das Wort kannte ich wenigstens mal. Ich stand also auf und ging mit ihm mit. Er führte mich in einen Verhörraum. Da gab es tatsächlich eine verspiegelte Wand, wie man sie in den Filmen immer sieht. Wahrscheinlich von der anderen Seite aus durchsichtig. Ich stellte mir vor, wie die gesamte Königsfamilie dahintersaß, um sich meinen Untergang mit anzusehen. Ob die auf normalen Stühlen hockten, oder hatte man wohl extra den Thron herangeschafft? Wenn ja, dann hatte ich wohl länger geschlafen, als ich gedacht hatte. Ich fühlte meinen Magen. Ja, der war immer noch leer, aber nein, nicht viel leerer als zu dem Zeitpunkt, bevor ich auf die Polizeistation gebracht worden war. Mist, trotzdem hatte ich jetzt sofort wieder Hunger. Das war bei mir eine reine Gedankensache. Aber ich war mir sicher, dass in den nächsten Minuten eine Menge passieren würde, was mich vom leeren Bauch ablenken könnte. Und zumindest in dieser Hinsicht wurde ich tatsächlich mal nicht enttäuscht.

Señor Gable zeigte stumm auf einen Stuhl an einem Tisch und ging wieder raus. Ich setzte mich. Vor mir stand ein Mikrofon. In einer Ecke des Raums hing eine Videokamera, die das Verhör filmen sollte.

Puh, Glück gehabt, dachte ich, *solange die rote Lampe leuchtet, bist du sicher, dann passiert hier alles vor Zeugen.* Ich schaute noch mal genau hin. Die Lampe war aus!

Nicht nervös werden, nur nicht nervös werden, sagte ich zu mir, während meine Fingernägel krampfhaft versuchten, ein Loch in die Tischplatte zu stechen. Der Tisch musste jetzt ähnliche Schmerzen haben wie ich, als sich Nina auf dem Flug in mein Bein gekrallt hatte, weil sie Angst hatte abzustürzen.

Nach etwa fünf Minuten kam Señor Gable wieder. Im Schlepptau hatte er Nina und einen Überraschungsgast: Claudia! Oha, wenn die Ex in einem Prozess auftaucht, ist das eigentlich nie ein gutes Zeichen. Was hatte das wohl zu bedeuten? War sie womöglich Zeugin der Anklage? Wollte sie mir eins reinwürgen, weil ich Lenny das Fluchen beigebracht und sie nachts versehentlich befummelt hatte? Zum Glück bereitete Nina meinen Spekulationen direkt ein Ende.

»Ich habe Claudia gebeten, dass sie mitkommt«, sagte sie. »Sie spricht ja Spanisch.«

Wow! Ich schaute Nina perplex an. Ich wusste, dass sie das eine immense Überwindung gekostet haben musste. Ihre Eifersucht verbot eigentlich jeden Kontakt zwischen Claudia und mir. Vielleicht hoffte sie ja insgeheim, dass die Polizei aus irgendeinem Grund Claudia einsperrte statt mich, dann wäre sie zumindest aus dem Weg.

»Gute Idee«, antwortete ich.

Sie setzten sich neben mich. Señor Gable nahm gegenüber am Tisch Platz.

»Hola!«, grüßte Claudia. »Respekt! Mit der Geschichte, dass mein Ex in Spanien im Knast schmort, bin ich definitiv der Held in der nächsten Kita-Elternversammlung.«

Nina zuckte beim Wort »Ex« zusammen, ich bei dem Ausdruck »im Knast schmort«. Da war mir definitiv zu viel Gegenwartsform drin.

»Zur Kita-Elternversammlung wollte ich eigentlich schon wieder hier raus sein!«, protestierte ich.

»Was willst du denn bei Lennys Kita?«, fragte jetzt Nina misstrauisch.

»Nichts. Ich möchte einfach nur zu keinem Termin, der in der Zukunft liegt, mehr hier drin sein, das meinte ich.«

»Stefan ist Lennys' Vater!«, mischte sich jetzt auch Claudia sauer ein. »Du kannst einem mit deiner Eifersucht echt auf die Nerven gehen! Felix und ich haben uns schon Jahre vor Lenny getrennt, und nein, ich habe keine Kondome mit seinem Supersperma im Gefrierfach.«

»Ich hab ja schon verstanden«, murrte Nina.

Uns fiel erst jetzt auf, dass ja immer noch Señor Gable mit am Tisch saß. Er sah uns kritisch an und schrieb dann grimmig Notizen auf einen Zettel. Wir verstummten und versuchten, uns unauffällig zu geben.

Der Polizist schmetterte Claudia eine Wortsalve entgegen, die sie mit einem schlichten »Si« beantwortete. Dann kam die nächste Salve, dieses Mal länger. Dabei zeigte er immer wieder auf mich.

»Er möchte wissen, warum du dem Kronprinzen die Badehose runtergezogen hast«, übersetzte sie.

»Ich habe sie ihm nicht runtergezogen, sie ist auseinandergefallen!«, verteidigte ich mich.

Claudia übersetzte das dem Polizisten, der mich verständnislos anschaute und dann wieder losschmetterte.

»Jetzt will er wissen, warum du dem Kronprinzen die Badehose kaputt gemacht hast«, sagte Claudia.

Mist, dachte ich, ich hätte mir echt mal 'ne gute Geschichte überlegen können. Die Wahrheit konnte ich jetzt schlecht erzählen, weil ja Nina neben mir saß und damit der Plan mit dem Heiratsantrag verloren gewesen wäre.

»Also ...«, begann ich, »... ich tauchte da so vor mich hin, als plötzlich eine sehr starke Strömung von der Seite kam und mich nach vorne gedrückt hat. Da musste ich kräftig mit den Armen rudern, um nicht gegen die Korallen zu krachen. Und bei dieser Bewegung bin ich dann aus Versehen in der Hosentasche des Mannes gelandet.«

Ich versuchte diese Armbewegung nachzumachen und stieß dabei versehentlich sowohl Nina als auch Claudia von ihren Stühlen.

»Aua!«, beschwerte sich Nina. »Die Geschichte wird nicht besser, wenn du hier zeigst, dass du auch noch Frauen schlägst!«

Auch Claudia kletterte wieder auf ihren Stuhl und sah mich vorwurfsvoll an. Aber dann übersetzte sie alles Señor Gable, der sich den ganzen Stunt komplett regungslos angesehen hatte. Er sah mich, während Claudia übersetzte, durchgehend mit einem stechenden Blick an. Ich war mir nicht sicher, ob er überhaupt schon mal geblinzelt hatte, seitdem er im Raum war. Ich war nicht mal sicher, ob er überhaupt Augenlider hatte. Ein Polizist wie er schlief bestimmt im Stehen mit offenen Augen.

Als Claudia ihren Vortrag beendet hatte, hebelte er auch diese Theorie aus. Er blinzelte. Und das war noch viel unheimlicher. Während sein stechender Blick schon bedrohlich ausgesehen hatte, war das Blinzeln schon fast ein tätlicher Angriff. Ich hatte das Gefühl, dass er Verbrecher allein mit den Wimpern erledigen konnte.

Er sah jetzt Claudia an und hielt ihr einen neuen Vortrag. Claudia übersetzte jedoch nicht und antwortete direkt. Es entspann sich ein hitziges Gespräch zwischen den beiden, während Nina und ich nur ratlos danebensitzen und zuschauen konnten, während unsere Köpfe hin- und hergingen wie beim Tennis. Ich nahm Ninas Hand. Sie zuckte zuerst zurück, aber dann drückte sie meine ganz fest.

Das Spanisch-Pingpong ging unterdessen weiter. Der Polizist starrte mich die meiste Zeit an, dann wieder Claudia, zwischendurch auch mal Nina und hob die Augenbrauen. Keine Ahnung, ob Claudia ihm gerade eine rührende Geschichte erzählte, dass Nina und ich ein Kind bekamen oder was auch immer. Jedenfalls lieferte Claudia sich mit Señor Gable ein beachtliches Wortgefecht. Zwischendurch schaute sie mich mit undefinierbarer Miene an, irgendwo aus dem Mimik-Niemandsland zwischen Frust und Überraschung. Und dann verstand ich sogar mal ein Wort. »Idiota«.

Nicht Señor Gable, sondern Claudia hatte das gesagt, und das gab mir einerseits die Hoffnung, dass sie damit den Kronprinzen meinen könnte. Andererseits war es wohl besser, wenn sie den nicht auch noch beleidigte. Vielleicht hätte ich ihr vorher stecken sollen, dass vermutlich die spanische Königsfamilie samt mobilem Reisethron hinter der Spiegelwand saß.

Señor Gable schaute mich an und ließ sich schon wieder etwas neues Schreckliches einfallen, um mir Angst zu machen. Er grinste. Ich meinte, in der Ecke seines Mundes einen Goldzahn zu entdecken.

Als er »Sí« sagte, war mir dann aber auch klar, dass ich wohl der Idiot in der Geschichte gewesen sein musste. Na ja, wenn es half, mich hier rauszubringen, würde ich notfalls auch Kopfstand machen und *Alle meine Entchen* singen.

Der Polizist sah uns alle nacheinander an, stand plötzlich auf und ging mit großen Schritten raus.

»Über was habt ihr gesprochen?«, wollte ich wissen.

»Oh, wir haben nur ein paar Paella-Rezepte ausgetauscht«, antwortete Claudia. »Er hatte da einige sehr interessante Ideen. Eingefrorene Gambas gehen allerdings gar nicht, da waren wir uns einig.«

»Bitte?«

»Tiefkühlgambas haben in einer frischen Paella nichts zu suchen«, bekräftigte Claudia und machte eine kurze Pause, dann schüttelte sie den Kopf: »Worüber sollen wir schon gesprochen haben? Über deine Vorliebe, den europäischen Hochadel ohne Unterwäsche zu sehen, und warum das wohl so sein könnte.«

»Das würde mich auch mal interessieren«, ging Nina dazwischen. »Was hast du ihm gesagt?«

»Die Wahrheit, glaube ich«, antwortete Claudia. »Zumindest das, was ich dafür halte.«

»Also das mit der plötzlichen Strömung …«, sagte ich, aber Claudia unterbrach mich.

»Das habe ich auch erwähnt, ja. Es gibt jetzt genau zwei Möglichkeiten, damit du hier glimpflich davonkommst. Hast du Beziehungen zum Vatikan oder Dalai Lama, um ein Wunder zu bestellen?«

»Nein.«

»Dann brauchst du einfach nur sehr, sehr viel Glück.«

Damit sah es in diesem Urlaub erfahrungsgemäß ziemlich schlecht aus.

»Er hat allerdings auch gesagt, sie lassen dich vielleicht frei«, fuhr Claudia fort. »Aber weil du den zukünftigen König nackt gesehen hast, müssen sie dir das Augenlicht nehmen und die Zunge rausschneiden.«

Ich starrte sie an und glaubte ihr jedes Wort. Es mag ein übertrieben männliches Ding sein, aber ich vertraue Frauen, die mit mir geschlafen haben. Claudia machte weiter.

»Ich denke, die haben irgendwas zu verbergen. Ist der kleine Prinz des Prinzen ein sehr, sehr kleiner Prinz? Oder 'ne Prinzenrolle? Oder gibt es vielleicht gar keinen? Ist der Prinz eine Prinzessin?«

»Was weiß ich? Ich habe da nicht hingeschaut. Außerdem war das Wasser sehr, sehr kalt, das hätte also nicht unbedingt was zu bedeuten«, antwortete ich verwirrt. »Wie war das mit der Zunge?«

»Nichts. Ich wollte nur hören, ob du was gesehen hast«, lachte Claudia.

»Mannomann, du hast gerade echt Schiss, oder?«, fragte jetzt Nina. Wenigstens sie schien sich Sorgen um mich zu machen.

»Ein bisschen«, untertrieb ich.

Señor Gable kam nach etwa fünfzehn Minuten wieder in den Verhörraum, zusammen mit zwei Kollegen. Er zeigte stumm auf mich, woraufhin mich die Beamten schon wieder packten und wegbringen wollten. Nina schrie sie auf Deutsch an, Claudia beschwerte sich auf Mallorquinisch, nur mir fielen einfach überhaupt keine Worte mehr ein, egal, in welcher Sprache. Ich sah mich schon in der stinkenden Zelle verrotten. Die ganze tobende und zappelnde Gruppe bewegte sich lautstark in Richtung Knast. Direkt davor stoppte Señor Gable die Polizisten und sah mich an.

»Wenn es nach mir ginge«, sagte er überraschenderweise auf Deutsch mit nur mittlerem spanischem Akzent, »wurde Sie da fur ein Weile drinbleibe. Aber der Prinz hat Ihne verziehe, und so muss Sie freilasse.«

»Sie sprechen Deutsch?«, fragte Claudia.

»Ja, aber nur, wann ich will«, grinste er. »Bei ihm wollte nich.«

»Der Prinz hat mir verziehen?«, fragte ich ungläubig.

»Ja, aber nur, wenn Sie von Mallorca verswinde«, antwortete Señor Gable.

»Wir reisen morgen sowieso wieder ab«, sagte Nina schnell.

»Das ist ausreichend«, meinte Señor Gable. »Adios!«

»Adios!«, rief ich. Ich hätte ihn am liebsten umarmt. Aber *einem* Mann zu nahegekommen zu sein reichte mir für den Tag vollkommen aus.

Er gab nur Claudia lange die Hand und sprach dabei leise mit ihr. Dann durften wir alle gehen. Ich hoffte, sie hatte ihm nicht ihr nächstes Kind versprechen müssen.

39

Wir kletterten in unsere geliehene Löwenjägerkutsche, fuhren aber erst mal nicht los.

»Puh!«, stöhnte ich.

»Mehr Glück als Verstand«, bescheinigte mir Nina. »Was in deinem Fall allerdings auch gar nicht so viel ist.«

Na, da hatte ich ja mal richtig Eindruck gemacht. Claudia nahm ein bisschen Druck aus der Situation.

»Also ich könnte jetzt einen halben spanischen Stier verdrücken. Wie sieht's bei euch aus?«, fragte sie.

»Ich auch«, antwortete Nina. »Sollen wir die anderen erst von der Finca abholen?«

»Ich will den Stier jetzt, und nicht erst in einer Stunde«, sagte Claudia.

Beide sahen mich an.

»Dann mal ab zur nächsten Tapasbar«, schlug ich vor. »Da gibt's Stiere und andere Tiere in praktischen Einzelteilen.«

Wir ließen das Auto einfach vor der Polizeiwache stehen und machten uns zu Fuß auf den Weg. Claudia führte uns zu einer Tapasbar in der Nähe des Mercat de l'Olivar. Die Tische waren zur Hälfte besetzt, hauptsächlich mit Einheimischen, was ich wieder an der Lautstärke erkannte und als gutes Zeichen für die Qualität der Speisen nahm. An der Wand hing eine Tafel, auf der aktuelle Tagesgerichte verzeichnet waren, die Tapas standen auf und in langen Glasvitrinen am Tresen. Die jeweiligen Kleinigkeiten wie Datteln im Speckmantel, Tortillastückchen, Scampis oder Babycalamares waren mit Zahnstochern auf Baguettescheiben gepinnt. Daneben standen kleine Teller.

»Man kann sich einfach Tapas da rausnehmen, abgerechnet werden die Pinchos, also die Zahnstocher, später«, erklärte Claudia.

»Praktisches System!«, freute sich Nina.

»Essen umsonst, Zahnstocher etwas teuer«, fasste ich meine Gastrokritik zusammen. »Dann haut rein, ich geb einen aus.«

»Das ist wohl auch das Mindeste«, knurrte Nina.

»Ich bestell uns 'nen Wein!«, sagte Claudia. »Die haben hier 'nen guten offenen.«

Sie bestellte uns direkt einen Liter davon. Es war ja schließlich Nachmittag, und sie musste definitiv schon auf Entzug sein. Die Tapas waren so lecker, köstlich und deliziös, wie ich noch nie etwas in meinem ganzen Leben gegessen hatte. Zumindest kam mir das so vor, weil ich mich ja innerlich schon auf Kerkerkost eingestellt hatte.

Wir saßen, abgesehen vom Schmatzen, stumm da und verarbeiteten das Erlebte. Erwartungsgemäß kippte sich Claudia ziemlich schnell den Großteil des Weins in den Rachen. Auch für die Spanier um uns herum gehörte anscheinend der Rotwein zur Tortilla wie andernorts die Cola zum Hamburger. Nina und ich hielten uns allerdings schwer zurück, obwohl wir beide wahrscheinlich den Satz »Ich brauche jetzt erst mal einen Schnaps« auf der Stirn stehen hatten. Es reichte aber auch so – das halbe Glas Wein wirkte bei mir, als sei ich kopfüber in ein komplettes Fass gefallen. Kein Wunder. Nach meinen ganzen eingebildeten Jahren in der königlichen Folterkammer war mein Körper Alkohol ja gar nicht mehr gewöhnt! Das Essen, der Wein, meine beiden Mädels und die friedliche Atmosphäre ließen für mich in der Tapasbar ein angenehmes Zuhause-Gefühl aufkommen. Ich hätte da noch Stunden bleiben können. Es war sogar nicht mehr so laut, und dann mischten sich vertraute Klänge unter die Geräusche. Ich brauchte einen Moment, um zu realisieren, was da so vertraut klang. Aber auch die geschlossen in Richtung Bildschirm schauenden anderen Gäste und Mitarbeiter der Tapasbar wiesen mich auf die Lösung hin: Das Vertraute war Uwes Stimme, die aus den Fernseherboxen klang. Er berichtete auf Spanisch offensichtlich über den Zwischenfall mit dem Thronfolger, von dem ein Foto eingeblendet wurde. Außerdem wurden die königliche Jacht und die Bucht gezeigt, in der das alles passiert war. Ich war froh, dass der Sender wenigstens kein Foto von mir hatte. Der nicht – aber Uwe, denn der holte gerade sein Handy hervor, um mich der Weltöffentlichkeit zu präsentieren. *Na warte*, dachte ich, *hoff lieber darauf, dass dich Interpol zuerst fängt, als dass ich dich in die Finger kriege!* Das war natürlich eine leere Drohung, aber ich war trotzdem zufrieden. Was ich mit ihm anstellen würde, konnte ich mir aber nicht mehr überlegen, denn Nina zerrte mich bereits aus der Tapasbar. Erst im Rausgehen bemerkte ich, wie alle anderen in dem Restaurant, die gerade noch auf den Fernseher geschaut hatten, nun mich anstarrten – und das recht feindselig. Da wäre auch mir Interpol grade lieber gewesen. Aber die gefährlichste Gegnerin stellte sich erst jetzt heraus: Am bedrohlichsten war nämlich der Blick, den mir Claudia zuwarf. Ich schaute noch mal auf den Fernseher. Dort wurde nun das ganze Foto gezeigt, das neben mir auch Lenny zeigte, und vor ihm die Portion Pommes.

»Du hast ihm auch noch Ketchup gegeben?«, fauchte Lennys Mama.

Na toll, damit würde ich mir für die Zukunft wohl eine andere Dolmetscherin suchen müssen.

Wir wussten nicht, ob wir von einem wütenden Mob Königstreuer verfolgt wurden, jedenfalls rannten wir zum Landrover. Mit meinen gefühlten fünf, aber real 0,2 Promille schaffte ich es doch noch, das Straßenmonster heil und ganz bis zur Finca zu steuern.

40

Das Empfangskomitee hätte nicht dramatischer aussehen können, wenn ich wirklich im Kerker gewesen wäre. Anja, Arne und Stefan sahen mich an, als wäre ich ein Alien.

»Ich hatte irgendwie erwartet, dass du ein bisschen mehr aussiehst wie Robinson Crusoe«, begrüßte mich Arne fast schon enttäuscht.

»Ich habe es auf dem Schiff trotz starken Seegangs noch geschafft, mich zu rasieren«, erklärte ich. »Und der Schiffskoch war einfach spitze, da habe ich mir wieder meine alte Figur anfuttern können.«

»Wieso haben die dich denn jetzt eigentlich verhaftet?«, fragte Anja.

Ich wollte gerade antworten, als Nina mir schon zuvorkam.

»Frag nicht!«, knurrte sie mit einem finsteren Gesichtsausdruck. Anja ließ es dabei lieber bewenden.

»Warst du in Gefängnis?«, fragte Lenny.

»Ja«, antwortete ich.

»Cool!«

Na ja, also immerhin Lenny konnte ich noch beeindrucken. Das war doch auch schon mal was. Zu wissen, dass man in der nächsten Generation als Held angesehen wird, ermöglicht einen optimistischen Blick in die Zukunft. Diese Zukunft hätte ich allerdings auch wirklich gerne mit Nina verbracht. Die schüttelte nur ihren Kopf und verschwand in der Finca. Das würde noch ein hartes Stück Arbeit werden.

»Und deine Mama hat mich aus dem Gefängnis befreit«,

sagte ich zu Lenny. »Ich weiß immer noch nicht, wie sie das hingekriegt hat, aber sie hat es geschafft.«

Lennys Augen wurden groß. »Echt? Has du Loch in die Wand kaputt gemacht? Has du Polizissen umgehaun?«

Claudia schaute Stefan finster an. »Keine Räubergeschichten mehr für den kleinen Mann.«

Das hat er nicht von mir, das hat er aus der Kita«, verteidigte sich Stefan. »Immerhin geht es nicht wieder um ›Leute Totmachen‹ wie sonst immer.«

Super Stichwort, dachte sich wohl Lenny.

»Has du die Polizissen totgemach?«, fragte er begeistert.

Und ich fragte mich echt, was die Kiddies heutzutage in den Kindergärten eigentlich spielten. Claudia erriet meine Gedanken und schaute mich frustriert an.

»Bei irgendeinem Kind aus seiner Kitagruppe muss ich wohl mal zu Hause ein Sondereinsatzkommando vorbeischicken. Ich weiß nur noch nicht, bei welchem.«

»Genau, pass bloß auf, sonst wird aus Lenny noch ein kriminelles Element wie Felix«, warnte Anja.

Arne hatte offensichtlich keine Lust, wieder eine Diskussion mitzuerleben und zog mich in Richtung Auto.

»Wir gehen jetzt erst mal noch ein paar Sachen für den Grill kaufen«, sagte er. »Ihr könnt das Ding ja schon mal anheizen.«

Also fuhren wir zu zweit zum Supermarkt. Eine gute Idee von Arne. Das gab mir die Gelegenheit, den Tag einigermaßen zu sortieren.

»Was ist denn jetzt eigentlich wirklich passiert?«, fragte Arne.

Da Arne der Einzige war, den ich in den Plan mit der Unterwasserverlobung eingeweiht hatte, konnte ich endlich mal ehrlich antworten.

»Mist, ausschließlich Mist. Ich weiß echt nicht. Irgendwo

unterwegs zwischen Köln und Palma müssen die mir einen Scheißemagnet eingepflanzt haben, und seitdem findet mich das Pech über Kilometer Entfernung hundertprozentig treffsicher.«

»Aber es gibt ja immer noch einen Unterschied zwischen Pech haben und einem Kronprinzen die Hose runterziehen.«

»Der hat versucht, meinen Verlobungsring zu klauen!«

»Ach so, und dann wolltest du nachschauen, ob er noch irgendwo weiteres Diebesgut versteckt hat?«

»Nein, ich habe ihm die Hose ja nicht ausgezogen. Ich habe nur versucht, ihm den Ring wieder aus der Tasche zu nehmen, und dabei ist die Hose einfach gerissen.«

»Diese goldenen Nähfäden sind echt nicht mehr das, was sie früher mal waren.«

»Ich weiß auch nicht, wo die Royals heutzutage ihre Klamotten kaufen. Klingt nach verarmtem Landadel. Die Jacht, von der aus Señor Kronprinz ins Wasser gehüpft ist, sah aber nicht sooo schäbig aus.«

»Warum hast du ihm denn nicht einfach erklärt, dass das dein Verlobungsring ist?«

»Wie denn unter Wasser? Und dann war die Badehose auch schon im Arsch und Nina direkt neben mir.«

»Aber bei der Polizei hast du dann alles aufklären können«, vermutete Arne.

»Nein, da saß Nina ja die ganze Zeit daneben, da konnte ich auch nichts verraten. Außerdem spreche ich exakt so viel Spanisch, wie auf eine Viertelseite vom Reiseführer passt. Darum hat Claudia für mich übersetzt. Und die muss sich da eine bessere Geschichte überlegt haben als ich, jedenfalls haben sie mich laufen lassen.«

»Ich fürchte, die hat einen gut bei dir.«

»Ich hasse es, Schulden bei 'ner Ex zu haben.«

»Wer hat damals eigentlich Schluss gemacht?«

»Wenn ich ehrlich bin, sie. Ich wollte auch, habe mich aber nicht getraut. Und dann war ich natürlich beleidigt, dass sie's gemacht hat.«

»Und was ist jetzt mit Nina? Machst du ihr noch den Antrag?«

»Eigentlich habe ich nicht vor, unverlobt diese Insel zu verlassen, aber ich habe keinen Ring mehr, den hat die Polizei. Oder der Kronprinz. Der versetzt ihn wahrscheinlich gerade beim Pfandleiher, um sich endlich eine vernünftige Badehose leisten zu können.«

»Vielleicht bastelst du ihr doch einen Ring aus Kaugummipapier.«

»Gute Idee«, meinte ich. »Zumindest teilweise!«

Der Großwildjagdpanzer stand knapp, da sprang ich schon raus und rannte in den Supermarkt. Arne kam kaum hinter mir her und fand mich schließlich an den Kaugummiautomaten.

»Die Kaugummis haben aber gar kein Papier«, kritisierte er.

»Nein«, grinste ich, »aber Ringe!«

Ich deutete auf allerlei Zeug, das außer den Kaugummis in dem Automaten zu finden war. Billiges Spielzeug und wahrscheinlich ebenso billige Ringe, aber immerhin einigermaßen rund und mit glitzernden Plastiksteinchen. Und einmal Drehen kostete auch nur einen Euro.

Dreiundzwanzig Euros später war ich stolzer Besitzer einer Menge Kaugummis, dreier Flummis und verschiedenen Plastikspielzeugs. Was ich allerdings nicht hatte, waren weitere Münzen oder ein Ring. Also kauften Arne und ich erst mal Bratwürstchen und fertig marinierte Steaks, machten aber einen großen Bogen um alles, was Brandy oder Hierbas hieß. Stattdessen nahmen wir einige Flaschen spanisches Bier mit. Der Gesamtbetrag belief sich auf genau neunundzwanzig Euro. Ich bekam also einen Glückseuro zurück, mit dem ich dann auch sofort wieder zum Kaugummiautomaten marschierte. Und tatsächlich. Schon beim Drehen merkte ich, dass der Automat etwas ganz Besonderes vorhatte. Er klang, wie man nur klingen kann, wenn man gleich einen Ring ausspucken will. Leider hatte ich dabei seine Fähigkeit, Geräusche zu imitieren, unterschätzt. Denn in der Hand hielt ich Flummi Nummer vier!

Was wollte mir das Universum wohl damit sagen, dass es mich mit allen Mitteln davon abhielt, mich mit Nina zu verloben? Ich glaube nicht an Schicksal, aber sehr an »Schnauze voll«. Also fuhren wir ohne Ring zurück.

41

Der Grill glühte schon, als wir auf der Finca ankamen. Irgendwie wollten wohl alle den Abend und damit die Urlaubswoche schnell hinter sich bringen. Dabei saßen wir da gerade definitiv mitten im Paradies. Die Abendsonne schien angenehm warm auf die Terrasse, die Kulisse war mit Finca, Pool und Olivenhain definitiv idyllisch. Trotzdem stocherten alle erst mal nur im Essen herum. Immerhin hatte Arne wieder eine Theorie zu bieten.

»Ich glaube, das mediterrane Essen ist gar nicht so gesund, wie immer alle sagen«, verkündete er.

»Warum?«, fragte ich.

»Wegen der Griechen. Die werden doch angeblich alle so alt. Jetzt hat man im Rahmen der Eurokrise aber festgestellt, dass da für Tausende Leute Rente bezahlt wurde, die schon längst tot waren. Die haben denen zwar jetzt den Geldhahn zugedreht, aber die stehen immer noch in allen Statistiken drin.«

»Das heißt also, Bratwurst ist gesünder als Dorade. Her damit«, freute sich Claudia und nahm sich eine Wurst vom Grill. »Jetzt werde ich mindestens hundert.«

»Und Doppelkorn ist besser als Hierbas«, ergänzte Stefan. »Also sollten wir das Zeug definitiv noch hier vor Ort vernichten.«

Er holte die teure Hierbas-Flasche, die Arne und ich allerdings mit billigem Inhalt gefüllt hatten.

»Die wollte ich eigentlich mit nach Deutschland nehmen«,

sagte Stefan weiter, »aber ich bin schon die ganze Zeit neugierig, wie das Zeug eigentlich schmeckt.«

Arne und ich tauschten peinlich berührte Blicke. Der Kräuterlikör würde definitiv anders schmecken, als Stefan es sich vorstellte. Das, was er gleich zu trinken bekommen würde, hatte vermutlich höchstens ein Viertel von dem gekostet, was er für den ursprünglichen Inhalt der Flasche ausgegeben hatte. Und Arne und ich hätten nicht mal sagen können, ob der andere gut gewesen war, weil unsere Geschmacksnerven an dem fraglichen Abend längst abgesoffen gewesen waren.

Stefan schenkte allen was ein – bis auf Lenny natürlich, aber der würde bei diesen Eltern bestimmt noch früh genug auf den Geschmack kommen. Und auch die inzwischen allgemein bekannt schwangere Anja musste ebenfalls nichts von dem Billigfusel trinken.

»Auf Mallorca!«, prostete Stefan in die Runde, dann sah er mich an. »Nee, auf die Freiheit!«

Wir nahmen alle einen Schluck. Das Zeug war genießbar, aber nicht wirklich lecker.

»Da hatte ich aber mehr erwartet«, stellte Claudia dann auch treffend fest.

»Wenn so die Freiheit schmeckt, dann stecken wir Felix wohl doch besser wieder in den Knast«, meinte Nina. »Nur aus Liebe versteht sich.«

Sie sah mich irgendwie bedrohlich an. Wollte sie mich etwa loswerden? So wie sie das Wort »Liebe« aussprach, klang es, als könnte man damit Banktresore aufschneiden.

Arne bekam wegen der Hierbas-Aktion ein schlechtes Gewissen und unternahm einen Anlauf, die deutlich besseren Reste des nächtlichen Tauschs an den Mann zu bringen. »Da ist noch was in einer Flasche in der Küche. Das ist zwar nicht so teuer, aber bestimmt auch in Ordnung.«

»Lass mal«, antwortete Nina. »Wenn der Luxus-Hierbas schon so schmeckt, will ich den Touristennepp gar nicht erst probieren.«

»Aber wir sind doch Touristen«, sagte ich, denn ich wollte auch, dass sie den besseren Likör bekam.

»Du bist ein gerade so entkommener Exsträfling«, knurrte sie, nahm einen tiefen Schluck und schenkte sich nach.

Mit dem Satz hätte man nicht nur den Tresor aufmachen, sondern die ganze Bank sprengen können. Und das flößte nicht nur mir Respekt ein. Auch der Rest der Fincatruppe bekam es mit der Angst zu tun.

»Mir geht es nicht so gut. Ich glaube, ich lege mich hin«, entschuldigte sich Anja.

»Das ist wohl normal bei ner Schwangerschaft«, vermutete Arne, der davon definitiv keine Ahnung hatte, aber die Gelegenheit nutzte abzuhauen. »Ich komme mit.«

»Ich werde schon mal ein bisschen packen. Wir müssen ja morgen früh raus«, sagte Stefan.

»Ich helfe dir«, bot Claudia an, »und ich bringe Lenny ins Bett.«

Damit standen auf einmal alle auf, und es sah ganz danach aus, als würden Nina und ich jetzt allein zurückbleiben. Allerdings machte Lenny auf dem Absatz kehrt und kam zu mir.

»Felix bringt mich in Bett!«, forderte er.

Wahrscheinlich die einzige Liebeserklärung, die ich heute bekommen würde. Ich schaute Nina fragend an, sie zuckte mit den Schultern.

»Geh ruhig«, sagte sie, »aber komm wieder.«

»Alles klar, bis gleich.«

»Gunnacht!«, rief Lenny Nina zu, dann nahm er meine Hand und zog mich nach drinnen und die Treppe rauf. Claudia hatte sich schon zum Packen zu Stefan ins Zimmer verdrückt.

Lenny zeigte mir, wo im Bad seine Zahnbürste und die zugehörige Zahnpasta lagen. Die musste ich ihm nur geben, putzen konnte er aber schon alleine. Das musste ich Stefan und Claudia lassen. Der Kleine konnte schon mit vier Jahren mehr als einige Menschen, mit denen ich morgens in der Straßenbahn fuhr.

Lenny legte sich in sein Bett, ließ mich aber noch nicht gehen.

»Erzähls du mir ne Gesichte?«

»Klar, was möchtest du denn hören?«

»Rotkäppchen!«

Super, das einzige Märchen, das ich einigermaßen auswendig kannte. Leider war Lennys Bestellung noch nicht zu Ende.

»Aber ohne Wolf. Der is böse.«

Das machte die Geschichte schon schwieriger. Als ich darüber nachdachte, fiel mir aber auch auf, dass die Märchen der Brüder Grimm ganz schön brutal waren. Die hätte Quentin Tarantino wohl ähnlich geschrieben. Ich überlegte mir also eine jugendfreie Version von Rotkäppchen, in der das Mädchen beim Spaziergang im Wald lediglich einem lieben Wolf begegnete, der ihr einige Kräuter und Pilze für die Großmutter schenkte. Dass die Oma, nachdem sie die getrockneten Pilze gegessen hatte, ein paar Halluzinationen bekam, war mein subversiver Touch, den ich Lenny mit auf den Weg gab. Die Kräuter wurden natürlich geraucht. Nicht, dass ich selbst damit schon Erfahrungen gemacht hätte oder das auch nur guthieß, aber ich hoffte insgeheim, dass er das irgendwann in der Kita erzählen würde. Ich freute mich schon auf das vorwurfsvolle Gesicht der Erzieherin, wenn sie Claudia und Stefan zum Elterngespräch einbestellte.

Lenny war zufrieden und ließ sich auch noch eine brandneue Version von Schneewittchen ganz ohne die böse Stiefmutter erzählen. Zu Hänsel und Gretel ohne Hexe fiel mir aber wirklich nichts mehr ein. Zum Glück war Lenny dann auch endlich zu müde und entließ mich in den verdienten Feierabend.

Als hätte sie ebenfalls die Gutenachtmärchen gehört, schlief Nina tief und fest, als ich bei ihr ankam. Sie war im Sitzen einfach nach vorne auf den Tisch gesackt und lag da zwischen Tellern mit Essensresten und leeren und halb vollen Gläsern. Mindestens eins hatte sie umgeworfen, denn ihr Kopf ruhte mitten in einer Lache aus Hierbas. Bei näherer Betrachtung kam mir deshalb auch ein anderer Verdacht. Vielleicht hatten nicht die entschärften Märchen sie ins Reich der Träume befördert, sondern die neben ihr liegende halbe Flasche Hierbas, die sie in der Zwischenzeit offensichtlich noch getrunken hatte.

42

Gut drei Stunden später schläft sie jetzt immer noch. Meine Versuche, sie irgendwie bequemer hinzusetzen oder zu legen, hat sie nur aus dem Tiefschlaf heraus mit einem tiefen Knurren quittiert, also beschränke ich mich darauf, einfach neben ihr zu sitzen. Leider habe ich dabei jede Menge Gelegenheit, mir über den verkorksten Urlaub Gedanken zu machen. Gut möglich, dass hier das eine oder andere schiefgelaufen ist. Aber wer konnte schon mit dem Regen rechnen oder damit, dass die Ex in derselben Finca Urlaub macht? Obwohl ich das gerade gar nicht behaupten kann, denn Claudia macht nicht in der Finca Urlaub, sondern davor. Sie kommt nämlich in diesem Moment raus. Immerhin hat sie ein T-Shirt an.

»Du bist noch hier? Haben wir irgendwo Cola …?« Sie entdeckt Nina, stockt, spricht leiser weiter. »Was ist denn mit Nina passiert?«

»K. o.«, antworte ich. »Ich fürchte, sie hat versucht, den Hierbas leer zu trinken.«

»Gut«, meint Claudia.

Ich sehe sie erstaunt an.

»Warte hier mal«, sagt sie und geht.

Na ja, wo soll ich auch schon hin? Ich will ja nicht, dass Nina hier draußen von irgendwelchen aus irgendeinem Grund entkommenen wilden Rindviechern angefallen wird.

Nach kurzer Zeit kommt Claudia zurück.

»Ich habe was für dich.«

Ich erwarte aus reiner Gewohnheit eine Rechnung für

irgendwas, das ich in diesem Urlaub zerstört habe, oder einen Haftbefehl oder eine Vaterschaftsurkunde für Lenny. Aber es ist mein Verlobungsring.

»Wo hast du den denn her?«, frage ich erstaunt.

»Den habe ich dem Kommissar in Palma abgeschwatzt. Ist dir eigentlich aufgefallen, dass der exakt aussah wie Clark Gable in *Vom Winde verweht?*«

Ich nicke. »Aber das erklärt noch nicht, warum er ihn dir gegeben hat.«

»Ich kenne dich doch, du olle Romantiksau. Clark Gable hat mir erzählt, dass in der Hosentasche des Kronprinzen, die du in der Hand hattest, ein Ring mit einem kleinen Diamanten gefunden wurde. Da war mir sofort klar, was du damit vorhattest. Eine Verlobung unter Wasser. Nicht schlecht! Besonders für jemanden, der weiß, dass er über Wasser nur Blödsinn reden würde.«

Claudia durchschaut mich nach all den Jahren immer noch wie Superman eine beliebige dicke Ziegelwand in Metropolis.

»Das mit dem Gedankenlesen macht mir ein bisschen Angst«, sage ich.

»Und ich konnte mir auch denken, dass du nicht wolltest, dass die Überraschung für Nina weg ist, deshalb habe ich das alles direkt mit Clark Gable geregelt, und der war glücklicherweise eben auch 'ne Romantiksau. Ich habe ihm erklärt, was du da vorhattest. Das hatte er wohl schon öfter erlebt, aber meistens verschwinden Ringe wohl eher in einer Felsspalte oder im Maul eines Fisches und nicht in der kaputten Tasche des Kronprinzen. Mit dem hat er dann gesprochen, und der hat dich quasi begnadigt. Sie haben allerdings auch darüber nachgedacht, ob sie Nina einsperren sollen, um sie vor dir zu beschützen.«

Ich schaue zu Nina. »Da hätten sie wohl besser die Flasche

Hierbas eingesperrt.« Ich stehe auf und nehme Claudia in den Arm. »Danke, dass du mich da rausgeholt hast.«

»War doch klar«, antwortet sie, gibt mir den Ring und drückt sich an mich. »Ich bin doch deine Snoopy! Versteh mich jetzt nicht falsch, ich bin happy mit Stefan, aber ich find's auch schön, dass wir uns hier wiedergetroffen haben.«

»Was machst du da mit meinem Felix?«, brummt plötzlich Nina, die anscheinend gerade aufwacht, aber immer noch mit dem Kopf auf dem Tisch liegt.

Claudia und ich schieben uns wie ertappte Teenager voneinander weg.

»Nichts«, antwortet Claudia.

»Ich habe mich nur bei ihr bedankt, dass sie mich aus dem Knast geholt hat«, füge ich hinzu.

Nina scheint das zu überzeugen, denke ich. Zumindest bleibt sie anscheinend ruhig liegen.

»Ich glaube euch kein Wort und würde euch wirklich gerne irgendwas antun, aber meine Haare kleben am Tisch fest.«

Claudia grinst und zeigt auf die getrocknete grüne Pfütze. »Das ist der Hierbas. Wenn der ein Weilchen an der frischen Luft ist oder in Holz einziehen kann, klebt er wie Sau. Ich vermute ja, dass das Zeug ursprünglich als Tapetenkleister erfunden wurde.«

»Und jetzt?«, frage ich.

»Wir schneiden die Haare einfach ab. Die wachsen ja wieder nach«, schlägt Claudia vor.

»Kommt nicht in die Tüte«, protestiert Nina.

»Dann sägen wir die Platte einfach um dich herum aus und gehen damit morgen früh zum Friseur. Dann soll eben der die Haare abschneiden!«

»Was?«, protestiert Nina.

»Mit dem ganzen Tisch wäre ja blöd«, stimme ich zu.

»Das muss doch auch anders gehen«, jammert Nina.

Claudia nickt. »Ja, wir können die Haare natürlich auch einfach nass machen, dann weicht der Hierbas wieder auf.«

Ich muss leider lachen.

»Sehr witzig, ihr Komiker!«, schimpft Nina. »Ich weiß echt nicht, warum ihr euch eigentlich getrennt habt.«

Oha, vom Leiden zum Angriff im Bruchteil einer Sekunde. Dazu ist auch nur Ninas Eifersucht in der Lage.

»Weil wir Platz machen mussten für Bessere, auch wenn wir die damals noch nicht kannten«, sage ich.

Claudia holt aus der Küche einen Krug mit Wasser. Wir gießen es um Nina herum langsam auf den Tisch, und tatsächlich wird der getrocknete Kräuterlikör schnell flüssig, und so kommt Nina im Handumdrehen wieder hoch.

»Danke!« Sie fasst sich in die nassen Haare. »Tja, warum soll es meinem Kopf am Ende des Urlaubs besser gehen als am Anfang.«

»Schlechter«, widerspreche ich. »Als wir ankamen, warst du wenigstens nüchtern.«

Ich zeige auf die fast leere Hierbasflasche. Nina schüttelt den Kopf.

»Nix da, das habe ich nicht getrunken. Die Flasche ist vorhin wohl umgekippt, als ich eingeschlafen bin, deshalb habe ich ja darin gebadet. Ich habe es anscheinend noch geschafft, sie wieder hinzustellen, aber leider nicht, ihrer Pfütze auszuweichen.«

»Bier soll ja gut sein für die Haare, warum nicht auch Hierbas«, meint Claudia.

»Stimmt!«, sage ich. »Da sind ja sogar Kräuter drin.«

»Also was war das da vorhin mit euch beiden?«, fragt Nina.

Das ist dann leider der endgültige Beweis, dass Nina das Zeug nicht getrunken hat, denn ihr Misstrauen ist absolut nüchtern.

»Es war nichts«, antwortet Claudia. »Versprochen! Ich habe Felix nur etwas gegeben, was er verloren hatte. Aber das soll er dir selbst erzählen. Ich gehe jetzt wieder ins Bett.« Auf der Türschwelle dreht sie sich noch einmal um. »Ich denke, Felix hat dir einiges zu erklären. Und etwas fragen möchte er dich auch.«

Weg ist sie und lässt mich mit einer gespannten Nina zurück. Das ist wahrscheinlich meine Strafe dafür, dass ich Anjas Schwangerschaft auf die gleiche Art geoutet habe.

»Was wolltest du mich fragen?«

»Gleich«, antworte ich. »Ich denke, da sind erst mal ein paar Vorinformationen nötig.«

Nina schiebt mir einen Stuhl hin.

»Schieß los!«

Ich setze mich und hole tief Luft.

»Ich wollte nach meinem ersten Urlaub am Ballermann nie wieder nach Mallorca! Und nach allem, was ich hier die letzten Tage erlebt habe, war die Insel wohl auch dagegen.«

»Was war denn in den letzten Tagen?«, fragt Nina unschuldig. »Mir ist nichts aufgefallen.«

»Ich war ein Vollidiot«, gestehe ich.

»Ach so das, ja das ist mir dann doch aufgefallen.«

Ich überhöre die Spitze und fahre fort.

»Ich wollte nur deshalb unbedingt mit dir Schnorcheln gehen, weil ich dir eine Frage stellen wollte.«

»Unter Wasser«, stellt Nina fest, »das wird ja noch idiotischer.«

»Die Frage hättest du verstanden, das garantiere ich dir.«

Ich krame den Ring aus meiner Hosentasche und zeige ihn ihr. Ninas Augen werden riesig, und sie öffnet den Mund, sagt aber nichts.

»Beim ersten Schnorchelgang war aber das Wetter dagegen, und beim zweiten Versuch hat der Kronprinz den Ring schneller gefunden als ich!«

»Und deshalb hast du dich mit ihm angelegt und bist lieber in den Knast gegangen, als mir die Überraschung kaputt zu machen«, fasst Nina zusammen.

Ich nicke.

»Du hast das alles nur getan, um mir einen Heiratsantrag zu machen?«

»Ja«, antworte ich kleinlaut.

»Ist dir klar, wie bescheuert das ist?«

»Ja.«

»Ich kann doch niemanden heiraten, der so bescheuert ist!«

»Nein?«

Wir schweigen uns an.

»Aber wenn ich Nein sage, wirst du mir dann wieder einen Antrag machen?«

»Und ob!«

»Wieder so bescheuert?«

Ich denke kurz nach.

»Ich hab da schon eine Superidee. Das wird spitze.«

»Ich möchte nicht, dass du mich noch mal fragst. Ich habe Angst vor dem zweiten Antrag.«

»Und das bedeutet?«

»Ich nehme lieber den ersten Antrag an.« Sie stutzt. »Den du mir aber noch gar nicht gemacht hast.«

Ich gehe auf die Knie und präsentiere ihr endgültig den Ring. Fünf Sekunden später sind wir verlobt. War doch ganz einfach!

Ein Superurlaub, da kann man nicht meckern!

– ENDE –

Danke!

Dieses Buch ist das Ergebnis gleich mehrerer schiefgegangener Urlaube. Diese Reisen und die Menschen, die dabei waren, haben mich zu diesem Roman inspiriert, und deshalb danke ich ihnen von ganzem Herzen. Besonders danke ich natürlich meiner Frau Hajar, die mit mir mitten in das Rekordunwetter auf Mallorca geflogen ist, die mit mir und unseren Freunden, Freunden der Freunde, deren Kleinkind und Freunden der Freunde der Freunde in einer Schweizer Skihütte im Regen festsaß und die mit mir zusammen durch diesen intensiven Prozess des Romanschreibens gegangen ist. Ohne Dich und Deine Ideen wäre das alles nichts geworden! Danke auch an besagte zusammengewürfelte Gruppe, die in die Berge gefahren ist, um Ski zu fahren, und für die es wetterbedingt doch nur stimmungsmäßig bergab ging. Danke an Georg und Ali vom mallorquiner.com dafür, dass wir mit ihrem Landrover über die Insel fahren durften (nein, das Auto sieht nicht aus, als wäre es mit Nashörnern zusammengestoßen), und dafür, dass sie uns hier in Deutschland mit mallorquinischen Spezialitäten versorgen. Danke an meinen Agenten Marko Jacob, dass er sich für den Roman eingesetzt hat, an die Verlagslektorin Bettina Steinhage dafür, dass sie dem Buch bei Bastei Lübbe ein Zuhause gegeben hat, und für ihre Tipps, und an meinen Lektor Jo Weber für seine Hilfe.

Und danke an Noah für seine Inspiration zu Lenny!